속임수의 역사

속임수의 역사
(중국 고전 속의 속임수)

聽江 權 誠 지음

코벤트

차례

서문 16
참조한 책 25

序說: 최고의 속임수 27
    제1절 트로이의 목마(木馬)
    제2절 만천과해(瞞天過海)

제1편 전략적 또는 전략 유사적 속임수: 이간계(離間計) 33
序章
    제1절 속임수의 효용
    제2절 사마의 등장
제1장 사마의가 촉오동맹(蜀吳同盟)을 깨 유비를 죽게 하다. 37
제2장 진(晉)나라가 우(虞)나라 길을 빌려 괵(虢)나라를 멸하다(假道滅虢). 46
제3장 여포가 미녀 초선을 탐하여 동탁을 죽이다. 48
제4장 항우가 진평에게 속아 범증을 내치다. 54
제5장 오왕(吳王) 부차가 백비에게 속아 충신 오자서(伍子胥)를 죽이다. 55

제6장 동탁의 천리마(千里馬)를 받고 여포가 의부(義父) 정원을 죽이다.　61
제7장 순욱이 유비와 여포를 다투게 만들다(二虎競食計).　62
제8장 순욱이 여포를 몰아 유비 땅을 뺏게 하다(驅虎吞狼計).　64
제9장 조예가 제갈량의 이간에 속아 사마의를 내치다.　66
제10장 조조가 가후의 꾀를 써 마초와 한수를 이간하다.　69
제11장 태위 양표가 이각과 곽사를 이간하다.　72
제12장 진(晉)의 대장 선진이 제(齊)·진(秦)·초(楚) 동맹에서 초(楚)를 이간시켜 초군을 대파하다.　76
제13장 진(秦) 승상 범저가 이간계로 조(趙)의 대장 염파를 내쫓다.　80
제14장 명장 악의를 전단이 이간계로 갈아치우다.　83
제15장 명장 오기가 이간으로 내쫓기다.　86
제16장 이간책이 통하지 않는 때도 있으니　88
제17장 중국과 쏘련이 갈라서다.　92
제18장 중국과 한미동맹　93

제2편 잔인한 자해적(自害的) 속임수: 고육계(苦肉計)　94

제1장 요리가 경기를 찌르다(要離刺慶忌).　94
제2장 측천무후가 친딸을 목졸라 죽이다.　105

제3장 동오(東吳)의 황개가 속임수로 주유의 곤장을
      맞는다.   107
제4장 검객 형가가 번어기의 목을 진시황에게 바치다.
                                                     111

제3편 애정(哀情)의 속임수: 미인계(美人計)   114
제1장 하(夏)나라 걸왕(桀王)이 미녀 말희(妹喜)를 받고
      유시씨를 살려주다.   114
제2장 주문왕(周文王)이 상(商)의 천자(天子) 제을의
      누이를 아내로 맞다.   116
제3장 상(商)의 주왕(紂王)에게 유소가 미녀 달기를
      바치고 정벌을 면하다.   118
제4장 포향의 아들이 미녀 포사를 주(周)유왕에게
      바치고 아버지를 살리다.   121
제5장 월왕 구천이 서시를 오왕 부차에게 바치다.   123
제6장 사도 왕윤이 초선을 동탁에게 바치다.   127
제7장 손권이 누이를 유비에게 시집보내다.   127
제8장 여희(如姬)가 병부를 훔쳐 신릉군에게 주다.   132
제9장 초부인(楚夫人)정수(鄭袖)가 새 후궁 미인의
      코를 베게하다.   134
제10장 진(秦)의 재상 장의가 초부인(楚夫人)
      정수(鄭袖)를 꾀어서 살아나다.   136
제11장 초(楚)나라의 이원이 누이동생 이언을 초왕에게
      바치다.   140

제12장 고대에도 미인계가 안 통하는 때가 있었으니.
                                        140
    제1절 고공단보
    제2절 스키피오 아프리카누스
제13장 마타하리와 크리스틴 킬러는 현대판 미인계인
      가?   145
    제1절 마타하리(Mata Hari)
    제2절 크리스틴 킬러
제14장 미인계의 가치   151
제15장 미인계를 초월하는 여성의 지위는?   154

**제4편 알아도 속는 속임수: 눈 뜨고 코 베이기(瞞天過
        海)   158**
제1장 당태종(唐太宗)을 속여 요하를 건너다.   158
제2장 태사자가 활쏘기를 연습하다가 적진을 탈출하다.
                                        160
제3장 조조가 천자를 옆구리에 끼고 천하를
      호령하다(挾天子 以令諸侯).   162
제4장 남의 시체를 빌려 다른 사람 노릇을 하다:
      차시환혼(借尸還魂).   167
    제1절 유비가 한실 종친을 칭하다.
    제2절 유방이 의제의 상복을 입다(弔義帝).
    제3절 주나라 선왕이 귀신의 화살에 맞고 죽
          다.

제5장 조고가 지록위마(指鹿爲馬)의 속임수로 협박하는
　　　데에야 동조할 밖에.　　　　　　　　　175
제6장 초문왕이 초대받고 식후(息侯)의 궁에 가 예쁜
　　　그 부인을 빼앗아오다.　　　　　　　178
제7장 로마 여인의 정절: 루크레티아　　　181

제5편 보신적(保身的) 속임수　　　　　185
제1장 왕전(王翦)이 호화주택 여럿을 진시황에게 요구
　　　하다.　　　　　　　　　　　　　　185
제2장 소하가 일부러 부동산 투기를 하고 고리대금을
　　　하다.　　　　　　　　　　　　　　188
제3장 유비가 천둥 소리에도 놀라는 겁쟁이인 척 하다.
　　　　　　　　　　　　　　　　　　　190

제6편 병(病)들은 척하거나 어리석은 척하여 적의 경
　　　계를 푸는 속임수: 가치부전(假痴不癲)　193
제1장 구천이 오왕 부차의 배설물까지 맛보다(句踐嘗
　　　糞).　　　　　　　　　　　　　　　193
제2장 사마의(司馬懿)가 노망(老妄)을 연기하다.　196
제3장 여몽(呂蒙)이 칭병하다.　　　　　　199
제4장 앉은뱅이 손빈이 미친 척 가장하여 달아나다: 사
　　　풍마(詐瘋魔)　　　　　　　　　　　204
제5장 기자(箕子)가 미친 척하여 주왕(紂王)의 해침을
　　　피하다.　　　　　　　　　　　　　212

제7편 허(虛)를 보이고 실(實)을 감추는 교묘한 속임수   216

제1장 한신이 거짓 성동(聲東)하고 실제로는 격서(擊西)하다.   216
제2장 사마의가 공명의 유인계(誘引計)에 걸려 혼이 나다.   220
제3장 유비도 매복계(埋伏計)는 쓸 줄 알다.   224
제4장 십상시(十常侍)가 매복계로 대장군 하진을 죽이다.   228
제5장 한고조 유방이 흉노의 공성계에 걸려 혼이 나다.   230
제6장 조조가 진궁의 공성계에 빠져 죽을 뻔하다.   233
제7장 한신이 유명한 배수진(背水陣)을 선보이다.   238

제8편 허(虛)를 보이되 실(實)인 듯 꾸미는 대담한 속임수   243

제1장 제갈량이 사마의 앞에 성문을 열고 거문고를 뜯다: 공성계(空城計)   243
제2장 정나라 대부 숙첨이 초나라 대군 앞에 성문을 열어놓다.   254
제3장 조자룡이 조조 앞에 영채의 문을 열어놓다.   257
제4장 위나라 장군 문빙이 손권의 대군을 앞두고 성문을 열어두다.   259

제9편 허(虛)를 감추고 실(實)을 꾸미는 속임수: 수상개화(樹上開花) 262

제1장 가짜 성곽을 꾸며 세우다: 의성지계(疑城之計) 262

제2장 장비가 장판교에 홀로 서 있다. 264

제3장 동탁이 매일 가짜로 부대를 증원하다. 267

제4장 제갈량이 허장성세로 조조군을 뒤로 물러서게 하다. 272

제10편 교묘한 속임수 270

제1장 손빈이 아궁이 수효를 줄여 방연을 속이다: 감조계(減竈計). 270

제2장 제갈량이 아궁이 수효를 늘려 사마의를 속이다: 증조계(增竈計). 274

제3장 우후(虞詡)가 처음 증조계를 쓰다. 276

제4장 주유가 반간계(反間計)로 조조를 농락하다. 278

제5장 진평이 반간(反間)을 써 항우와 범증을 이간하다. 281

제6장 매미가 허물을 벗고 몸만 빠져 날아가다: 금선탈각(金蟬脫殼) 288

    제1절 한왕 유방이 자신으로 변장한 기신을 대신 남겨두고 탈출하다.

    제2절 조무가 손견의 붉은 두건을 쓰고 대신 죽다.

제7장 손빈이 위(魏)를 포위하여 조(趙)를 구하다. 292
　　　제1절 위위구조(圍魏救趙)
　　　제2절 벌위구한(伐魏救韓)
제8장 조호이산(調虎離山)　　　　　　　　　296
제9장 안평중이 금도(金桃) 복숭아 두 개로 세 장사를 죽이다(二桃殺三士).　　　　　　　　　299

제11편 착함, 관대함 또는 미숙함을 꾸며 상대의 경계심을 푸는 속임수　　　　　　　　　303
제1장 반객위주(反客爲主)　　　　　　　　　303
　　　제1절 유비가 서천을 빼앗다.
　　　제2절 원소가 기주를 차지하다.
제2장 유비와 관우가 육손(陸遜)의 겸손을 젊어 미숙함인 줄로 착각하다.　　　　　　　　　308
　　　제1절 육손이 모자란 척 하여 관우를 속이다.
　　　제2절 육손이 미숙한 척 굴어 유비를 속이다.
제3장 남의 칼로 적을 해치우다: 차도살인(借刀殺人)　　　　　　　　　313
제4장 솥 밑의 장작을 빼내다: 부저추신(釜底推新) 315
제5장 다락 위에 올려놓고 사다리를 치우다: 상옥추제(上屋抽梯)　　　　　　　　　317
　　　제1절 주(周)의 제4대 천자 소왕이 도강(渡江)중 배의 바닥에 구멍이 나 익사하다.
　　　제2절 유기가 제갈량을 다락에 올리고 사다리를 치우다.

제6장 풀을 쳐 뱀을 놀라게 하다: 타초경사(打草驚蛇)
                                                    323
제7장 샛길로 몰래 적에 접근하다: 암도진창(暗渡陳倉)
                                                    325
제8장 웃음 속에 칼을 감추다: 소리장도(笑裏藏刀) 328
제9장 벽돌을 던져 옥을 끌어오다: 포전인옥(抛磚引玉)
                                                    329
제10장 내 오얏나무를 베게하고 대신 적의 복숭아나무
      를 베다: 이대도강(李代桃僵)   331
제11장 아침에 넷, 저녁에 셋을 준다 하니 원숭이들이
      좋다고 하다: 조삼모사(朝三暮四)   333

제12편 후안무치(厚顔無恥)의 속임수   336
제1장 진혜공이 후안무치하게 진목공을 속이다.   336
제2장 장의가 초나라 왕을 속이다.   341
제3장 초문왕이 식후(息侯)의 궁에 손님으로 가 예쁜
      그 부인을 빼앗아오다.   343
제4장 사정변경(事情變更)의 원칙이 적용될까?   344

제13편 악마의 속임수: 투량환주(偸梁換柱) 亡國論 346
제1장 진시황은 여불위의 아들인가?   346
제2장 간신 조고가 투량환주(偸梁換柱)로 진제국(秦帝
      國)을 망하게 하다.   352
제3장 간신 괵석보가 거짓 봉화(僞烽火)로 포사를 웃기
      고 (褒姒大笑) 서주(西周)를 망하게 하다. 356

제4장 간신 백비가 오자서를 죽이고 오나라를 망하게
  하다. 361
제5장 이원 남매가 초나라를 훔치다(男妹盜國). 367
제6장 역아, 수초, 개방이 제환공의 시신을 썩게 방치
  하다. 370
제7장 위안 스카이(=원세개)가 청나라에 종지부를 찍
  다. 375

**제14편 그나마 세상의 안정에 공을 세운 속임수: 속임
수 興國論 380**
제1장 진평의 공과(功過)는 과연 어떨까? 380
제2장 가후의 공과(功過)는 과연 어떨까? 390
제3장 장군 범려와 대부 문종의 공과(功過)는 과연 어
  떨까? 398

제15편 속임수의 구조 403
제1장 속임수는 허와 실과 극으로 이루어진다: 허실론
  (虛實論) 403
제2장 속임수는 표리부동(表裏不同)이다: 양두구육론
  (羊頭狗肉論) 408
제3장 속임수가 내거는 여러 주장을 한 데 붙여보면
  성립이 안 된다: 모순론(矛盾論) 416
제4장 앞 부분은 거창한데 뒷 부분은 맹탕이다: 조삼모
  사론(朝三暮四論) 418

제16편 어떤 사람이 무서운 사람일까?　　　　　420
　　제1절 일로매진(一路邁進)하는 사람: 사마의
　　제2절 독재자와 장군
　　제3절 제1인자가 꼭 되려는 사람
　　제4절 야심가

제17편 속임수 원죄론(原罪論)　　　　　　　　430

색인　　　　　　　　　　　　　　　　　　　　436

서문

나는 지난 9월 내 日記 형식의 글들을 모아 聽江(청강) 近思錄(근사록)이라는 책을 펴냈다. 그 책을 쓰면서 세상에 왜 이렇게 속임수가 많은가 하는 생각을 자주 하였다. 그래서 그 책 쓰기를 끝내고 이어 속임수 이야기를 찾아 모아보기로 하였다.

이야기를 모으다 보니 그 무대는 대개가 난세이었고 그 주인공들은 대개가 매우 무서운 사람들임을 알았다.

亂世(난세)에는 무서운 formidable 사람들이 많이 나온다. 예를 들면 소설 삼국지의 시대는 난세의 시대이다.

그 난세의 시대를 살아간 가장 무서운 사람은 누구인가?

단연 사마의이다.

둘째는 조조이다.

셋째는 육손이다.

넷째는 여몽이다.

다섯째는 가후이다.

이것은 善惡(선악)을 떠나서의 평가이다.

　사마의는 당대 최고 명문가의 자손으로 젊어 한때는 조조가 挾天子 以令諸侯(협 천자 이 령 제후)(천자를 옆구리에 끼고 천하를 호령하기)한다 하여 그의 부름에도 한사코 出仕(출사)를 거부하였다. 그러다가 마침내 더 이상 부름에 응하지 않다가는 생명을 잃을 지경이 되어서야 부득이 승상부로 출사하였다.

그는 이후 漢王朝(한왕조)에 대한 미련과 애정을 모두 완전히 접었다. 상식과 윤리를 버렸다.

　조조 역시 한왕조 공신의 후예로 당대 세력가의 가문 출신이다. 처음에는 한실 부흥을 위해 헌신했

으나 騎虎之勢(권세를 내려 놓으면 위험해지는 형세)의 처
　　　기호지세
지임을 깨닫고는 이후 漢室에 대한 미련을 접었다.
　　　　　　　　　　한실
治世의 能臣이요, 亂世의 奸雄이라는 관상가의 말
치세　　능신　　　난세　　간웅
에 꼭 부합하는 그런 사람이 되어버렸다. 그러나
한왕조에 대한 일말의 애정은 끝까지 가슴에서 지
울 수 없었다. 미련은 접었지만 애정은 남았다고나
할까?

　육손과 여몽은 어떤가? 그들 두 사람은 한왕조에
대한 미련과 애정이 원래 없던 사람들이었다.
육손은 강남의 世族 출신이고 여몽은 서민 출신이
었다. 正統과 傳統에 대한 미련이나 애정이 클 수
　　　정통　　전통
없었다.

　가후는 어떤가? 북방의 士民 출신인데 지모가 비
　　　　　　　　　　사민
상하였지만 타고난 성품이 원래 선량하여 따뜻한
마음을 항상 마음 속 깊은 곳에 지니고 있었다.
다만, 현실의 흐름에 어쩔 수 없이 적응하여 살았
다. 자기 출신 지역의 무뢰배인 군벌 동탁과 그 잔

당 이각, 곽사 밑에서 젊어 한때 추종한 경력을 평생 汚點(오점)으로 여겼다.

제갈량과 순욱은 삼국지 시대의 그 누구에게도 지지 않는 지혜로운 현자이었지만 이 두 사람은 무서운 사람이라 하기에는 너무도 윤리적이고 상식을 존중한 사람들이었다.

제갈량과 순욱, 그들 두 사람은 4백년을 이어온 한나라 왕실의 정통성과 전통이 유지되기를 간절히 바랐던 점에서 너무도 윤리적이고 상식적이었다. 그래서 이 둘은 이 무서운 사람의 대열에서 제외한다.

삼국시대의 사람은 아니지만 춘추전국시대의 인물 중에서는 무서운 사람들의 예로 오자서와 범려 그리고 문종을 떠올리지 않을 수 없다.

이 세 사람은 이런 저런 책략을 쓰면서 무섭고도 잔인한 짓을 많이 하였다.

그러나 그들은 기본에 있어 선량하고 의로운 사

람들이었다.

그들은 어쩔 수 없이 父兄(부형)의 원수와 나라의 원수를 갚는 일에 모든 힘을 쏟아야 하는 어려운 처지에 빠져 있었다. 만사에 앞서 忠孝(충효)에 전념하기를 요구하는 그 당시의 세계관 때문에 부득이 이런 저런 몹쓸 짓을 해야만 했던 입장이었다. 父兄(부형)의 원수와 나라의 원수를 갚는 일은 당시의 그들 세계관으로는 거부할 수 없는 최우선의 일이었으니 어쩔 수 없었을 것이다.

그래서 이들 세 사람도 앞에 본 무서운 사람들의 명단에서 빼놓았다.

초한전 시대의 진평은 어떤가?

춘추전국시대라는 대동란의 시대가 끝나고 진제국과 한제국에 의한 大一統(대일통)의 시대로 넘어가는 전환기에 활약한 진평은 기발한 지모의 사람으로 무서운 지략의 천재이기도 하지만 세상을 신속히 안정시키는 데 기여한 큰 공로자이기도 하다. 그래서 그도 앞에 본 무서운 사람들의 명단에서 빼놓았다.

　속임수는 원래는 보통 사람들의 일상생활에서 처음에는 그저 우연히 쓰여지기 시작했을 터이다. 그러다 그 有用性이 점차 인식되면서, 싸움의 마당에서 이기기 위한 수단으로 차차 이용되었다. 그러다가 본격적으로 전쟁에서 이용되는 兵法으로 발전하였다. 마침내는 보통 사람들의 일상생활에서까지도 그 발전된 속임수들이 사용되는 단계까지 이르고 말았다. 특히 政權을 두고 다투는 권력투쟁의 場에서 무차별적으로, 본격적으로, 橫行하는 무서운 무기가 되었다.
　속임수는 그 자체도 무섭기는 하지만 더 무서운 것은, 사회의 정통성과 전통에 구애되지 않고 그런 짓을 하는 사람들이다.
그런 사람들은 못할 짓이 없기 때문이다.

이제 코로나 시대의 칩거에서, 과거에 본 책들을 다시 읽으며 그 중에 중국 고전소설 속의 속임수에 관한 얘기를 한 데 모아보았다. 춘추전국시대와 초한전 시대 그리고 삼국시대의 중국을 무대로 한 이야기들을 주로 골랐다. 간혹 다른 시대의 이야기 중에 생각나는 것도 포함시켰다,

처음에는 가벼운 마음으로 시작했다. 하다 보니 마음이 무거워졌다. 무시무시한 경우도, 또 잔인하기까지 한 경우도, 자주 나오기 때문이다.

속임수의 역사를 찾아보는 일이 무슨 의미가 있을까? 이제 팔순의 나이에 속임수를 배워 내가 무엇에 쓰겠는가? 혹시라도 나쁜 사람이 이런 속임수를 모방하면 어쩌나 오히려 걱정도 된다.

그저 선량한 사람들이 이런 이야기를 참고하여 나쁜 사람의 속임수에 속지 않게 된다면 다행이라고나 할까?

삼국지연의나 열국지 등에 익숙하지 못한 독자들을 위하여 年代(연대)와 시대적 배경을 조금씩 원래의 이야기에 얹어 보았다. 아마도 충분치는 않을 것이다. 참조 표시를 한 책들의 관련 항목을 함께 읽어야 할 때가 있지 않을까 싶다.

脚注(각주)를 달아볼까도 생각했으나 필요한 범위와 정도가 읽는 이마다 다를 것이어서 그만 두었다. 양해를 바란다.

　글을 씀에 있어서는, 기억을 더듬어 먼저 글의 제목을 생각하고, 이어 그 내용을 집에 있는 책을 뒤져 확인한 뒤, 줄거리 중심으로 원고를 작성하였다. 원래의 이야기의 외국어 原典(원전)까지 확인하는 것은 비전공자로서 능력 밖이었다. 그러나 나름 최선을 다해 내용의 정확을 기하려고 애썼다. 크게 틀린 점이 없기를 빌고 있다.

西洋史에 나오는 속임수 이야기를 별로 기억하지 못하여 함께 다룰 수 없었음이 매우 아쉽다.

어제 크리스마스를 맞아 일단 작업을 마쳤다. 지난 11월 말 일단 글쓰기를 끝내고 그 동안 이런 저런 보완을 해왔다. 보완은 해도 해도 끝이 없겠기에 이만 멈춘다.

글을 마치면서 보니 내게는 이 책이 나의 前作 청강 근사록의 속편 같은 느낌이 든다. 세월의 수상함 탓이리라.

출판을 맡아주시고 색인을 만들어 주신 코벤트 여러분께 감사를 드린다.

2020년 12월 25일 청강 권성 씀.

참조한 책

* 본문에서 참조 내지 인용을 표시할 때에는 책의 제목과 해당 위치만을 본문과 다른 글자체로 조금 작게 표시하였다.

1. 김경한 삼국지 전12권(동랑 커뮤니케이션즈, 2012)
2. 그리스 로마 신화(토머스 불핀치 지음, 한백우 옮김, 홍신문화사, 1997년)
3. 로마인 이야기 전14권(시오노 나나미 지음, 김석희 옮김, 한길사, 1995)
4. 사기 전7권(사마천 지음, 정범진 외 옮김, 까치, 1995년)
5. 사마의(자오위핑 지음, 박찬철 옮김, 위즈덤하우스, 2013년)
6. 삼국지 다음이야기 전2권(신동준 지음, 을유문화사, 2014년)
7. 삼국지 백년도감(바운드 지음, 전경아 옮김, 이다 미디어, 2018년)
8. 삼국지의 계략(기무라 노리아키 지음, 조영렬 옮김, 서책, 2013년)
9. 삼십육계(화전무사 역저, 홍완기 역, 대가, 1981년)
10. 스키피오 아프리카누스(리델 하트 지음, 박성식 옮김, 사이, 2010년)
11. 십팔사략 전5권(증선지 지음, 장기근 강술, 명문당, 2006년)
12. 안자춘추(임동석 역주, 동문선, 1997년)
13. 열국지 전 5권(김구용 지음, 어문각, 1981년)
14. 열자(열어구 찬, 임동석 역주, 동서문화사, 2009년)

15. 오월춘추(조엽 찬집, 박광민 역주, 경인문화사, 2004년)
16. 유일적 규칙(리링 지음, 임태홍 옮김, 글항아리, 2013년)
17. 이야기 고사성어(장기근 감수, 명문당, 2005년)
18. 전명용 삼십육계 전2권(전명용 편역, 문학세계사, 1994년)
19. 전쟁은 속임수다(리링 지음, 김승호 옮김, 글항아리, 2012년)
20. 정음사판 삼국지 전3권(출판연도의 기재부분 낙장으로 출판연도 확인 불가. 1969년 쯤으로 짐작)
21. 중국상하오천년사 전2권(풍국초 지음, 이원길 옮김, 신원문화사, 2005년)
22. 중국을 말한다 전15권(탕렌저 지음, 김동휘 옮김, 신원문화사, 2008년)
23. 진수 삼국지 전7권(김원중 옮김, 신원문화사, 1994년)
24. 청강 근사록(권성 지음, 코벤트가든, 2020년)
25. 청강해어 논어 · 노자(권성 풀어씀, 박영사, 2018년)
26. 초한지 전 3권(김팔봉 지음, 어문각, 1994년)
27. 한비자 전2권(이운구 지음, 한길사, 2002년)
28. 황석영 삼국지 전 10권(창작과비평사, 2003년)
29. 후흑(판후이성 지음, 허유영 옮김, 한스미디어, 2007년)
30. 후흑학(신동준 지음, 위즈덤하우스, 2011년)
31. 흥망유수(권성 지음, 청람, 2016년)

序說: 최고의 속임수

제1장 트로이의 목마(木馬)

BC12세기에 그리스 연합군과 도시국가 트로이 사이에 벌어졌던 10여 년간의 트로이 전쟁은 마지막에 그리스 연합군이 트로이 성을 함락시켜 그리스의 승리로 끝난다.

그리스에 승리를 가져다 준 결정적인 한 방은 커다란 木馬(목마) 작전이었다.

그리스 연합군은 이다카의 왕 오디세우스(=유리시즈)의 계교에 따라 성벽 높이 정도로 큰 목마를 남겨놓고, 해안에서 모두 철수하는 시늉을 하고, 함대를 근처의 섬 너머에 숨겨놓았다. 목마는 아테나 여신의 분노를 가라앉히는 제물로 만든 것이라 소문을 내었다.

그리스 연합군이 철수하자 트로이 시민들은 승리를 외치며 성 밖으로 몰려나와 그리스군의 진지 자리를 구경하면서 큰 목마를 발견하고, 그것을 전리품으로 삼아 성안으로 끌고 들어갔다. 위험한 물건이라 여겨 이를 반대하는 사람들도 있었다.

그리스군의 첩자로서 일부러 포로가 된 시논이라는 자가 그 목마는 아테나 여신의 분노를 가라앉히기 위한 제물인데 그것을 트로이가 차지하면 전쟁이 끝난다는 예언이 있었기에 그 목마를 트로이 사람들이 성안으로 운반하지 못하도록 그렇게 거대하게 만들었다고 말하였다. 그러자 트로이 사람들은 그 기분 좋은 예언을 성취시키려고 그것을 성안으로 끌고 들어갔다.

목마의 뱃 속에는 그리스군의 용사 다수가 숨어 있었다. 한밤중 트로이 시민들이 축제 중에 마신 술로 크게 취해 잠든 사이, 그리스군의 용사들이 목마에서 나와 성문을 열고, 야음을 타고 이미 상륙하여 접근한 그리스군사를 불러들였다.

이로써 트로이 성은 함락되고 오랜 전쟁은 그리스

의 승리로 끝나고 트로이는 멸망하였다(그리스 로마 신화 318P. 호머의 일리아드와 오디세이아에는 이 이야기는 나오지 않는다.).

10년이나 끌어온 전쟁이 木馬라는 이 속임수 하나로 결판이 난 셈이니 어찌 속임수의 위력을 실감하지 않을 수 있었겠는가?

　트로이 목마 이야기는 내가 기억하는 속임수 이야기 중 最古이고 또한 最高로 꼽을 만한 이야기이다.

빤히 보이는 것 속에 감춰진 必殺의 속임수이므로 가히 最高라 부를 만하다. 다음 장에 이야기하는 瞞天過海의 수법에 해당한다.

제2장 만천과해(瞞天過海)

만천과해는 빤히 보이는 것 속에 감춰진 필살의 속임수 내지 그런 속임수와 맞먹을 정도로 어쩔 수 없이 속게 되는 교묘한 속임수를 가리킨다(만천과해에 대하여는 뒤의 제4편 제3장에 좀 더 자세한 설명이 나온다.).

트로이 전쟁의 시대는 神(신)의 시대이다. 神에게 바쳐진 신성한 제물이라면 사람들이 믿을 수밖에 없고 따라서 그 안에 감춰진 속임수에는 사람들이 속을 수밖에 없다.

뒤의 제4편 제3장에서 중국 삼국시대의 조조가 '천자를 옆구리에 끼고 천하를 호령하는' 挾天子(협천자) 以令諸侯(이령제후)의 이야기를 하는데 이런 속임수가 만천과해의 수법이다. 天子의 위엄을 내세워 명령하는데 누가 거역하겠는가? 설혹 그 명령 속에 다른 의도나 속임수가 있고 그런 복선의 존재를 안다 한들 보통 사람은 따를 수밖에 없지 않은가?

현대식으로 말한다면 국가의 공권력을 빌려 속이는

것, 그것이 만천과해이다.

 그러니 어찌보면 공권력을 손에 쥐는 것은 나쁜 사람들에게는 속임수 발휘의 최고 기회와 무대를 장악하는 셈이다. 상대의 권력 심장부에 들어간 트로이의 목마가 있다면 그 파괴력은 엄청나리라.

 西力東漸의 近代에 영국이 청나라에 아편을 수출한 것은 또 다른 형태의 트로이의 목마가 아니었을까?

트로이의 목마는 그 형태를 시대에 따라 얼마든지 바꿀 수 있으니 가히 최고의 속임수 아니겠는가?

제1편 전략적 또는 전략 유사적 속임수: 이간계(離間計)

序章

제1절 속임수의 효용

　왜 사람은 속임수를 잘 쓸까? 이유는 간단하다. 정직(正直)으로는 통하지 않는 일이 속이면 의외로 잘 통하기 때문이다. 앞에 나온 트로이의 목마 이야기에서 이미 보지 않았는가?

정직하게 해서는 통하지 않는 것을 굳이 통하게 하려면, 상대를 거듭하여 설득하고 이해시켜야 하는데 그것은 시간이 많이 걸리고 쉽지 않고 고통이 따르며 그렇게 해도 역시 통하지 않을 수 있다. 그러나 속이면 그런 고통 없이 간단하게 통할 수 있으니 얼마나 편리한가.

　속임수는 대개 甘言利說(감언이설)을 수단으로 사용한다. 그래야 편하게 속일 수 있다. 사람은 원래가 고통을 피하고 싶어 하고 간단하고 쉽게 일을 처리하기 좋아한다. 감언이설을 믿고 싶어 하고 그래서 잘 받아들인다. 그러니 정직보다 속임수를 선택하기 십상이다.

속임수를 썼을 경우 나중에 그 속임수가 발각되어 겪게 될 후환을 걱정하지 않을 수 없지만 그것은 나중 일이니 그때 가서 적당히 무마하면 된다고 우선 생각한다.

더구나 한번 승부가 나면 뒤집을 수 없는 경우, 예컨대 전투나 전쟁이라면 속임수에 대한 질책이나 속은 것에 대한 후회는 이미 소용이 없다. 트로이 전쟁을 보라.

그러니 속임수가 유행할 수밖에 없다.

동맹 내지 우호로 원래 밀접한 관계에 있는 사람들이나 나라들을 서로 멀어지게 하거나 적대관계로 바꿔놓는 속임수가 이간계이다.

중국의 삼국시대에 魏나라의 조조와 西蜀의 유비
는 천하를 다투는 적대관계에 있었다. 하늘에 두
해가 있을 수 없다며 공존을 거부하는 그런 상황이
었다.

유비가 익주와 한중을 차지하고 스스로 漢中王에
오르자(AD219년) 魏王 조조는 全面戰으로 유비를
정벌하려고 움직였다.

 정면으로 적을 공격하는 전쟁은 적대관계를 종결
하는 가장 정직한(?) 방법이다. 그러나 전쟁은 너무
고통스럽고 피해가 크고 또 너무 위험하다. 그래서
시기를 잘 고르고 동맹을 잘 맺고 준비를 잘 해 최
소한의 피해로 반드시 이기기를 기약하여야 한다.
그러니 어떻게, 아무 때나, 정직한 정면 승부만으
로, 승리를 얻으려고 싸울 수 있겠는가?

여기서 속임수가 등장한다. 최고의 지략가들이 지
모를 다하여 속임수를 고안해 낸다.

제2절 사마의 등장

조조가 유비를 정복하는 전쟁을 벌이려 하는 이 때에 맞추어 최고의 지략가 사마의가 魏吳同盟(위오동맹)을 들고 나왔다.

사마의는 단순한 속임수나 부리는 術數家(술수가)가 아니다. 그는 전략의 무서운 大家(대가)이었다.

위오동맹은 조조가 손권과 유비 모두를 속이는 致命的(치명적)인 무서운 속임수였다. 조조는 손권과 유비 사이를 이간하여 漁父之利(어부지리)를 얻었지만 결국 큰 전쟁을 일으켜 많은 비극을 초래하였다는 의미에서 可恐(가공)할(때로는 잔인하기까지 한) 속임수였다.

제1장 사마의가 촉오동맹(魏吳同盟)을 깨 유비를 죽게 하다.

(1) 유비가 漢中을 점령한 뒤 스스로 漢中王을 칭하자 魏王 조조가 노하여 그를 정벌하려 하였다. 이때 사마의가 말리면서 魏나라와 吳나라의 동맹을 먼저 체결하라고 獻策한다.

　＜江東의 손권이 유비에게 제 누이를 시집보냈다가 다시 틈을 엿봐 찾아갔으며, 유비는 西川을 취하면 손권에게 이내 돌려주겠다고 약속한 荊州를 내내 돌려주지 않아, 그들 사이가 바로 이를 갈며 서로 원망하는 지경이 되었다.

　이제 우리 魏가 손권과 동맹을 맺고 손권으로 하여금 군사를 일으켜 형주를 치게 한다면 유비는 반드시 서천과 한중의 군사를 들어 형주를 구할 것이다.

　바로 그 때에 우리가 한중을 친다면, 유비는 머리

와 꼬리가 서로 구할 수 없는 상황이 되어 蜀(촉)의 세력은 위기에 빠진다.

그렇게 해서 유비의 세력을 약화시킨 뒤 때를 보아 그를 멸하면 된다.〉(정음사 삼국지 중권 제53장 제3절 魏吳結謀(위오결모); 황석영 삼국지 제7권 14p.)

한 마디로 유비와 손권 사이를 이간하여 서로 싸우게 하자는 離間計(이간계)를 낸 것이다. 미끼는 형주의 지배권이었다.

(2) 조조가 이를 채택하여 손권에게 사자를 보내어 위오동맹을 맺었다. 형주를 반분하여 강남에 연한 쪽을 손권의 차지로 하고 앞으로 서촉의 유비를 멸하면 그 땅을 둘이 나누어 갖기로 하는 조건이었다.

그러나 이것이 조조의 일시적 속임수임을 손권 또한 모르지 않았다. 그래서 그는 처음에는 오히려 유비와의 동맹을 강화하기 위하여 자기의 딸과 관우의 아들을 혼인시키려 하였다(유비와 관우를 이간시켜 관우를 손권 자기편으로 만들려는 계략이기도 했다).

그러나 뒤에 보는 바와 같이 관우의 오만(과 의리) 때문에 이 계획이 무산되자 마음을 바꾸어 조조와의 동맹을 수락하였다.

다만 손권은, 조조가 먼저 형주를 북쪽에서 친다면 자기도 남쪽에서 형주를 치겠다고 제안하여 조조가 이를 따랐다(손권이 형주 침공의 작전계획을 조조에게 비밀리에 통보하자 조조는 실수인 척 그 작전계획을 관우에게 누설한다. 관우는 반신반의 끝에 결단을 내리지 못하고 번성 포위를 계속하다 철군의 기회를 놓친다).

(3) 이렇게 하여 관우가 지키는 형주를 둘러싸고 위, 오, 촉 세 나라 사이에 큰 전쟁이 벌어지고 그 결과 관우는 패전하여 붙잡혀 죽고 형주는 손권의 손에 떨어진다(AD219년).

(4) 이윽고 유비와 손권 사이에 전면전이 벌어지는 (AD222년) 커다란 지각변동이 일어난다.

유비와 손권 사이의 전면전은 이릉대전 또는 효정대전이라 부르는데 촉나라 군사 약 75만의 태반이 전사하였다고 하니 큰 비극이 아닐 수 없었다. (정음사 삼국지 중권 제61장 제1절 장비횡사 참조. 그러나 이 때 동원된 유비의 군사가 실제로는 10만 미만이라고 보기도 한다. 김경한 삼국지 제8권 22p. 참조. 그러나 史記(사기)에 의하면 진시황이 초나라를 정벌할 때 동원한 군사가 60만 명이었다고 하니 그보다 4백여 년 뒤에 일어난 이때의 전쟁에 75만이 동원되었다는 얘기가 아주 터무니 없다고는 할 수 없다. 중국 사람들의 턱도 없는 과장버릇을 생각해도 그렇다. 오히려 10만 명이라고 보는 견해가 너무 과소하다.)

유비는 구사일생으로 전장에서 도망하여 백제성에 피신하였으나 결국 그곳에서 죽었다(AD223년).

(5) 조조는 앉은 채로 유비를 쓰러뜨렸다. 큰 수확을 거두었다. 모두가 사마의의 머리 속에서 구상된 전략의 덕이었다. 이간책의 대성공이었다.

이 계략의 중점은 위·오 동맹의 **새로운** 결성에

있는 것이 아니고 **기존**의 오·촉 동맹을 깨는 데 있었다. 사마의는 참으로 무서운 전략의 대가라 아니 할 수 없다.

다만, 그로인하여 빚어진 결과가 너무도 비참하였다. 죽은 병사의 시체가 그 드넓은 양자강 강물에 수없이 둥둥 떠 강위를 덮거나 강의 흐름을 막기도 했다니 말이다.

사마의의 이번 이간책은 첫째로 우선 손권을 속였다. 이릉대전이 끝나자마자, 위나라 황제 조비(조조는 이때 이미 죽은 뒤였다)가 대군을 동원하여 강동으로 쳐내려온 것을 보면 그 동맹이 속임수였음을 증명한다. 유비와의 큰 전쟁을 치른 끝이라 손권에게 준비가 없으리라 믿고 습격한 것이다.

그 이간책은 둘째로 유비도 속였다. 조조가 장군 조인을 시켜 남쪽의 번성에서 형주의 관우를 공격하면서 또다시 북쪽에서 한중을 공격하는 양면전을 하지는 않으리라고 유비가 믿었고, 그래서 그는 손권과의 전쟁에 75만이라는 거의 모든 병력을 투입했으니 말이다.

전쟁의 결과를 보면, 당시 조조의 최대 경쟁자인 일세의 영웅 유비를 사마의는 위오동맹으로 죽게 만든 셈이었다. 漢室宗親(한실 종친)이라하여 正統性(정통 성) 측면에서는 늘 조조를 앞서 있어 조조 그를 괴롭히던 유비를 쓰러뜨린 일대 수확이었다.

(6) 한편 이 사건에 대응하는 유비 쪽에서도 실수한 일이 몇 가지 있다.

첫째, 한중을 차지했다고 하여 서둘러 한중왕에 오를 일이 아니었다. 王號(왕호)를 칭하기로 말한다면 훨씬 오래전에 강동에 확고하고 방대한 기반을 마련한 손권이 먼저 왕호를 칭했어야 했을 터이다. 그런데도 손권은 끝내 왕호를 칭하지 않고 기다리고 있었다. 漢王朝(한왕조)에 대한 반역이라는 불리한 세론을 피하고, 조조의 제1번 타도 대상이 되지 않기 위해서였다.

유비가 서둘러 왕호를 칭함으로써 그가 조조의 첫째 타도대상이 되었고 사마의로 하여금 위오동맹을 구상하는 계기를 만들어준 셈이다.

둘째, 제갈량이 형주의 관우를 시켜 위나라의 번성을 선제공격시킨 일의 타이밍이다. 魏(위)와 吳(오)가 군사동맹을 체결한 이 마당에 제갈량으로서는 우선 수비에 만전을 기하여야 하지 먼저 나서서 위나라를 공격할 일이 아니었다. 먼저 할 일은 吳(오)를 설득하여 그를 다시 蜀(촉)의 동맹으로 만드는 작업이었다. 그러기 위하여는 필요하다면 형주 일부를 또는 전부라도 오나라에 양도하는 결단까지도 하였어야 했다.

제갈량은 원래 천하 三分(삼분)의 전략(소위 隆中對(융중대))을 구상하면서 西蜀(서촉)이 강해져 魏(위)나라를 정벌할 때가 오면, 북쪽에서는 한중을 나와 장안을 공격하고, 남쪽에서는 형주를 나와 낙양을 공격한다는 계획이, 그의 남북 두 방향(two top) 침공전략이었다.

그러므로 형주는 그의 전략상 매우 중요한 거점이었다.

그러나 유비는 이제 서천과 한중을 막 차지한 때였으므로 그는 조조와 전면전을 벌일 준비가 아직은 전혀 안 된 상태이었다.

이 시점에서 관우를 시켜 조조의 번성을 공격케 한 일은 전혀 타이밍이 맞지 않았다.

조조가 번성의 조인에게 관우를 공격케 한 일은 손권과의 약속에 따라 군사를 일으키는 시늉을 하여 손권으로 하여금 어서 형주를 공격하도록 부추기려는 陽動에 불과하였을 터이다.

제갈량의 전략의 잘못이었다. 우선 손권과의 동맹을 확인하고 강화는 것이 급선무이었다.

셋째, 관우의 오만함이다. 손권은 형주에 대한 공격을 최종 결단하기에 앞서, 강대한 조조와 동맹하여 유비를 없애는 것보다는 차라리 유비와의 동맹을 유지하여 그로 하여금 조조를 견제하는 역할을 하도록 함이 장기적으로 세력 균형에 유리하다는 생각도 가지고 있었다. 그래서 위오동맹의 체결을 최종 결단하기에 앞서 관우의 딸과 자기 아들을 결혼시키는 혼인동맹을 먼저 제안까지 하였다. 유비가 망하면 그 다음 순서로 손권 자기를 조조가 칠 것이 뻔하기 때문이다.

그러나 관우는 "호랑이의 딸을 개의 아들에게 시집보낼 수 없다."라고 모욕하면서 이 혼담을 일축하였다. 비록 거절은 할망정 그렇게 모욕까지 할 일이 아니었다.

그런 관점에서 보면 관우에게 형주를 계속 맡긴 유비와 제갈량의 인사 배치도 문제이었다. 물론 관우를 대신할 대장이 없다고 본 때문이겠지만 역시 문제를 일으키고 말았다.

제2장 진(晉)이 우(虞)나라 길을 빌려 괵(虢)나라를 멸하다(假道滅虢).

춘추시대 晉헌공(재위 BC677~BC651)은 그 남쪽 국경에 접한 작은 두 나라 虞와 虢을 병탄하고 싶었다. 그러나 두 나라가 서로 동맹을 맺어, 우를 치면 괵이 우를 돕고 괵을 치면 우가 괵을 돕기 때문에, 늘 뜻을 이루지 못하였다.

그러다 대부 순식이 假道滅虢의 계교를 내었다.

제1단계로 우선 괵공에게 많은 뇌물과 다수의 미녀를 보내어 화친을 맺었다.

제2단계로 욕심 많은 虞공에게 千里馬와 보물을 바치고는, 虢이 자주 晉의 변경을 약탈하니 그를 응징한 뒤 虞나라와는 영세화평을 맺겠다고 거짓말을 하여 속인 뒤, 괵을 치러가게 비밀리에 우나라의 길을 빌려달라고 청하였다.

욕심 많은 虞公(우공)이 좋은 선물을 받고 그 약속을 믿어 晉(진)나라 군사에게 길을 빌려주었다. 虞(우)나라 길을 빌려 괵을 기습한 晉(진)에게 虢(괵)은 멸망하였고, 晉(진)은 괵에서 회군하는 길에 다시 虞(우)를 기습하여 이마저 병탄하였다(열국지 제2권 제25회 탈수배상 제1절 가도멸괵).

이것이 바로 假道滅虢(가도멸괵)의 고사이다.
이 속임수는 상대의 욕심을 이용한 이간계에 속한다.
뇌물을 탐해 동맹을 저버린 어리석음의 사례이다.

임진왜란 때 일본의 풍신수길이 조선의 길을 빌려 明(명)나라를 정벌하고자 하니 길을 빌려달라고 조선 조정에 소위 征明假道(정명가도)를 요청한 것도 같은 속임수에 속한다.

조선 조정은 虞(우)나라처럼 속지는 않았으나 그저 거절만 하고 적절한 대책을 미처 세우지 못한 탓에 이후 큰 재난을 당하였다.

풍신수길에게도 잘못이 있다. 길을 빌리려면 조선 조정이 탐할 만한 무슨 큼직한 미끼 예컨대, 일본이 장차 취득하는 중국 땅의 어떤 일부를 떼어 주겠다는 등의 뇌물을 내걸었어야 하는 데 그러지 않았다. 아마도 조선 조정을 너무나 얕보았기 때문에 그런 뇌물을 내걸 필요도 없다고 생각했기 때문일 터이다.

제3장 여포가 미녀 초선을 탐하여 동탁을 죽이다.

이간계로는 삼국지연의에 나오는 美人(미인) 초선의 얘기도 유명하다. 이 얘기는 連環計(연환계) 겸 離間計(이간계)에 속한다. 美人計(미인계)임은 물론이다.

여기서 이간계의 기획자는 司徒(사도) 왕윤이다. 그는 후한 말 헌제 때에 사도 직위에 있었고 漢(한)왕조의 正統(정통)을 수호하려는 전통 세력의 일원이다.

연환계라는 사슬의 한쪽에 묶인 권력자는 동탁이다. 그는 무력으로 조정을 접수하고 황제를 바꾼 뒤 승상이 되어 전권을 장악하였고 때가 오면 스스로 황제가 되려는 역심을 품었다. 그는 잔인하고 탐욕이 많은 장군이었다.

연환계라는 사슬의 다른 한쪽에 묶인 사람은 동탁의 양아들이면서 동탁 무력의 핵심을 이루는 당시 천하제일의 용사 여포 장군이다. 그도 역시 탐욕이 많은 데다 더구나 의리 없고 無謀하였다.

동탁과 여포라는 두 권력자 사이에서 사랑을 무기로 두 남자를 戀敵관계로 묶어버린 고리 역할을 한 여자가 천하의 미녀 초선이었다.

초선은 원래 사도 왕윤이 집에서 부리는 歌妓였다. 노래와 춤이 뛰어난 천하의 절색이었다고 한다. 왕윤의 수양딸이라고도 한다.

사도 왕윤은 簒逆을 꾀하는 동탁 제거를 결심하고, 우선 미녀 초선을 여포에게 소개하고 그녀를 여포의 첩으로 주겠다고 약속하였다. 그리고는 초선을 다시 동탁에게 소개한 뒤 그녀를 동탁의 妾室(첩실)로 바쳤다. 여포에게는 동탁의 강요 때문에 불가피했다고 속였다.

여포는 격노했다. 여포가 동탁의 부중에서 초선을 만나자, 초선은 동탁의 강요로 어쩔 수 없었다고 눈물로 여포에게 호소하여 그를 더욱 분노케 한다.

왕윤은 기회를 잡아 여포에게, 동탁을 죽여 한왕조의 역적을 제거하고 초선을 데려가라 부추긴다.

의리 없는 여포는 초선을 차지할 욕심으로 이를 수락하고 궁에 들어가는 동탁을 대궐 문앞에서 창으로 찔러 죽인다.

동탁과 여포가 초선을 서로 차지하려 욕심부림을 일찍이 눈치 챈 동탁의 사위 이유가 전에 내뱉은 탄식의 말이 끝내 실현되고 만 셈이다. 그는 말했었다.

"우리 모두 한 계집의 손에 죽고 말겠구나······"(소설 속의 자세한 이야기는 정음사 삼국지 상권 제6장 연환계 참조).

史書(사서)에는 왕윤의 계책에 따라 여포가 동탁을 살해한 사실(AD192)은 나오지만 초선의 이야기는 일체 나오지 않는다.
초선의 미인계는 매우 흥미진진하지만 사실은 허구라고 한다. 이런 사건에 대해 추측할 만한 단서가 일체 없다고 한다. 진수의 삼국지나 범엽의 후한서, 그리고 그 밖의 사서들 모두에 이에 대한 어떠한 언급도 없음이 그러한 사실의 없음을 반증한다고 한다(김경한 삼국지 제2권 229p.).

그러나 나는 이 미인계가 사실일 것으로 본다. 동탁과 여포 모두가 탐욕은 엄청나고 女色(여색)은 크게 밝히며 의심은 많고 信義(신의)는 전혀 없는 그런 무뢰배들이므로, 초선의 이야기는 이런 그들의 性情(성정)에 우선 잘 맞는다.

여포는 의리 없고 무모한 자인데 그런 그가 단순히 漢王朝(한왕조)를 구한다는 왕윤의 대의명분 만에 넘어가 동탁 제거의 음모에 가담할 턱이 없다.

대의명분 말고 무엇인가 여포의 구미를 당길 미끼가 틀림없이 있었을 터인데 그 미끼가 사서에는 전혀 언급이 없다니 이상하지 않은가?

미인계 말고는 다른 미끼가 있을 수 없었다고 보아야 당시의 상황과 실정에 맞는다. 아마도 미인계 역할을 한 여자는 초선이 아닌 다른 미지의 여인일 여지는 있을 터이다. 그러나 이 동탁 제거의 음모 기획자가 사도 왕윤인 점을 생각하면 왕윤과 관계 없는 여인일 가능성은 거의 없다.

이 미인계를 소상히 알 수 있는 사람은 왕윤과 초선과 여포 세 사람인데 그들은 이 계략의 성공을 위해서 초선의 일을 시종 철저히 함구하였고 동탁 제거에 성공한 뒤에도 이 일을 철저히 계속 함구하였을 가능성이 있다. 그렇다면 초선은 왕윤이 지극히 아끼는 애첩이었거나 아니면 왕윤의 친딸이었기 때문에 그렇게 함구하였을 가능성이 매우 높다.

동탁의 수하 장군 이각과 곽사 등이 장안을 점령하고 동탁의 원수를 갚는다면서 왕윤을 죽이고 그의 집안 사람은 남녀노소를 막론하고 모조리 잡아 죽였는데(황석영 삼국지 제1권 223p.) 초선도 이 때 함께 죽임을 당하였거나 자결하였을 가능성이 많다.

초선의 비밀이 시간이 흐르면서 왕윤이나 동탁의 府中(부중) 하인들을 통해서 조금씩 밖으로 새어 나왔을 터이다. 그래서 전설 내지 소설 같은 형태로 세상에 남게 되지 않았을까.

제4장 항우가 진평에게 속아 범증을 내치다.

이간계는, 원래 초패왕 항우와 漢高祖(한고조) 유방 사이에 벌어졌던 楚漢戰(초한전)(BC206~BC202) 시기에 유방의 모사 진평이 항우의 軍師(군사) 범증을 제거하는 데에도 사용하였다.

진평의 이간계 내용은 제10편 교묘한 속임수 제5장 진평 이야기에서 설명한다.

항우를 도와 천하를 평정하여 평화 시대를 조기에 이루려던 범증의 꿈은 깨지고 참혹한 전쟁은 계속되게 되었다.

일대의 奇才(기재)이며 당대의 賢者(현자)이던 71세의 범증은 이 이간계로 말미암아 그 꿈을 접고 失意(실의)와 落膽(낙담)과 悔恨(회한) 속에 생을 마치고 만다. 이간계는 때로 賢者(현자)도 당하지 못하는 무서운 계략이다.

제5장 오왕(吳王) 부차가 백비에게 속아 충신 오자서(伍子胥)를 죽이다.

이간계로서의 속임수는 열국지(제4권 282P.)에 나오는 西施(서시)의 얘기가 유명하다. 미인 서시의 이야기에는 미인계와 이간계와 연환계가 복합되어 있다. 이 이간계는 우선 오왕 부차와 충신 오자서 사이를 미인계로 이간하고 동시에 오왕 부차와 간신 백비 그리고 월왕 구천과의 사이를 연환계로 묶는 이중, 삼중의 속임수이었다.

월왕 구천(재위BC496~BC465)은 오왕 부차(재위 BC496~BC473)와 싸웠으나 크게 패하여 회계산에서 부차에게 항복하였고 그의 노예가 되어 臣從(신종)과 충성을 맹세하고 겨우 구사일생으로 목숨을 건졌다(會稽之恥).

구천은 이후 臥薪嘗膽(와신상담)(여기의 臥薪은 구천의 행동이 아니라, 부차가 아버지의 원수 갚기를 잊지 않으려고 취한 행동이었다)하면서 회계산의 치욕을 씻고 부차에게 복수하려 切齒腐心(절치부심) 하였다.

그래서 월왕 구천은 두 현명한 신하 범려와 문종에게 군사와 내정과 외교 등 일체의 국정을 맡겼다(사기 세가 상권 270p.).

한편 오왕 부차는 월나라를 정복한 뒤 부강한 세력에 취하여 한없는 오만과 향락에 빠져들기 시작했다. 그 때문에 오만과 향락을 멈추도록 때마다 충고하는 재상 오자서를 귀찮게 여겨 멀리하고 이를 부추기는 간신 백비를 오로지 총애한다.

오왕 부차는 간신 백비의 말을 듣고 고소대를 새로 지었다. 5년 만에 고소대는 준공됐다. 그 높이는 300장이요, 넓이가 84장이었다. 고소대 상층에 올라서면 2백리 바깥을 내다볼 수 있었다.

그리고 그곳에서 즐기기 위하여 노래하는 동자와 춤추는 여자를 불러 모았다.

이런 상황을 틈타 월왕 구천이 대부 문종의 계책

에 따라 미녀 서시를 부차에게 바쳤다. 서시는 문종이 전국에서 뽑은 2천여 명의 미인 중의 최고 미인이었다.

대부 문종은 서시에게 노래와 춤과 화장하는 법과 걸음 걷는 법 등 모든 재주와 기술 그리고 범절을 3년간 습득시켰다.

월나라 상국 범려가 서시를 데려가 오왕 부차에게 바치자 부차는 그만 정신이 몽롱해지면서 넋을 빼앗겼다.

곁에서 오자서가 간한다.

"夏(하)나라는 妹姬(말희) 때문에 망했고, 殷(은)나라는 姐己(달기) 때문에 망했고, 周(주)나라는 褎姒(포사) 때문에 망했다고 합니다. 무릇 아름다운 여자는 나라를 망치는 요물입니다. 왕은 저 여자를 받아들이지 맙시오." 그러나 부차는 듣지 않고 천하절색 서시를 받아들여 그녀를 총애했다.

서시는 고소대에 거처하면서 마침내 오왕 부차의

사랑을 독점했다.

오왕 부차는 서시와 환락에 빠져 간신 백비를 중용하고(연환계) 충신 오자서를 멀리하다가(이간계) 급기야 그를 자결시켰다. 또한 월왕 구천에게 속아 곡식을 월나라에 꾸어주었지만 구천은 그 이듬해에 문종의 계책에 따라, 벼를 살짝 쪄어 싹이 돋을 수 없게 만들어 반환함으로써, 오나라의 농사를 망쳤다.

부차는 또한 외국과 자주 전쟁을 벌여 국력을 낭비하는 등 失政(실정) 끝에 마침내 월왕 구천의 침공으로 나라는 완전히 멸망하고 그 자신은 붙잡혀 자결하고 말았다(열국지 제4권 제81회 제2절 고소대 및 제83회 월왕 칭패 제3절 대과육야 참조).

서시의 역할은 부차로 하여금 그녀와 더불어 향락에 빠지게 하는 일 이외에 특별히 정사에 관여하거나 정책 결정에 직접 영향력을 행사한 흔적은 소설 속의 이야기에 의하더라도 찾아보기 어렵다.

그녀는 간신 백비와 함께, 부차로 하여금 월왕 구천을 확실히 믿게 만드는 분위기를 조성하는 데 기여하였을 따름이라고 보인다. 물론 그로써 부차와 오자서 사이를 이간하는 데 간접적으로 기여하였음은 물론이다.

부차에 대한 월왕 구천의 속임수는 전략적 속임수이다. 적국을 아예 멸망시키기 위한 장기적이고 종합적인 속임수이다(뒤의 제14편 제3장 참조). 대부 문종이 계책을 세운 때로부터 장장 20여 년에 걸쳐 집행된 무시무시한 음모이고 속임수이다. 이런 관점에서 보면 서시를 이용한 미인계라는 속임수는 대부 문종이 계획한 장기 전략에 부수된 작은 속임수에 불과하다.

북한 공산당이 추구하는 대남 전략은 장장 75년이나 연면하게 이어져 온 것이니 월왕 부차의 그것보다도 더 집요한 셈이다.

부차의 멸망이, 소설 속의 이야기에만 치중할 경

우, 마치 서시로 인하여 政事(정사)를 게을리 한 때문인 양 오해할 수 있다.

그러나 부차가 멸망한 진정한 이유는 한번 승리했다 하여 자만심에 빠져 敵(적)을 경시한 데 있었다. 더 직접적으로는 앞날을 경계하는 오자서 같은 당대 최고의 현인을 쫓아내 죽게 한 데 있었다.

논어의 말이 생각난다. 공자는 말하였다.
『노나라 임금 애공이 "어떻게 하면 백성이 잘 따르겠습니까?" 하고 묻자 공자가 대답하였다. "곧은 사람을 들어서 굽은(枉) 사람 위에 놓는다(錯)는 말이 있는데 그렇게 하면 백성들이 잘 따를 것이고 굽은 사람을 들어서 곧은 사람 위에 놓는다고 했는데 그렇게 되면 백성들이 따르지 않을 것입니다."
哀公問曰: 何爲則民服 孔子對曰: 擧直錯諸枉 則民服 擧枉錯諸直 則民不服』 (논어 위정 2-19)

제6장 동탁의 천리마(千里馬)를 받고 여포가 의부(義父) 정원을 죽이다.

동맹 내지 우호로 밀접한 관계에 있는 사람들이나 나라들을 서로 멀어지게 하거나 적대관계로 바꿔놓는 술책이 이간계이다.

후한 말 영제가 죽고나서(AD188) 궁에서 환관들을 주살하는 난리가 난 틈을 타 낙양성을 점령한 동탁은 자기보다 병력이 우세한 幷州자사 정원이 그의 집권을 반대하자 정원 수하의 맹장 여포에게 赤免馬라는 유명한 千里馬와 金珠, 玉帶를 보내고 부귀를 약속하면서 그를 회유하여 그로 하여금 그의 養父 정원의 목을 베게 하였다. 동탁은 이렇게 정원을 제거하고 그 병력을 흡수함으로써 한나라 조정의 정권을 완전히 거머쥐는 데 성공하였다(정음사 삼국지 상권 제3장 제2절 赤免馬).

천하제일의 용장 여포가 의리라고는 전혀 없는 무모한 자임이 소설 삼국지연의에서 드러나는 첫

장면이다.

의리 없음과 무모함은 이간계가 성공하기 위한 조건 중의 하나이다.

제7장 순욱이 유비와 여포를 다투게 만들다(二虎競食計_{이호경식계}).

삼국지연의를 보면 조조의 모사 순욱이 유비와 여포 사이를 적대관계로 몰아넣기 위하여 쓴 이간책 이야기 두 가지가 나온다. 그 중 하나가 二虎競食計_{이호경식계}이다.

서주를 지키던 도겸이 죽었다. 그는 유언으로 유비에게 서주를 넘겼다(AD194년).

이듬해 연주를 둘러싸고 조조와 싸우던 여포가 패하고 달아나 유비에게 의탁하였다. 유비는 여포를 서주에 딸린 소패성에 주둔하게 했다.

여포가 유비에게 의탁하였다는 소식을 듣고 조조가

걱정한다. 유비와 여포가 합심하여 자기에게 대항할 것을 염려한 때문이다. 조조에게 순욱이 헌책한다.

<유비가 서주를 차지했다고는 하나 정식으로 勅命(칙명)을 받은 것은 아니다. 승상 조조가 황제에게 청하여 유비에게 서주목 자리를 정식으로 주고 그 대신 여포를 죽이라는 밀서를 보낸다. 계책이 성공한다면 맹장 여포를 잃은 유비를 치는 일이 쉬워진다. 계책이 성공하지 못하더라도 여포가 분노하여 유비를 죽이려 들것은 불을 보듯 뻔하다. 이것이 바로 호랑이 두 마리로 하여금 서주라는 먹이를 두고 서로 싸우게 하는 이호경식의 계략이다.>

조조가 그대로 실행하였다.
그러나 이것이 조조의 술책임을 간파한 유비가 이 계책에 말려들지 않고 오히려 조조의 밀서를 여포에게 보여주고 그와의 관계를 더욱 굳힘으로써 조조의 이 술책은 실패하였다(정음사 삼국지 상권 제11장 전변무상 제1절 이호경식계 참조).

유비는 서주목이라는 벼슬을 정식으로 받고도 여포를 죽이라는 밀서의 실행은 기피하였으니 뇌물은 받고도 그 대가의 이행은 회피한 셈이다. 결국 조조의 속임수는 실패하고 유비의 속임수가 오히려 일시적으로 통하였다.

제8장 순욱이 여포를 몰아 유비 땅을 뺏게 하다(驅虎呑狼計).
구호탄랑계

구호탄랑이란 호랑이를 몰아서 늑대를 삼키게 한다는 뜻이다.

앞장의 이호경식계가 통하지 않자 조조의 모사 순욱이 그 후속으로 내놓은 계책이다.

〈평소 스스로 황제가 되려는 역심을 품고 기고

만장한 원술에게 우선 밀사를 보내, 그가 다스리는 남양을 유비가 공략하려고 그 허가를 구하는 상소를 조정에 올렸다고, 거짓 정보를 제공한다.

그러면 원래 유비를, 돗자리치고 짚신이나 팔던, 미천한 출신이라며 깔보던 원술이 격노하여 서주의 유비를 공격할 것이다.

이번에는 유비에게, 원술이 반역하려 하니 이를 토벌하라는 황제의 조칙을 정식으로 내린다.

그러면 유비가 서주를 떠나 원술과 싸우게 된다.

그렇게 되면 유비의 서주성이 비게 되는데 그 빈틈을 타 의리 없는 여포가 서주를 쳐서 차지할 것이다. 그러면 유비를 제거할 수 있다.>

조조가 그대로 실행하자 이 속임수는 멋지게 성공하였다.

유비가 원술과 싸우느라 서주성을 비우자 의리 없는 여포가 그 틈에 서주성을 빼앗아 차지하였다.

유비는 서주성을 잃어버려 몰락하는 기구한 운명에 빠졌다(정음사 삼국지 상권 제11장 전변무상 제2절 구호탄랑계 참조).

당대 최고의 지략가 중 하나인 순욱의 계략이 빛나는 한 장면이다. 그러나 유비는 뒤에 다시 살아나기는 한다.

제9장 조예가 제갈량의 계책에 속아 사마의를 내치다.

위나라 황제 조비가 죽고 조예가 즉위하자 (AD226) 사마의가 옹주와 양주의 병마제독이 되어 옹주로 부임했다. 이 사태에 경계심을 품은 사람이 촉의 승상 제갈량이었다. 책사로서의 사마의의 기량을 알고 있던 제갈량은 사마의를 빈틈없는 인물이라 보고 경계하던 터이었다.

더구나 남만 평정의 전쟁에서 돌아온 지 얼마 안

되어 군사들이 기진맥진한 상태라 제갈량은 사마의와의 싸움을 피하고자 하였다. 이 때 제갈량이 취한 것이 이간계였다.

제갈량은 조예의 중신 가운데 사마의를 좋게 보지 않는 자가 있다는 사실을 알고, 사마의가 모반을 기도하고 있다는 유언비어를 낙양과 업성에 퍼뜨렸다. 또 사마의의 이름으로 군대를 모집하는 방을 업성의 성문 밖에 붙이기도 했다.
가짜 방을 보고 놀란 조예는 사마의를 시험하기 위해 어림군 십만을 이끌고 사마의가 주둔하고 있는 옹주 방면으로 거동하였다. 조예가 안읍이라는 곳에 이르자 이런 사정을 알지 못한 사마의는 그 사이 훈련한 군사의 위세를 황제에게 보여주기 위해 갑사 수만 명을 이끌고 조예를 마중 나갔다.
조예의 신하들은 사마의의 위세에 몹시 놀라, 사마의가 모반을 일으키려 함이 분명하다고 조예에게 보고했다. 이에 조예는 마중 나온 사마의를 체포하였다.

조예가 역심을 꾸짖자 사마의가 읍소했다.
"이것은 蜀(촉)이나 吳(오)의 이간계가 분명합니다."
조예는 반신반의하며 일단 사마의의 병권을 빼앗고 그를 고향으로 돌려보냈다.

이로써 제갈량은 이간계를 멋지게 성공시켜 사마의라는 까다로운 적을 일시 제거할 수 있었다(정음사 삼국지 하권 제72장 공명상표 제2절 조비읍서; 삼국지의 계략 38p.; 황석영 삼국지 8권 152p.).

그러나 뒤에 보면 사마의는 다시 화려하게 복권에 성공한다. 제갈량의 승리는 결국 일시적인 일에 불과하였다.

제10장 조조가 가후의 꾀를 따라 마초와 한수를 이간하다.

中原(중원)을 차지한 조조는 위하를 건너 하서로 진군하여 그곳에서 마초(AD176~222)와 한수의 서량 연합군을 상대로 전쟁을 하고 있었다(AD211). 전쟁이 교착상태에 빠져 서로 대치 중인데 하루는 조조가 한수의 진영 앞에 나아가 한수와 단 둘이 할 말이 있다면서 그를 불러냈다. 양측 군대가 멀리서 바라보는 가운데 두 진영의 가운데 쯤에서 만나 서로 말 위에 앉은 채 대담을 나누었다.

두 사람은 젊어서 같은 무렵에 관직에 올라 함께 京師(경사)에서 지낸 일이 있었으므로 원래 아는 사이였다. 조조가 옛날을 회고하면서 이야기를 정답게 끌고 나갔다.

이렇듯 지난날 이야기로 이러구려 한 시각이 넘도록 정답하다 웃음으로 끝내고 헤어졌다.

따로 진영을 차리고 주둔 중인 마초가 그 일을

전해 듣고 한수에게 달려와 무슨 일인지를 물었다. 워낙 아무 내용이 없는 대담이었으므로 한수가 그대로 설명했지만 젊고 단순한 마초는 그런 싱거운 내용일 리 없다고 생각하여 한수가 거짓말을 한다고 의심하기 시작하였다.

이것은 마초로 하여금 한수를 의심하도록 만들기 위해 조조가 일부러 연출한 행동이었는데 마초가 그 연극에 넘어갔다.

그 뒤 조조는 다시 한수에게 편지를 보냈다. 무슨 중요한 서신인 듯이 많은 수효의 호위 군사들을 대동시켜 떠들썩하게 편지를 보냈다. 물론 조조의 연극이다. 소문이 마초 귀에 들어가게 하려는 심산이다.

조조의 예측대로, 한수가 편지를 막 읽고 난 때 쯤 곧이어 마초가 달려와 그 편지를 보여달라고 한다. 한수가 보여주니 마초가 보기에 그 편지가 수상쩍기 그지없다. 중간에 몽롱하게 흐린 글자가 있는가

하면 중요한 대목에서는 먹칠을 하고 까닭 없이 글자를 고치기도 한다.

마초를 속이려고 한수가 내용을 고쳤음이 틀림없다고 마초는 의심한다.

마침내 마초의 의심 때문에 한수의 진영 안에서 마초와 한수의 사이에 언쟁이 벌어지고 급기야 칼부림이 일어나 한수의 왼팔이 잘려나갔다. 끝내 마초의 군사와 한수의 군사 사이에 큰 싸움이 벌어졌다.

이 혼란을 틈타 조조의 군사가 대거 습격하자 한수는 조조에게 항복하고 마초는 대패하여 한중으로 달아났다가 결국 유비에게 귀순하였다(정음사 삼국지 중권 제42장 마초설한 제4절 한수이반; 삼국지의 계략 37p.; 황석영 삼국지 5권 243p.).

삼국지연의에 따르면 조조의 이번 계책은 모사 가후가 꾸민 이간계라고 한다(뒤에 나오는 제14편 제2장 참조). 마초의 단순하다 못해 앞뒤를 못 가리는 성급

함과 오만 그리고 어리석음 때문에 성공한 모략이다.

한수는 조조에게 피살된 마초의 아버지 마등과 의형제인 사람이다. 마초는 그를 숙부라고 부르면서 모셨다. 그러나 마음속으로는 자기가 천하제일의 영웅이라고 생각하여 매사를 독단으로 처리하면서 한수를 무시하고 무례하게 대하였다. 이런 오만과 무례도 한수로 하여금 마초를 꺼리게 만들고 급기야 조조로 하여금 그 틈을 타 이간계를 써 성공하게 만들었다.

제11장 태위 양표가 이각과 곽사를 이간하다.

이각과 곽사는 동탁 수하의 장군들로 평소 여포의 지휘를 받으면서 권력자 동탁의 나쁜 짓을 앞장서서 수행하였다. 서량 출신의 무뢰배 같은 장수들이었다.

사도 왕윤의 공작으로 동탁이 여포에게 죽임을

당하자 그들은 처음에는 뿔뿔이 흩어져 서량을 떠나려 했다가 가후의 계교를 듣고는, 서량 사람들을 왕윤이 모조리 죽이려 한다는 헛소문을 내고, 이에 흥분한 서량 출신 군사들을 휘몰아 동탁의 복수를 외치며 장안으로 쳐들어갔다.

장안을 점령하고는 동탁 제거의 지휘자인 사도 왕윤을 잡아 죽이고 조정을 완전히 장악하였다. 황제를 꼭두각시처럼 다루면서 천하를 호령하고 조정의 舊臣(구신)들을 포로처럼 핍박하며 가진 횡포를 다 부렸다.

견디다 못한 태위 양표가 두 권력자인 이각과 곽사를 이간하여 그들의 세력을 꺾으려 하였다.
곽사의 처는 원래 투기가 매우 심한 여자로 소문나 있었다. 양표가 자기 부인을 곽사의 처에게 보내어, 곽사가 이각의 처와 사통한다는 소문이 있다고, 거짓 일렀다.
곽사의 처가 그 말을 믿고 곽사에게 말하였다.

<이각이 원래 의심이 많은 사람인데 이런 私通(사통) 사실을 알면 틀림없이 당신 곽사를 죽이려 할 터이니 앞으로 행동을 조심하라.>

얼마 뒤 이각이 연회를 열고 곽사를 초청하였는데 곽사의 처가 위험하다면서 못 가게 붙잡았다. 곽사가 불참하자 이각의 집에서 연회 음식을 곽사에게 보내왔는데, 곽사의 처는 몰래 그 음식에 독을 탄 뒤에 이를 개에게 먹여 개가 죽는 꼴을 곽사에게 보여주었다. 이각에 대한 곽사의 의심이 날로 깊어갔다.

어느 때 이각의 집에서 곽사가 술을 많이 마시고 귀가한 일이 있었는데, 공교롭게도 곽사가 속이 불편하였다. 이를 보고 그의 처가 약이라고 속여 똥물을 먹여 모두 토하게 만들었다.

마침내 곽사는 이각이 자기를 제거하려 한다고 굳게 믿고는 이각을 제거하기로 결심하고 군사를 일으켰다.

그리하여 두 사람 사이에 전쟁이 벌어졌다. 승부가 쉽게 나지 않아 연일 싸움이 계속되어 백성 수만명이 희생되었고 장안은 폐허로 변하다시피 하였다. 장안은 수년 동안 이런 저런 내란에 시달리느라 인적조차 사라졌다.

이런 상황이 계속되자 이각, 곽사 모두 그 군사력이 크게 약화되었다. 결국 두 사람은 싸움을 멈추고 화해하였다.

그러나 때마침 황제가 구출을 요청하는 밀서를 조조에게 보내자 이를 받은 조조가 그들 이각과 곽사를 공격하여 쳐부수고 황제와 조정 대신들을 구출하였다(AD196).

이로써 마침내 천하를 호령할 수 있는 조정의 대권이 조조에게 넘어갔다(정음사 삼국지 상권 제10장 대권귀조 제1절 반간계; 황석영 삼국지 제2권 13p.).

태위 양표의 이간계는 성공하여 이각과 곽사의 세력은 궤멸되고 한나라 왕실은 무뢰배들의 손에서 구출되었다. 그러나 한나라 왕실의 운명은 더욱 무서운 진정한 실력자의 수중에 떨어지고 말았다. 한나라의 부흥은 사실상 헛된 꿈이 되는 국면에 들어갔다.

과장하여 비유하자면 이런 셈이다.

"늑대의 발톱 밑에 깔린 漢나라 왕실을 한 여인(초선)이 사랑으로 구해내자, 다른 한 여인(곽가의 妻)이 질투를 내어 다시 호랑이 입 속으로 밀어 넣었다!"

제12장 진(晉)의 대장 선진이 제(齊)·진(秦)·초(楚) 동맹에서 초(楚)를 이간시켜 초군을 대파하다.

중국 춘추시대에 제환공의 뒤를 이어 晉文公(재위BC636~628)이 새로운 패자로 등장하기 시작하던 무렵이다. 진문공과 楚成王 사이에 宋나라의 지배권을 둘러싸고 패권 싸움이 벌어졌다.

싸움의 전후 경과는 다음과 같다.

① 宋나라는 옆에 있는 작은 나라 曹와 衛가 강한 초나라를 믿고 송을 멀리하므로 그 두 나라를 몹시 미워하였다.

더구나 송나라는 이전 양공 때 초나라와 홍수에서 싸워 크게 패전한 이후로 초나라와는 불화하고 晉나라와 손을 잡고 있었다.

② 한편 송나라가 晉과 楚 두 나라 사이에서 자주 向背를 바꾸고 있음을 楚나라는 미워하였다.

③ 또 한편 齊·秦 두 나라는 晉文公이 천하의 패권을 잡을까 두려워, 楚와 동맹을 맺고 晉나라를 견제하고 있었다.

④ 이러한 列國 관계 속에서 드디어 晉文公과 楚成王 사이에 宋나라의 지배권을 둘러싸고 큰 싸움이 벌어졌다.

⑤ 초나라가 송나라를 공격하자, 晉나라는 曹와 衛를 공격하여 曹侯를 사로잡고 衛侯를 내쫓는다.

⑥ 송나라의 서울이 초군에게 포위되자 송나라가

막대한 보물 목록을 晋(진)에게 보내면서 구원을 요청하였다.

⑦ 晋(진)의 대장 선진(先軫)이 진문공에게 이간계를 올린다.

<宋(송)이 보낸 보물을 받고 송을 구원한다면 우리는 대의명분을 잃는다. 그 보물을 사양하고 대신 사신을 齊·秦(제·진) 두 나라에 보내어 이 보물을 반씩 그들에게 나누어 주도록 하겠다고 제안한다. 그리고 그 두 나라에게, 초나라가 宋(송)에서 철군하도록, 주선해 달라고 부탁한다.

한편 우리는 그 동안 뺏어놓은 曹(조)와 衛(위)의 두 나라 땅을 모두 송에게 주어버린다.

그러면 송은 우리에게 감동하여 죽기로 초에게 대항할 것이고, 초는 더욱 성이 나서 齊·秦(제·진) 두 나라의 철군 요청을 거절하고 더 맹렬하게 송을 공격할 것이다.

그 때 초의 철군 거부에 화가 난 齊·秦 두 나라와 우리가 동맹을 맺으면 초와 齊·秦 두 나라 사이는 아주 갈라져 이윽고 齊·秦 두 나라가 초를 공격할 터인데 그러면 초군은 부득이 송나라에서 철수할 수밖에 없다.>

⑧ 진문공이 그대로 행하여 초군은 송에서 철수하고 마침내 晉·齊·秦 세 나라의 연합군과 초나라 사이에 城濮大戰이라는 큰 전투가 벌어진다(BC632년). (열국지 제2권 제40회 진초교전 제2절 反間之計)

⑨ 이 싸움에서 晉의 대장 先軫이 지략과 용기를 발하여 연합군을 승리로 이끌었고 그 결과로 晉文公은 제환공을 이은 春秋五霸의 제2번 霸者가 되었다. 초나라의 中原 진출도 좌절되었다.
반면 패전한 초나라의 대장 성득신은 일세의 용장이었으나 책임을 지고 자결하였다.

⑩ 晉의 대장 先軫은 그 전략과 작전계획의 정확성과 대담성과 치밀함에서 뛰어났을 뿐만 아니라 한

치도 앞을 보기 어려운 혼전의 현장에서 정확히 흐름을 파악하여, 마치 마케도니아의 알렉산더 대왕과 같은 집중과 우회를 적절하게 구사하는 놀라운 현장 지휘력을 보여주었다. 실로 무서운 명장이었다. 그는 그 뒤에도 秦나라의 최고 대장 셋을 한꺼번에 사로잡는 놀라운 공을 세우기도 한다(열국지 제4권 45회 진신인야 제2절 放虎歸山 참조).

제13장 진(秦)의 승상 범저가 이간계로 조(趙)의 대장 염파를 내쫓다.

秦의 대장 왕홀이 지휘하는 진나라 군대와 趙의 명장 염파가 지휘하는 조나라 군대가 장평에서 맞붙었다. 소위 長平大戰(BC 262~260)이라는 것인데 전쟁이 오래 끌자 진의 재상 범저가 지구전을 벌이는 조의 명장 염파를 전장에서 내쫓으려고 이간계를 썼다.

염파는 용력이 과인하고 경험이 풍부한 노장으로

조나라 최고의 명장이었다.

범저는 간첩을 대대적으로 조나라에 보내어 많은 돈을 뿌리면서 염파가 지구전을 벌이는 이유는 그가 늙어 겁이 많은데다가 진나라와 내통하고 있기 때문이니 염파대신 젊은 장군 조괄로 사령관을 교체하여야 신속한 승리를 얻을 수 있다는 여론을 조나라 안에 일으키고 이런 여론이 조나라 왕의 귀에 들어가도록 공작하였다.

조괄은 조나라의 명장 조사의 아들인데, 책으로 병법을 배운 것뿐이고 실전 경험은 전무한 데다, 몹시 거만하고 성급한 젊은이였다.

조나라의 지휘관이 이런 조괄로 바뀌어야만 진나라 군사가 이길 수 있다고 판단한 범저가 그래서 이런 이간계를 쓰기에 이르렀다.

장기전에 초조해진 조나라 왕이 이런 여론에 속고 또 조괄의 겁 없는 호언장담에 속아 드디어 염파를 조괄로 교체하고 말았다.

한편 조괄은 평소 진나라의 백기 장군 이외에는 자기를 당할 장군이 없다고 흰 소리를 하고 있었는데 이를 알고 있는 범저는 비밀리에 秦(진)의 사령관을 백기로 바꾸었다. 중국 역사상 최고의 명장으로 꼽히는 백기에 비하면 조괄은 그야말로 풋내기에 불과하였다.

이렇게 하여 백기와 조괄 사이에 전투가 벌어졌다. 조괄은 백기의 유인계와 매복계에 걸려 포위되어 고전하다가 秦(진)의 사령관이 백기로 바뀐 것을 알고는 낙담한 채 전사하였고 조나라 군사 20만 명도 덩달아 백기에게 항복하고 말았다.

이때에 항복한 조나라 군사를 포함한 도합 40만 명의 조나라 포로를 백기가 거의 생매장해 버린 사건도 이 때 일어난 일이다(열국지 제5권 제98회 백기대 제5절 일야구진 참조).

범저가 이간계를 구상할 때 이미 장평대전은 승

부가 나고만 셈이다. 이간계는 역시 무서운 계략이다.

이 장평대전에서의 진나라 승리는 진나라의 천하통일에 이르는 한 분기점이 되었다.

제14장 명장 악의를 전단이 이간계로 갈아치우다.

제갈량이 평소에 자기를 관중과 악의에 매양 비견하기를 즐겼다고 하는데 그 악의는 연나라의 명장이었다.

당시의 연나라는 제나라의 침략을 받아 연왕은 자살하고 태자는 도망하여 연나라는 제나라의 지배하에 들어갔다.

제나라의 가혹한 통치에 분노한 연나라 백성이 태자를 燕昭王(연소왕)으로 모시고 구국운동을 벌이자 제나라 군사가 물러갔다.

연소왕은 제나라에 대한 원수를 갚고자 招賢臺(초현대)를 세우고 널리 천하의 인재를 초빙하였다. 악의가 찾아오자 그가 병법에 밝음을 발견하고 그를 상장군으로 삼아 제나라에 대한 정벌을 맡겼다.

당시 제나라는 중국에서 가장 강한 나라이었다. 제민왕은 이런 국력을 바탕으로 횡포가 심하였다. 여러 나라의 원한을 샀고 더구나 큰 제후국 송나라를 완전히 멸망시키자 그는 공포의 대상이 되었다.

악의는 齊(제)를 미워하는 조, 초, 한, 위 등과 동맹을 맺고 연합군을 이끌고 제에 쳐들어갔다 (BC284).

그는 단 숨에 제군을 격파하고 제의 수도 임치성까지 점령하였다. 6개월 만에 즉묵과 거 라는 두 고을만 빼고 제나라 70여 성을 항복 받은 놀라운 승리이었다. 제민왕은 달아나서 죽었고 제나라는 멸망 직전이었다.

이후 제나라의 즉묵과 거, 두 곳이 완강하게 저항하므로 악의는 더 이상 인명의 피해 없이 완전한 승리를 거두려 두 곳을 포위만 한 채 제나라 백성이 스스로 항복할 때까지 기다리는 작전으로 들어갔다. 그러는 사이 5년이 흘렀다.

　마침 연소왕이 죽었고 그를 이은 연혜왕은 태자 시절부터 악의를 의심하던 터이었다. 태자와 친한 사이인 장군 기겁이 악의의 자리를 탐내어, 악의가 스스로 제왕이 될 욕심을 가지고 전쟁을 질질 끈다고, 모함한 탓이었다.
이때 즉묵을 지키던 제나라 장수 전단이 이간계를 썼다.전단은 심복들을 연나라에 보내어 아래와 같은 유언비어를 퍼뜨렸다.

　<악의가 즉묵을 공격하지 않는 것은 제나라 사람들의 인심을 얻어 스스로 제나라 왕이 되려 하기 때문이다. 그는 연소왕에게 큰 은혜를 입은 고로 차마 배신하지 못하고 지금껏 전단과 내통하면서 연소왕이 죽기만을 기다리고 있었는데 이제 연소왕이 죽었으니 그는 곧 연나라를 배반하고 스스로 제

왕이 될 것이다.>

이런 소문을 들은 연혜왕이 악의를 해임하여 본국으로 소환하고 장군 기겁을 그 자리에 보냈다. 악의는 생명의 위험을 느끼고 조나라로 망명하였다.

새로 부임한 장군 기겁은 무모한 사람이었다. 전단의 계략에 말려 마침내 대패하여 전사하고 연나라 군사는 모두 후퇴하고(BC279) 제나라는 살아났다 (열국지 제95회 위이부안 제3절 火牛奇計).

제갈량이 존경하던 불세출의 명장도 이간계는 당해내지 못한 셈이었다.

제15장 명장 오기가 이간에 걸려 내쫓기다.

유명한 병법서 吳子(오자)의 저자인 명장 오기(BC440~BC381)는 노나라의 대장이 되어 노에 쳐들어온 제나라 정승 전화의 군대와 싸워 크게 이기고 제나라 군대를 국경 밖으로 몰아냈다. 노나라는 오기에게 상경 벼슬을 주었다.

싸움에 진 제나라 정승 전화는 이간계를 꾸몄다. 우선 비싼 값에 사들인 아름다운 여자 둘과 황금 천일을 심복을 시켜 오기에게 몰래 보내고 노와 제 사이의 화평 알선을 부탁하였다.

오기는 원래 욕심이 많고 재물을 좋아하는지라 이를 받고 화평을 약속하였다.

그런데 제나라에서 왔던 밀사는 노나라를 떠나면서 길거리에서 소문을 냈다.

<오기는 제나라 밀사로부터 많은 뇌물을 받았다. 그리고 어떤 일이 있을지라도 제나라만은 치지 않겠다고 맹세하였다.>

노나라 사람들은 이 소문을 듣고 크게 놀랐다. 곧 이 소문은 삽시간에 퍼져 노나라 왕의 귀에 들어갔다.

노나라 왕은 크게 노하여 오기를 삭탈관직하고

문죄하려 들었다. 오기는 이를 알고 위나라로 망명하여 일대의 名君 文侯(재위 BC445~396) 밑에서 크게 중용되고 이름을 날렸다.

이간계는 통하지 않을 때가 거의 없다.

제16장 이간책이 통하지 않는 때도 있으니

일대의 명군 위문후 밑에서 활약하여 중산국을 멸하고 이를 위나라 영토로 만든 악양이라는 명장이 있었다.

악양이 원수가 되어 중산국을 정벌하는 동안 위나라 대신들이 끊임없이 악양을 참소하였다.
<악양이 파죽지세로 쳐들어가 중산성을 포위했건만, 그곳에서 벼슬하는 그의 아들의 기다려 달라는 한 마디에 3개월 동안이나 공격을 않고 있으니, 이 한 가지 사실만 봐도 그들 부자의 정이 얼마나 깊은가를 알 수 있다. 만일 주공이 악양을 소환하지 않으면 군사와 비용만 허비할 뿐 우리 위나라에 아

무 이익도 없을 것이다.>

악양이 일조에 元帥(원수)가 된 것을 그들은 몹시 질투하였기 때문이었다. 악양은 위문후와는 원래 아무런 인연이 없었는데 책황이란 대신의 천거를 입어 갑자기 원수로 발탁된 인물이었다.

그들의 고소장 중에는 중산국 왕이 악양에게 중산국의 반을 나눠주기로 했다는 등, 또는 악양이 중산국과 공모하여 곧 위나라로 쳐들어올 것이라는 등 별의별 중상모략이 다 적혀 있었다.

위문후와 같은 영명한 군주가 아니라면 걸려들지 않을 수 없는 이간계였다.

그러나 위문후는 신하들이 올리는 그 많은 고소장을 상자 속에 넣어만 뒀다. 그리고 위문후는 때때로 사자를 중산국 전장에 보내어 악양을 위로하였다. 그는 악양이 개선하여 돌아오면 주려고 도성 안에 좋은 집까지 마련했다.

이간계가 통하지 않은 드문 사례이다.

악양이 마침내 중산국을 정복하고 돌아왔다. 개선을 축하한 뒤 위문후는 큰 상자 두 개를 악양의 집에 보냈다. 필시 그 속에 많은 금은 보화가 가득 들어 있을 것이라 악양은 생각하였다.

그러나 그 속에 들은 것은 모두 악양이 임금을 배반할 것이니 속히 죽여야 한다는 신하들의 고소장이었다.

악양은 크게 감동하고 위문후에게 사은하였다. 악양은 봉작을 받고 병권을 내놓고 은퇴하였다(열국지 제4권 제85회 위문후 제3절 爲國喪子).

하기는 악양 자신에게도 또 다른 훌륭한 기본이 있었다.

언제인가 악양은 길을 가다가 길바닥에 흘려 있는 황금을 주워가지고 집으로 돌아간 일이 있었다. 그 날 악양의 아내는 그 황금에 침을 뱉고 말했다.

"志士(지사)는 남몰래 샘물도 마시지 않으며 염치 있는 사람은 아니꼬운 음식이면 받지를 않는다고 합디다. 누구의 것인지 내력도 알 수 없는 이런 황금을 뭣 하러 주워가지고 와서 그대의 고결한 인격을 더럽히십니까?"

악양은 아내의 그 말에 크게 깨닫고 즉시 그 황금을 가지고 나가 들에 버렸다.

그 후 그는 아내와 작별하고 노나라와 위나라에 가서 학문을 배웠다. 그러나 그는 1년 만에 집으로 돌아왔다. 그때 베틀에서 비단을 짜던 아내가 악양에게 물었다. "그대는 배움을 성취하셨습니까?"

악양은 아직 성취하지 못하였다고 대답하였다.

아내는 즉석에서 칼을 뽑아 베틀의 실을 모조리 끊어버렸다. 악양이 크게 놀라 그 까닭을 물었다.

아내가 대답한다. "사내 대장부는 학문을 성취한 후라야만 가히 행동할 수 있습니다. 그것은 마치 비단을 다 짠 연후라야만 옷을 만들어 입을 수 있는 것과 같습니다. 그런데 그대가 중도에서 학문을 폐하고 돌아왔으니 내가 칼로 끊어버린 이 베틀의 비단과 비해서 뭣이 다르겠습늬까?"

악양은 아내의 그 말에 크게 감복하고 다시 집을 떠났다. 그는 그 후 7년 동안 집에 돌아가지 않고 학문에 전념하였다(열국지 제4권 제85회 위문후 제2절 姓樂名羊).

이런 훌륭한 아내를 가진, 그야말로 기본이 튼튼한 사람이니, 역시 위문후 같은 위대한 군주의 신임을 받을 만하다. 이간계도 통하지 않을 만하다.

제17장 중국과 쏘련이 갈라서다.

중국과 쏘련 두 공산주의 강대국은 하나의 돌(一石) 같은 관계라고 부르면서 밀월의 동맹을 자랑하였다. 그러나 닉슨과 키신저의 미국이 중국 공산정권과 수교하면서 중국과 쏘련 사이가 이간되었다. 그때 미국이 제공하고 중국이 받아들인 커다란 미끼는 무엇이었나? 미국이 주도하는 세계질서 속으로 중국이 들어오면 누리게 될 엄청난 혜택을 중국

공산당에게 펴보여 주었으리라. 틀림없이 아주 큰 미끼의 제공이 있었을 터인데 구체적인 내막은 후세에 가야 밝혀질 일이다.

중국과 쏘련, 그들 두 나라는 다시 굳건한 동맹이 되겠는가?

제18장 중국과 한미동맹

중국 고전 속의 이간계는 역사가 길고 수법이 놀랍다.

한국과 미국 사이의 군사동맹은 중국에게는 안보전략상 큰 위협이다. 중국으로서는 무슨 방책을 쓸까?

제2편 잔인한 자해적(自害的) 속임수: 고육계(苦肉計)

제1장 요리가 경기를 찌르다(要離刺慶忌).

고육계는 일부러 윗사람을 격노하게 만드는 반항적 언사를 사용하거나 그 뜻에 어긋나는 행동을 감행하여 가혹한 육체적 고통을 당하는 처벌을 거의 공개적으로 받고는, 이를 빌미로 적에게 거짓 투항하고 이로써 적으로 하여금 이편의 투항을 진정한 것으로 믿게 하는 계책이다.

고육계는 먼저 자신이 상처를 입고나서 그 피와 상처를 이용하여 적에게 접근해 적을 속여 목적을 달성한다. 사람은 자기 몸에 스스로 상처를 내지는 않는 법이다. 따라서 큰 부상을 당했다면 남에게 억울하게 당한 것으로 믿기 쉽다. 敵將(적장)은 피로써 증명해 보이지 않으면 믿으려 들지 않을 것이다. 고육계는 바로 이러한 심리를 역이용한 것이다.

그러나 이 계책을 사용할 때는 극도로 신중해야 한다. 왜냐하면 상처를 입기는 단지 일의 시작일 뿐, 성공의 보장이 없기 때문이다. 만일, 상대방에게 거짓임이 노출되면 공연히 부상만 입게 되고 심지어 이로 인해 목숨을 잃지 않겠는가?

역사상 고육계를 쓴 사람은 적지 않았지만 그 중에는 성공한 예도 있고 실패한 예도 있었다. 실패한 경우는 말할 것도 없고 설사 성공했다 하더라도 악전고투 끝에 얻은 처참한 승리일 뿐이다. 계략을 쓰는 사람은 마치 양초처럼 자기 자신을 태워 다른 사람을 밝혀주는 역할을 한다.

역사상 가장 지독한 고육계를 사용한 예로 '요리자경기'(要離刺慶忌 요리가 경기를 찌르다)라는 이야기가 있다.

중국의 전국시대 제6대 吳(오)나라 왕 합려(재위 BC515~BC496)는 자기 조카인 제5대왕 료를 죽이고(요리한 생선의 뱃 속에 숨긴 비수로 요리사 전제가 왕을 찔러 죽였다) 스스로 임금이 된 사람이다(열국지 제4권 108p. 이하 참조). 제5대왕 료의 세자 경기는 도망해 군사를 모으고 이웃 나라들과 연락을 취하며 기회만 오면 오나라로 쳐들어가 父王(부왕)의 원수를 갚으려 준비하고 있었다.

 오왕 합려가 재상 오자서와 상의한 끝에 자객을 보내 경기를 죽이기로 한다.

공자 경기의 뼈에는 날개가 돋친 듯해서 수레를 이끌고도 달리는 말보다 빨리 달리며 그 힘은 萬夫(만부)도 당할 수 없는 천하의 이름 높은 용사였다.

 오자서가 자객으로 선택한 요리는 키는 겨우 5척 남짓하고 얼굴은 바짝 마르고 추했다. 겉으로 보아서는 도저히 경기를 찔러 죽일 자객이 될 수 없었다.

그러나 요리는 날쌔고 힘이 장사이고 겁이 조금도

없는 용사이었다. 다만 賤民(천민)인 탓에 그런 사실이 세상에 알려지지 않았을 뿐이었다. 요리를 자객이라고는 공자 경기가 결코 의심하지 않을 만하였다. 오자서는 그를 자객 요원으로 선택했다.

문제는 요리가 공자 경기에게 접근할 무슨 명분이 있어야 하고 거기에 더하여 그 요리를 믿을 수 있는 사람이라고 경기가 판단하여 그를 자기 측근으로 기용할 무슨 사정이 있어야만 했다

오자서가 요리를 조사해 보았다.

요리는 자기의 생명은 물론 처자의 생명까지도 버려서라도 큰 일을 해내어 만고에 길이 남을 천하 제일의 용사라는 명성을 얻는 데 목마른 사람임을 오자서는 알았다.

오자서는 자기의 모든 계획을 설명하고 요리의 승낙을 얻었다.

오자서는 그에게 장군의 벼슬을 준 뒤 그를 궁정의 회의에 참석시켰다. 요리가 초나라 정벌을 주

장하는데 오왕 합려가 주저하자 요리는 오왕을 비겁하고 배은망덕하다고 비난하였다. 천민의 지위에서 장군으로 발탁되었음에도 불구하고 요리는 분수에 맞지 않게 어전회의에서 감히 임금을 꾸짖는 소리를 하였다. 합려는 크게 노한 척하며 형벌을 내려 그의 오른 팔을 자르고 옥에 가둔다. 오자서는 몰래 그를 탈옥시킨다.

합려는 더욱 크게 노한 척하며 요리의 처자를 붙잡아다 시장의 대로상에서 화형에 처하였다. 오자서와 합려 그리고 요리 세 사람이 짜고 하는 일임을 모르는 모든 관리와 백성들이 요리가 참으로 억울한 일을 당하였다고 생각하였다.
오자서는 이렇게 함으로써 요리가 경기에게 접근하여 그의 신임을 받을 명분을 모두 만들었다.

요리가 이후 경기를 찾아가 억울한 사정을 말하고 자기의 원수도 갚을 겸 공자 경기에게 충성을 다하여 오왕 합려를 정벌하는 일에 가담하겠다고 맹세한다. 경기는 측근을 시켜 요리가 당한 일이 사실인지 먼저 조사하였다. 사실과 같다는 보고를 듣고 경기는 안심하였다.

우선 체구로 보아도 허약한데다가 또한 오른 팔도 없으니 감히 자기를 해칠 만한 자객이 될 수 없다고 보았다. 더구나 오왕 합려에게 처자까지 억울하게 잃고 말았으니 그 원한이 얼마나 크겠는가. 그러니 경기는 요리를 굳게 믿을 수밖에 없었다.

경기는 요리를 자기의 측근에 두고 오왕 합려를 칠 일에 대하여 매사를 상의하였다.

침공에 앞서 당대의 영웅 오자서가 오왕 합려를 돕고 있음을 걱정한 공자 경기가 요리에게 그 걱정에 대해 상의하자 요리가 차근 차근 설명한다.

<초평왕이 간신 비무극의 말을 따라 오자서의 아버지와 형을 죽였으므로 오자서가 오나라로 망명하여 그 부형의 원수를 갚으려고 애쓰고 있었다. 그는 오왕 합려가 왕이 되도록 돕고 그런 뒤에 오

나라 군사를 빌려 초나라를 정벌하고 아버지와 형의 원수를 갚고자 했다.

오왕 합려는 그렇게 하기로 약속하고 오자서의 힘을 빌려 왕이 되었다. 그러나 왕이 된 뒤에는 그 약속을 지키지 않았다.

벌써 초평왕도 죽었고 비무극도 죽었는데, 합려는 왕위에 올라 부귀만 누리면서 오자서의 원수를 갚아줄 생각은 않고 있다. 그래서 내가 오자서를 위해 초나라를 정벌하자고 바른 소리를 하다가 그만 아내와 자식을 잃고 이렇게 병신까지 되었다. 오자서는 지금 크게 왕을 원망하고 있다. 내가 옥에서 탈출할 수 있었던 것도 오자서가 비밀리에 도와준 덕이다.

내가 도망 나올 때 오자서가 내게 말했다. "공자께서 왕이 된 뒤에 초나라를 정벌해 내 원수를 갚아주겠다고 약속만 하면 자기가 안에서 내응하겠다."

그러니 오자서와 합려의 사이가 다시 좋아지기 전에 쳐들어가야 한다.>

마침내 요리는 공자 경기의 심복이 됐다. 그들은 군사를 훈련하고 배를 만들어 흐르는 강물을 따라 오나라를 치려고 떠났다. 요리는 공자 경기와 같은 배를 탔다. 배가 중류에 이르러 뒤따라오는 배와 상당한 거리가 생겼을 때였다.

공자 경기는 뱃머리에 자리를 잡고 앉아 있었고 요리는 그 곁에 짧은 창을 잡고 서 있었다. 문득 강물 한 가운데서 일진광풍이 일어났다. 그러자 요리는 바람이 불어오는 쪽으로 몸을 돌렸다가 바람 따라 다시 몸을 돌리면서 창으로 경기의 가슴을 찔렀다. 날카로운 창은 공자 경기의 가슴을 뚫고 등 뒤까지 나갔다. 공자 경기는 이렇게 하여 앉은 채로 죽고 말았다(열국지 제4권 139p. 및 전명용 삼십육계 하권 216p. 참조).

요리는 공자 경기를 살해한 뒤 이렇게 말하고

자결하였다.

"나는 내 아내와 자식을 죽이고 왕으로부터 이 일을 맡았으니 이는 仁(인)이 아니며, 새 임금을 위해서 전 임금의 아들을 죽였으니 이는 義(의)가 아니며, 남의 일을 성취시키려 자기 몸을 해치고 온 집안을 죽였으니 이는 智(지)가 아니라. 이런 세 가지 잘못을 저지른 내가 무슨 면목으로 이 세상에서 살리요."

요리는 그 자신의 말대로 참으로 잔인하고 불의하고 어리석은 사람이다. 이런 잔인하고 불의하고 어리석은 사람을 시켜 공자 경기를 죽인 배후의 오자서와 오왕 합려 또한 참으로 잔인하고 불의하고 자기 욕심의 달성을 위하여 못하는 짓이 없는 사람들이었다.

이 두 사람은 마지막에 비참하게 생을 마치는데 이것을 보면 역시 하늘에는 道(도)가 있구나 하는 생각마저 들기도 한다.

오자서는 오왕 합려의 뒤를 이은 오왕 부차의 자

결 명령을 받고 그가 보낸 칼로 자결을 했고 그 시체는 강물에 버려졌다. (제1편 제5장 참조)

오왕 합려는 월나라와 싸우다가 입은 부상으로 고통 속에 죽었고 그 아들 부차의 대에 오나라는 멸망하였다.

도대체 요리는 무엇 때문에 그런 잔인한 짓을 했는가. 그가 바란 것은 무엇인가. 아마도 천하의 용사라는 명성을 후세에 길이 남기고자 했던 모양이다. 용사라는 명성이 죄 없는 아내와 자식의 생명 그리고 자신의 생명보다도 더 값지다는 그의 믿음, 그것은 도대체 어디에서 왔는가?

오왕 합려는 한낱 폭군에 불과한 제후이다. 그리고 요리 자신에게 과거에 아무런 은혜도 베푼 바가 없고 아무런 의리를 맺은 바도 없는 잔인한 군주일 뿐인데 그런 그에 대하여도 충성과 의리를 지켜야 한다는 믿음은 또 어디서 왔는가?

아마도 그런 충성과 의리조차도, 중국인이 이상으

로 생각하던 古代 先王의 '忠'이라는 道에 해당한다고, 잘못 여긴 데서 엉뚱하게 잉태된 부산물은 아닌가?

요리의 이야기 이외에도 고육계는 중국 고전에 많이 나온다. 다음 제3장에 나오는 삼국지연의의 황개의 이야기(정음사 삼국지 중권 제34장 연환계 제2절 고육계)가 아마 가장 많이 알려진 것일 터이다. 그러나 황개가 택한 육체적 고통은 곤장 50대였으니, 물론 이것도 무시무시한 고통임에는 틀림없지만, 이런 고통은 요리가 택한 고통에 비하면 말할 것도 못된다.

제2장 측천무후가 친딸을 목졸라 죽이다.

　당나라 때 則天武后(측천무후)(AD624~705)는 원래 미인이기도 하지만 총명하고 민첩하고 지모가 출중하고 權術(권술)에 밝았다. 본래 唐太宗(당태종)의 후궁이었는데 태종이 죽은 후 그 아들인 고종이 제위를 계승하고 그녀를 자기 후궁으로 삼아 昭儀(소의)로 임명하였다. 무소의는 황제의 총애를 한 몸에 받았다.

　그녀는 다재다능하며 야심만만하여 소의라는 후궁으로 만족하지 않고 황후가 되려 하였다.
무소의는 아주 악랄한 수법을 썼다.
무소의가 딸을 낳았는데 하루는 황후가 무소의의 궁으로 찾아왔다. 무소의가 마침 자리에 없어 황후는 무소의의 딸을 보고는 한참동안 데리고 놀다가 돌아갔다. 황후가 떠난 뒤 곧 돌아온 무소의는 자기 손으로 직접 딸을 목 졸라 죽이고는 침상에 뉘어놓았다. 그리고는 이불로 덮어 잠이 든 것처럼 꾸며놓고 자신은 후원으로 나가서 태연히 꽃을 감상하며 즐겁게 놀았다.

얼마 후 고종이 찾아오자 무소의는 그제사 화원으로부터 돌아와 딸 아이를 데릴러 침상으로 갔다. 그리고 비로소 딸이 죽은 것을 발견한 양 대성통곡을 하였다.

고종은 궁녀들에게서 황후가 와서 아기와 놀다가 돌아갔다는 말을 듣고 황후가 무소의의 딸을 죽였다고 단정했다.

고종은 그 후 무소의가 조작한 황후의 다른 혐의까지 들씌워 황후를 폐위시키고 무소의를 황후로 삼았다. 이 여인이 바로 유명한 則天武后(측천무후)이다 (전명용 삼십육계 하권 233p.).

고육계가 성공한 또 하나의 사례이다. 그녀는 뒤에 스스로 황제가 되었다. 중국 역사상 유일한 여자 황제이다.

권력자로서의 그녀의 업적은 대체로 크게 칭송되는 편이다. 그러나 그녀의 잔인함은 별개의 문제이다.

권력과 애당초 먼 거리에 있는 보통 사람들로서는 권력에 대한 인간의 탐심을 쉽게 나무랄 수 있다. 그러나 권력의 至近(지근)에 있는 사람이, 기회를 보고도 탐을 내지 않기는 참으로 어렵다고 한다.

제3장 동오(東吳)의 황개가 속임수로 주유의 곤장을 맞는다.

삼국지연의에는 적벽대전(AD208년)을 앞두고 주유가 조조를 상대로 苦肉計(고육계)와 詐降計(사항계) 그리고 連環計(연환계)를 펼치는 재미있는 이야기가 나온다. 그 고육계에 앞서 주유가 펼치는 反間計(반간계) 이야기는 이 책의 제10편 제4장에서 소개한다.

여기서 詐降計(사항)라는 것은 거짓으로 항복하여 적으로 하여금 나를 자기편으로 믿게 하고 그로써 내가 제공하는 거짓 정보를 적이 믿게 하는 계략이다.

연환계는 비유하면, 강 위에 떠서 흔들리는 여러 전함을 밧줄과 널판자를 써 하나로 단단히 연결하여 흔들리지 않게 하는 것 같은 그런 계략이다. 여러 세력을 연합시켜 힘을 강화하는 건설적인 방향의 것이 있을 수 있고, 다양한 적군을 한 데 모아 일거에 격멸하는 파괴적인 방향도 있을 수 있다. 후자가 더 속임수에 해당할 때가 많다.

  적벽대전을 앞두고 東吳(동오)의 대도독 주유는 조조를 상대로 하여 거짓 정보를 제공하여 그를 함정에 빠뜨리려 하였다. 그러기 위해서는 주유 휘하의 거물급 장군 중에서 조조에게 거짓으로 항복하는 자를 하나 고르고 다시 그의 거짓 항복에 조조가 속아 넘어갈 만한 조건을 연출하여야만 했다. 이때 선택된 장군이 황개이고 그의 거짓 항복을 조조가 믿게 하는 연극이 고육계이었다.

  어느 날 동오의 작전회의 석상에서 주유가 조조

와의 장기전 대비책으로 모든 장군들에게 각각 3개월 치의 군량을 마련하라고 명령한다.

이때 손견 때부터 三世(삼세)를 거치며 동오를 위하여 수없이 전투를 하여온 노장 황개가, 삼개월은 고사하고 삼십개월의 군량을 준비해도 장기전으로는 조조의 대군을 이길 수 없으니 차라리 속전속결하여 결판을 내던지 아니면 아예 항복하자고 말한다.

주유는, 이미 확정된 長期(장기) 抗戰(항전)의 정책을 그가 재론하여 군심을 어지럽힌다 하여, 크게 노하고 그를 참하라고 명령한다.

여러 사람이 열심히 말리자 주유는 못이기는 척 황개를 일백 대의 즉석 杖刑(장형)에 처하고 장형이 오십 대에 이르러 황개가 처참한 지경에 이르자 나머지 장형의 집행을 일단 뒤로 미룬다.

회의에 참석했던 모든 신하와 장군들이 황개를 동정하고 주유의 가혹한 처사를 원망한다(정음사 삼국지 중권 제34장 연환계 제2절 고육계; 황석영 삼국지 제4권 229p.).

　　이것은, 황개가 매우 억울한 일을 당했다는 소식이 간첩을 통하여 조조에게 전해져 훗날 황개가 거짓으로 조조에게 항복할 때 조조가 이를 믿게 하려고, 주유와 황개가 짜고 친 고육계의 연극이었다.

　　조조는 당시 방통의 연환계에 속아 자신의 전선들을 이미 하나로 묶어두어 배가 흔들리는 불편을 면하고 있었다.

황개가 후일 火攻(화공)을 준비해서 조조의 함대로 돌진해올 때, 조조는 이 고육계의 연극에 속아 황개의 선박을 항복하려고 오는 배라고 믿고 그 접근을 허용하였다.

그러나 황개의 배가 돌진하면서 불을 지르자 조조의 함대는 그 화염에 휩싸여 이미 서로 묶여 있던 함대 전체가 그만 모두 불에 타 대패하는 적벽대전의 일대 참화를 입었다.

제4장 검객 형가가 번어기의 목을 진시황에게 바치다.

중국 전국시대 약소국 연나라 태자 단은 강대국 秦나라에 인질로 오랫동안 잡혀 있었다. 연나라 태자 단은 이를 恨으로 여기다가 진나라를 탈출하여 연나라로 돌아가 秦王 정(후일의 진시황)을 죽여 자기의 한을 풀고 동시에 강대국 秦의 압박으로부터 연나라를 구해내려고 결심하였다. 그 방법으로 검객 형가를 진나라에 사신으로 보내고 진왕 정이 그를 접견하는 자리에서 진왕 정을 찔러 죽이는 계획을 세웠다.

사신을 보내는 명목으로, 秦나라가 오랫동안 탐을 내던 독항 지방을 진나라에 바친다는 명분을 우선 내걸었으나 그것만으로는 진왕 정을 만날 기회를 만들 수가 없어 보였다.

그 당시 진왕 정은 千金(천금)과 만호의 封邑(봉읍)을 상으로 내걸고 번어기라는 장군을 잡으려 하고 있었다.

번어기라는 진 나라의 장군은, 진왕 정이 죽은 장양왕의 아들이 아니라 相國(상국) 여불위 아들이라고 선전하면서 왕실의 혈통을 바로잡겠다는 명분으로 반란을 일으켰다 실패하고 지금은 연나라로 도망와 태자 단의 보호를 받고 숨어 지내는 터이었다.

형가는 그 번어기를 죽여 그의 목을 함께 가져가면 진왕 정이 틀림없이 접견의 기회를 줄 것이라 믿었다.

형가가 번어기를 만나 진왕 정에 대한 암살계획을 말하고 협조를 구하자 번어기는 서슴없이 자기의 목을 가져가라며 스스로 칼로 목을 치고 죽었다.

그렇게 하여 검객 형가는 독항 땅의 지도와 번어기의 목을 가지고 진나라에 사신으로 가 진왕 정을 만났다.

그 자리에서 지도에 숨겼던 칼로 진왕 정을 찔렀

으나 진왕 정이 재빨리 피하는 바람에 암살은 실패하고 말았다.

이것이 역사에 유명한 진왕 정에 대한 형가의 암살 미수 사건이다(BC227년).

번어기가 자기의 목을 스스로 내어놓은 것은 가장 극단적인 苦肉計(고육계)라 아니 할 수 없다. 使臣(사신)의 신분 아래 자객의 속임수를 감춘 형가의 죽음 또한 일종의 고육계라 할 수 있다(열국지 제5권 제107회 荊軻入秦 제1절 壯士一去 참조).

이 사건으로 격노한 진왕 정의 무서운 공격을 받자 태자 단의 아버지 연왕 회는 아들과 함께 요동으로 달아났다가 더 피할 수 없자 태자 단을 죽이고 그 목을 진나라 군사에게 바치고 겨우 목숨을 건졌다. 얼마 지나지 않아 연나라는 완전히 멸망하였다(BC222년).

제3편 애정(哀情)의 속임수: 미인계(美人計)

愛情(애정)은 기쁨이다. 그러나 슬픔이기도 하다. 그래서 愛情(애정)은 哀情(애정)일 수 있다.

제1장 하(夏)나라 걸왕(桀王)이 미녀 말희(妹喜)를 받고 유시씨를 살려주다.

夏(하)(BC2077~BC1600)의 마지막 왕 桀(걸)이 작은 제후국 유시를 정벌하고 그 군주를 죽이려 하였다. 유시가 절세 미녀 말희(매희라고도 한다)를 바치자 걸왕이 그를 살려주었다.

걸은 말희를 즐겁게 하려고 궁전과 누대를 새로 짓고 많은 배우를 불러 매일 가무와 연극을 공연하게 하며 밤낮으로 술을 마시며 즐겼다.

말희는 커다란 연못을 파고 술을 가득 채우고 걸왕이 북을 치면 많은 사람이 소처럼 달려와 못 속의 술을 마시게 했다. 그 수가 3천명이나 되었다고 한다. 사람들이 취해 술 못에 빠져 죽기도 했는데 말희는 이것을 즐겼다.

또 호랑이를 시장에 풀어놓고 사람들이 놀라 이리저리 뛰며 서로 부딪쳐 다치고 짓밟혀 죽는 것을 보고 기뻐했는데 걸왕도 덩달아 신나 했다.

걸왕이 또 민산을 정벌하려 하자 민산의 수장이 완과 염이라는 두 절세가인을 바치자 정벌을 그만 두었다.

걸왕이 완과 염 두 미인을 총애하자 말희는 질투심에 못이겨 제후국 탕의 간첩 이윤에게 여러 정보를 제공하며 夏(하)의 멸망을 바랐다.

걸왕은 몸집이 웅장하고 힘이 무척 센 사람이었다. 그는 쉽게 쇠밧줄을 끊고 물속의 악어도 잡아 죽였으며 곰, 호랑이, 표범도 사로잡았다고 한다. 그런 그의 치명적 결점은 여색의 즐김이었다.

걸왕이 제후국 商(상)(殷(은)과 같다)나라의 湯(탕)왕을 잡아 하대에 감금하고 죽이려 하자 탕은 완과 염 두 미녀에게 많은 돈을 주고 구원을 호소하였다. 그들의 설득으로 걸왕은 탕왕을 석방하고 귀국시켰다(중국을 말한다 제1권 176p.).

뒤에 상나라 탕왕은 이윤을 재상으로 삼고 하의 걸왕을 정벌하여 멸망시키고 상나라 천하를 세웠다 (BC1600).

적국의 왕비와 후궁들을 미인계로 이용하여 목숨을 구하고 나아가 적국을 멸망시키고 새로운 왕조를 개창하는 데 도움을 받은 셈이다.

제2장 주문왕(周文王)이 상(商)의 천자(天子) 제을의 누이를 아내로 맞이하다.

商나라(BC1600~BC1046) 제29대왕 제을이 즉위할 당시 상나라는 국력이 쇠퇴 일로에 있었고 제후국 周나라는 문왕의 치하에서 신흥 강대국으로 부상하고 있었다.

제을은 우선 국가의 안정을 위하여 자기 여동생을

주문왕에게 출가시켜 주나라와의 긴장관계를 일단 풀었다.

주와의 혼인으로 양국 관계가 안정되자 제을은 각지의 반란을 진압하여 잠시 천하에 평화를 가져왔다.

주문왕도 그 동안 내치에 더욱 힘써 나라를 부강하게 만들고 다음 대에 천하를 차지할 기초를 튼튼히 할 수 있었다.

서로 각기 다른 속셈을 가지고 서로를 속인 혼사였다. 그러나 그 평화는 잠시일 뿐 제을이 죽고 상나라의 紂王(주왕)이 등극하면서 상나라는 주나라에게 망하고 말았다.

제3장 상(商)의 주왕(紂王)에게 유소가 미녀 달기를 바치고 정벌을 면하다.

상나라 마지막 왕 紂王(주왕)이 작은 제후국 유소가 규정대로 조공을 바치지 못하자 이를 정벌하려 하였다. 주왕이 미녀를 제일 좋아한다는 것을 아는 유소의 왕이 미녀 달기를 바치자 주왕이 정벌을 그쳤다. 주왕은 달기의 미모에 빠져 그녀의 청이라면 무엇이든 들어주었다. 달기의 요청을 받고 수도 교외에 호화로운 별관을 짓고 두 곳에 궁전을 더 지어 옥으로 장식하고 각지에서 모아온 여러 가지 짐승과 새들을 이곳에 풀어놓았다.

주왕은 달기가 칭찬하는 자는 벼슬을 높여주고 상도 주었으며 달기가 싫어하는 자는 추방하거나 죽여 버렸다. 밖으로 불만을 나타내는 자는 잡아다 처벌했다. 구리 기둥에 기름을 바르고 그것을 활활 타오르는 불 위에 놓아 달구고 잡아온 사람들을 그 기둥 위로 걷게 했는데 그 구리 기둥이 불에 달궈

져 매우 뜨겁고 미끄러워 사람들은 올라서자마자 활활 타오르는 불구덩이에 떨어져 비명을 지르며 타 죽었다(포락炮烙의 刑;사기 본기 64p.). 달기가 이런 광경을 보고는 웃어대자 주왕은 그 모습을 보고 흐뭇해했다.

그들은 궁전 정원에 못을 만들어 술을 가득 채우고 또 익힌 고기를 수림 속의 나무처럼 빽빽이 걸어 놓았는데 이것이 바로 유명한 酒池肉琳(주지육림)이다. 주왕과 달기는 많은 젊은 남녀를 이곳에 모아놓고 벌거벗은 채로 주지육림에서 쫓고 붙잡으며 놀게 했다. 이들은 목이 마르면 못의 술을 마시고 배고프면 고기를 뜯어 먹으며 밤낮없이 뛰어다니며 놀았다.

주왕과 달기는 이런 놀이를 구경하다가 자기들도 그 속에 끼어 놀았다(사기 본기 64p.; 중국을 말한다 제1권 263p).

주지육림에 빠진 주왕은 날짜까지도 잊어버리고 말

았다. 옆의 신하들에게 물어도 모두 모른다고 하자 주왕은 늘 명석한 머리를 갖고 있는 箕子(기자)에게 가서 날짜를 알아오게 했다. 군왕이 모르는 날짜를 나만 알고 있다면 그것을 시샘하여 나에게도 위험이 닥칠 것이라 생각한 기자는 "나도 오늘이 며칠인지 모르겠소."라고 대답하였다(중국을 말한다 제1권 263p).

상나라는 얼마 안 되어 주무왕의 공격을 받고 멸망하였다(BC1046).

紂王(주왕)은 타고난 바탕이 총명하고 말재간이 뛰어났을 뿐만 아니라 일처리가 신속하며 힘이 보통 사람보다 훨씬 세서 맨손으로 맹수와 싸울 수 있었다. 또한 그의 지혜는 신하의 조언이 필요하지 않았고 말재주는 자신의 허물을 교묘하게 감출 수 있을 정도였다.

그는 자신의 재능을 신하들에게 과시하여 천하에 그의 명성을 드높이려 하였으며 다른 사람들은 모두 자신만 못하다고 여겼다. 술과 음악을 지나치게 좋아했으며 특히 여자를 좋아하였다(사기 본기 64p.).

이처럼 총명하고 힘이 세고 용감한 임금이 어떻게 나라를 망쳤을까?

史記는 그 해답을 "술과 음악을 지나치게 좋아했으며 특히 여자를 좋아하였다."는 데서 찾고 있다. 그러나 지나친 자신감과 오만이 원인 아니었을까? "술과 음악과 색"은 대체로 모든 사람이 좋아하는 바이니 이것이 정답은 아니리라. 지나친 자신감과 오만으로 절제를 잃는 것이 문제이다.

제4장 포향의 아들이 미녀 포사를 주(周)유왕에게 바치고 아버지를 살리다.

뒤의 제13편 '악독한 속임수' 제3장에 나오는 유명한 褒姒라는 미녀는 원래 뇌물로 왕에게 바쳐진 미인이었다.

周幽王(재위 BC782-BC771) 때 일이다.

아름다운 여자를 구해서 후궁에 충당하라는 주유

왕의 명령을 대부 포향이 간하다가 투옥된 지 삼년이 지났다.

포향의 아들이 비단 3백 필로 17살(14살이라는 책도 있다)의 미녀 포사를 사들여 매일 향탕에 목욕을 시키고 날마다 고량진미를 먹이고 수놓은 비단 옷을 입히고 밤낮 없이 예법을 가르쳤다.

포사의 꽃 같은 얼굴과 달 같은 態(태)는 가히 나라와 성이라도 기울일 만했다(傾國傾城).

포향의 아들이 포사를 데리고 호경으로 갔다. 그는 주유왕의 총신 괵공에게 금과 은을 바치고 그의 주선으로 포사를 주유왕에게 바쳤다.

포향은 곧 출옥하고 지난날의 벼슬도 되찾았다.

이런 후로 주유왕은 포사와 즐기느라 정사를 거의 돌보지 않았다(열국지 제1권 제2회 포후대소 제2절 방헌미녀).

  포사의 역할이 단순한 뇌물로 그쳤다면 굳이 이 책에서 거론할 필요는 없었겠지만 그 뒤의 역할이

西周의 멸망으로 이어지므로 여기에 소개하였다. 포사에 빠진 주유왕이 그녀를 웃게 하려고 거짓 烽火까지 올려서 그 여파로 마침내 西周가 멸망한 일은 뒤의 제13편 제3장에서 따로 소개한다.

제5장 월왕 구천이 서시를 오왕 부차에게 바치다.

앞의 제1편 제5장에 나온 서시의 얘기는 대표적인 미인계 이야기이다.

대부 문종이 오왕 부차에게 바칠 미인을 구하기 위하여 관상 잘 보는 사람 백명을 골라 전국에 파견하여 아름다운 여자를 골랐다.
반년 동안 2천여 명을 찾아내고 일일이 면접을 보아 그 중에서 특히 뛰어난 미인 두 명을 골랐다. 그 중 하나가 서시이고 다른 하나는 정단이었다.

서시는 저라산 밑에 사는 어떤 樵夫의 딸이었다. 범려가 두 미인을 각기 백금을 주고 사들여 궁으로 데리고 왔다. 두 미인은 삼년 동안 노래와 춤과 화장하는 법과 걸음 걷는 자세 등 갖은 재주를 다 배웠다. 현대의 간첩 훈련을 보는 듯 치밀하기 짝이 없다.

이렇게 훈련한 뒤 범려가 이들을 오나라에 데려가 부차에게 바쳤다.

두 미인 중 특히 서시가 더 요염하고 비위를 잘 맞추어 결국 부차의 총애를 독차지 하였다. 정단은 질투 끝에 병들어 일년 만에 죽고 말았다(열국지 제4권 제81회 제2절 고소대 참조).

서시의 그 후 이야기는 앞의 제1편 제5장에 나온 바와 같다.

다만, 서시의 최후는 너무도 비극이고 비참하다. 월왕 구천은 참으로 잔인한 사람이었다.

구천은 오나라를 정복하고 개선하여 돌아올 때 서시를 데려와 궁에 두었다.

구천이 서시를 데려왔다는 소식을 들은 구천의 왕

비는, 서시는 나라를 망치는 妖物(요물)이니 미리 없애야 한다면서, 심복 부하를 시켜 서시를 납치하여 궁 밖으로 끌어낸 뒤 등 뒤에 무거운 바위를 붙들어 매어 전당강 강물 속으로 던져 버렸다. 시체도 찾을 수 없게 만들었다(열국지 제4권 제83회 월왕칭패 제3절 대과육야).

이야기에 따르면 구천이 직접 한 일은 아니다. 그러나 구천과 같이 치밀하고 물샐 틈 없는 사람이 전혀 몰랐을 리 없다. 한 동안 즐긴 뒤 그 왕비를 시켜 借刀殺人(차도살인)한 것으로 보아야 하리라.

월왕 구천은 오나라를 멸망시켰건만 공로 있는 신하에게 한 치의 땅도 賞(상)으로 주지 않았다. 뿐만 아니라 지난날의 신하들을 敬遠(경원)했다.

어떤 신하는 일부러 미친 체 하고 벼슬을 내놓았고, 어떤 신하들은 늙었다며 벼슬에서 물러났.

구천은 급기야 자기의 최대 공신인 문종을 죽이고 범려를 스스로 도피하도록 만들었다. 위대한 승리가 오로지 자기 힘에 의한 것임을 세상에 보여주고 싶어 했다고 한다(뒤의 제14편 제3장 참조).

또 하나의 功臣(공신)인 서시를 그냥 두어 자기의 찬란하고 위대한 功業(공업)이 미인계 음모 따위의 음험한 공작에 힘입은 것임을, 세상이 두고 두고 입에 올리도록 놓아두어, 흠집내기를 원치 않을 사람이었다. 서시는 불쌍하고 구천은 잔인했다.

(擇里志의 저자인 實學者 이중환은 西施가 우리나라 서해안의 沃溝郡 西施浦라는 포구에서 태어났다고 한다. 중국 古書의 기록에는 西施를 西海 바닷가 어부의 딸이라고 했는데 중국에는 원래 西海가 없다고 한다. 句踐이 西施를 데려다가 三年간이나 교육을 시킨 뒤에 吳王 夫差에게 보냈다고 하는데 무엇을 교육시켰기에 삼년씩이나 걸렸는가? 그것은 외국에서 온 사람에 대한 言語와 風習에 대한 교육이었을 것이다. 걸음걸이나 옷입는 법을 가지고 삼년씩이나 교육을 시켰을 리는 없다. 지금도 중국 蘇州 지방에는 西施大足이라는 말이 전해오는데 西施의 발이 컸다는 것은 西施가 중국의 전족纏足 풍습이 없는 고장에서 났고 자랐음을 시사한다고

한다. 오월춘추 364p. 참조. 그러나 西施가 우리나라 서해안의 沃溝郡 西施浦 태생이라는 이야기는 그대로 믿기에는 생각할 바가 있다. 그 漢字 地名이 언제부터 생긴 것인지를 우선 실증적으로 살펴보아야 한다. 중국의 地名과 人名을 모방하거나 연결지어 우리 地名을 이름짓는 경향이 과거에는 간혹 있었지 않았나 의심드는 때가 있기 때문이다.)

서시와 범려에 대한 전설은 '중국을 말한다' 제3권 248p. 251p. 280p.를 각 참조하기 바란다.

제6장 사도 왕윤이 초선을 동탁에게 바치다.

앞의 제1편 제3장에 나온 초선의 활약도 역시 대표적 미인계의 공작이다.

제7장 손권이 누이를 유비에게 시집보내다.

중국의 이야기에는 이밖에도 재미난 미인계의 얘기가 많이 나온다. 이를테면 삼국지연의에는 유비가 동오 손권의 누이동생 손부인에게 장가를 드는 대목이 있는데 이것도 주유가 유비를 굴복시키기 위해 꾸민 미인계이었다.

그러나 사실은 조조에게 대항하기 위한 촉오동맹(蜀吳同盟)의 일환으로 추진된 일이었지 단순한 미인계로서의 속임수는 아니었으리라고 추측한다.

아무튼 미인계는 가장 탁월한 효과를 기대할 만한 속임수의 한 가지 방법임은 분명한 듯하다.

주유가 유비를 상대로 행하였다고 하는 미인계 이야기를 본다.

형주의 귀속을 둘러싸고 유비와 손권 사이에 갈등이 생겼다. 손권 측의 노숙과 유비 측의 제갈량이 담판하여, 유비가 서천을 취할 때까지 잠정적으로 형주를 다스리되 유비가 서천을 취하고 나면 바로 손권에게 형주를 양도하기로 합의하였다.

노숙의 보고를 들은 주유가 유비에게 속았다고 노숙을 나무란다.

유비의 감부인이 사망했다는 정보를 때마침 들은 주유가 손권의 누이동생과 유비를 혼인시켜 유비를 동오에 붙잡아 놓고 이로써 형주를 차지하려는 미인계를 구상했다.

  그 구상에 따라 손권이 유비에게 자기 여동생과 유비의 혼사를 제의하자 유비는 공명의 뜻에 따라 이를 수락한다.

  유비는 그것이 혼인을 미끼로 삼아 자기를 동오로 끌어들여 붙잡아 놓고는 자기를 인질로 삼아 형주와 교환하려는 주유의 계략이라 의심하였으나 공명의 대책을 믿고 안심하고 조자룡을 호위로 데리고 동오로 갔다(AD209년).

  유현덕은 동오에 도착하자 공명의 지시대로 손권의 母后(모후)이며 자기와 혼인할 손부인의 어머니인 오태부인을 예방했다. 유비의 예방을 받은 오태부인은 그제야 주유가 꾸민 일련의 미인계 계책이 진행되고 있음을 알고는, 자기의 하나 밖에 없는 딸이

정략에 희생될 처지에 놓인 것을 알고 불같이 노하였다. 더구나 유비를 만나보고는 그의 영웅됨에 크게 감탄하여 손권을 몹시 꾸짖고는 손부인과 유비를 정말 부부로 맺어주었다.

손권은 본래 효성이 지극한 사람이라 모친의 말을 따르지 않을 수 없었다.

弄假成眞(농가성진)이라고, 거짓으로 꾸민 일이 실제로 성사가 돼버려 낭패한 손권은 다시 주유의 계책에 따라 이번에는 유비를 완전히 자기 편 사람으로 만들려고 하였다.

혼인이 끝나자 그날로 동쪽 府中(부중)을 수리하기 시작했다. 넓은 뜰에는 온갖 나무와 꽃을 심고 호사스러운 집기를 갖추어 현덕과 자신의 누이동생이 거처하도록 했다. 뿐만 아니라 수십 명의 무희와 금과 옥, 갖가지 비단과 값진 물건을 넉넉하게 대주며 온갖 즐거움을 누리게 했다. 오태부인은 손권이 진정으로 호의를 베푸는 것으로만 알고 크게 기뻐했다. 평생을 가난과 전쟁의 고초 속에서 보냈던 현덕은 과연 하루가 지나고 이틀이 지나는 사이 풍류와 여색에 빠져 형주로 돌아갈 일은 아예 잊은 듯했다.

그러나 이때 조자룡이 공명의 지시에 따라 꾀를 내어 유비와 손부인을 데리고 동오를 탈출하여 형주로 무사히 귀환하였다. 이로써 주유의 미인계는 완전히 실패로 끝나고 말았다(이 과정에 대한 삼국지연의의 재미난 이야기는 정음사 삼국지 중권 제39장 美人局 제2절 美人局; 황석영 삼국지 제5권 122P. 이하 참조).

주유가 행한 이 미인계는 중간에 우여곡절은 있었지만 크게 성공할 뻔하였다. 유비는 천하 경영의 큰 포부를 거의 잃을 지경이 되었기 때문이다. 다만 제갈량의 조치로 유비가 정신을 차리고 동오에서 탈출해 나옴으로써 미인계의 최종 목적이 끝내는 실현되지 못하였다.

권력자에 대한 미인계는 거의 실패하는 일이 없다.

권력의 속성과 인간의 色(색)에 대한 탐심을 정확히 읽은 계책이기 때문이다.

주유가 유비를 상대로 벌인 미인계는 한편으로는 동오와 유비 세력을 한 데 묶어 조조에게 대항하는 동맹을 공고히 하는 연환계에 속하기도 하고 다른 한편으로는 공명·관우·장비·조자룡 등 유비의 친위 세력과 유비의 사이를 끊어놓을 이간계에도 속할 수 있었다.

제8장 여희(如姬)가 병부를 훔쳐 신릉군에게 주다.

전국시대 魏(위)나라 신릉군(?~BC243)은 戰國四君(전국사군)의 하나로 칭송되는 당대의 영웅이었다. 그의 누이는 역시 戰國四君(전국사군)의 하나인 趙(조)나라의 평원군의 부인이었다.

조나라가 秦(진)나라 소양왕의 침입을 받아 위기에 처하여 위나라에 구원을 요청하였으나 위나라 왕은 구원군을 출동시키고도 진나라가 두려워 사세를 관망하면서 싸움에는 끼지 않도록 위나라 군대의 사령관에게 엄히 명령하였다.

신릉군은 六國(육국)을 병탄하려는 秦(진)나라의 야망을 꺾기도 할겸 자기 누이의 구원 호소에 응하기 위하여, 魏(위)나라 구원군의 현지 사령관을 제거하고 자기가 직접 군사를 지휘하여 秦(진)나라와 교전하고 싶었다. 그러나 그러기 위하여는 군사를 지휘할 왕의 兵符(병부)가 있어야 하는데 이를 얻을 방법이 없었다.

魏(위)나라 왕의 후궁 如姬(여희)는 전에 신릉군의 은혜를 입은 일이 있었다. 그녀의 아버지가 누군가에 의하여 억울하게 살해되었는데 위나라 왕의 명령에도 불구하고 삼년이 지나도록 범인을 잡지 못하였다. 이 범인을 신릉군이 문객을 시켜 잡아서 그 목을 여희에게 보내주었다. 여희는 크게 감격하여 언제고 그 은혜 갚기를 다짐하고 있었다.

신릉군이 이때 여희에게 왕의 병부를 훔쳐주기를 부탁하였다. 여희가 흔쾌히 이를 수락하고 왕이 잠든 사이에 병부를 훔쳐 신릉군에게 주었다.

신릉군은 그 병부를 가지고 위나라의 구원군 사령부를 찾아가 그 대장을 죽이고 군사를 이끌고 싸움에 나아가 이윽고 秦(진)나라 군사를 대파하고 趙(조)나라를 구원하였다(열국지 제5권 제100회 절부구조 제3절 신릉군).

미인계로 목적을 달성한 또 다른 사례이다. 위나라 왕은 신릉군이 승리함으로써 자기 나라의 위세가 크게 떨친 바를 기쁘게 생각하여 여희를 용서하였다.

제9장 초부인(楚夫人) 정수(鄭袖)가 새 후궁 미인의 코를 베게 하다.

초회왕의 부인 정수는 아름다우면서도 지혜가 출중하여 왕의 사랑을 독차지하고 있었다.

초왕이 한 미인을 새로 맞아들여 총애하므로 정수는 자칫 사랑을 빼앗길 처지가 되었다.

정수는 그 미인에게 말하기를, 왕의 몸에서는 노린내가 몹시 나므로 왕을 가까이 모실 때는 나처럼 반드시 코를 막아야 한다 라고 거짓으로 가르쳐주었다.

그 미인은 정수의 말을 그대로 믿고 왕을 보면 코를 솜으로 틀어막았다.

어느 날 밤 초회왕이 정수에게 그 미인의 그런 행동을 말하며 이유를 물었다.

왕의 몸에서 노린내가 너무 심하게 나서 코를 틀어막지 않으면 견딜 수 없다고 하더라고 정수가 이유를 설명했다.

초회왕은 격노하여 그날로 그 미인의 코를 잘라버렸다.

정수는 다시 왕의 총애를 독차지 하였다. 참으로 무서운 여자가 아닐 수 없다.

제10장 진(秦)의 재상 장의가 초부인(楚夫人) 정수(鄭袖)를 꾀어 살아나다.

앞 장에서 얘기한 초부인 정수는 초회왕과 진나라 정승 장의의 사이에서 상어 땅 6백리를 둘러싼 분쟁을 해결하여 전쟁을 막아내기도 하였다.

초나라가 제나라와의 기존의 동맹을 깨면 그 대가로 秦이 楚에서 빼앗았던 상어 땅 6백리를 초에게 돌려주겠다고 진나라 재상 장의가 초회왕에게 거짓말을 하였다. 이 말에 속아 초회왕은 제와의 동맹을 깨고 진나라와 우호를 맺었다.

그러나 진나라가 상어 땅 육백리를 돌려주지 않자 초회왕이 격노하여 진나라로 쳐들어갔다가 대패하고 오히려 한중 땅까지 더 빼앗겼다(이 이야기는 뒤의 제12편 제2장에서 다시 얘기한다).

초회왕은 장의에게 속은 일이 너무도 분해 그를 잡아 그 고기를 씹겠다고 맹세하고는 秦나라에 사신을 보내어 장의를 초나라에 보내주면 그 대신 금중이라는 땅 6백리를 진나라에게 주겠다고 제안하였다.

진혜문왕은 이를 수락하고 장의를 초나라에 보냈다.

초회왕은 장의가 오자 바로 그를 감옥에 잡아넣고 장차 날을 잡아 그를 죽이기로 하였다.

그러나 장의는 초나라에 당도하기 전에 이전부터 친하게 지내온 초나라의 간신 근상에게 연락하여 뇌물을 듬뿍 주고 이미 계략을 짜놓았다.

그는 근상으로 하여금 초부인 정수에게 다음과 같이 말하게 하였다.

<초왕이 장의를 죽이려 하는 줄을 秦나라가 뒤늦게 알고는 만일 장의를 살려 보내주면 "그 동안 초나라에서 뺏은 땅을 모두 돌려주겠다. 그리고 진나라 왕녀를 초왕에게 시집보내겠다. 그에 덧붙여 노래 잘하는 미녀를 뽑아 등첩으로 초왕에게 보내

주겠다"라고 제안하여 왔다.

만일 이 제안에 불응하면 즉시 군사를 몰아 쳐들어 오겠다고 한다.

이제 앞으로 교섭이 성사되면 진나라 왕녀와 미녀가 올 터인데 그렇게 되면 정수 당신은 진나라 왕녀와 미녀에게 초왕의 사랑을 빼앗기게 된다.

그러나 만일 교섭이 성사되기 전에 초나라가 먼저 장의를 석방하여 진나라에 보내주면 진나라도 그 호의에 감동하여 초나라와 우호를 맺을 것이다. 그렇게 되면 진나라가 왕녀와 미녀를 보낼 일도 없게 된다.

만약 장의를 죽이거나 오랫동안 붙잡아 놓으면 진나라가 분노하여 초나라에 쳐들어올 터이고 그러면 초나라는 망하고 정수 당신도 모든 것을 잃는다.

그러니 차라리 초왕을 설득하여 진나라와의 교섭이 성사되기 전에 초나라에서 미리 장의를 석방하여 돌려보내도록 하는 것이 정수 당신을 위해서나 초

나라를 위해서나 다 좋은 일이다.>

　초부인 정수가 그 말을 옳게 여겨 밤에 초왕을 붙들고 울면서 장의를 먼저 석방하여 진나라에 보내고 秦(진)과 우호를 맺어 우리 부부가 평화롭게 오래 살자고 호소하였다.
초왕이 여기 넘어가 장의를 석방하여 돌려보냈다.
얼마 후 다른 신하의 간하는 말을 듣고 초회왕은 장의를 석방한 일을 후회하고 다시 그를 잡아오라고 명령하였으나 장의는 이미 진나라 경계 안으로 깊이 돌아간 뒤이었다(열국지 제5권 제92회 구룡신정 제1절 赦之不誅).

　초부인 정수는 참으로 영악하고 초회왕은 참으로 어리석었다. 그러나 아무튼 왕의 부인을 미인계로 사용한 장의의 속임수는 보기 좋게 성공하였다.

제11장 초(楚)의 이원이 누이 이언을 초왕에게 바치다.

뒤에 나오는 제13편 '악마의 속임수' 제5장에 나오는 '이원과 초나라의 멸망'에 대한 이야기도 전형적인 미인계의 하나이다.

제12장 고대에도 미인계가 안 통하는 때가 있었으니.

제1절 고공단보

중국의 서북 지역에 살던 周나라 종족은 고공단보(周文王의 할아버지) 때부터 강대해졌다. 그는 첩을 두지 않고 부인 姜씨만을 사랑했다.

고공단보가 周族을 데리고 기산 기슭의 周原에 정착한 이래로 날로 발전해 백성들의 의식주가 풍족해지고 인구도 많이 늘어났다.

그러자 고공단보는 백성들의 원시적이고 낙후한

생활습관을 모두 버리게 하고 다섯 개의 관직을 설치해 민사, 군사, 건축, 관리, 소송 등의 업무를 맡겼다.

후에 주나라 사람들은 周(주)가 천하를 통일한 일은 고공단보 때 시작되었다고 하며, 그를 太王(태왕)으로 받들었다.

　고공단보의 부인 姜(강)씨는 태왕이 융족의 침략을 피해 周原(주원)으로 이주할 때도, 또 백성들을 영도해 주원을 건설할 때도 언제나 태왕의 곁을 지키면서 도와주었다.

태왕도 오직 강씨만을 사랑하며 보다 많은 정력을 백성들의 생활 개선과 정권 강화 등에 바쳤다.

이것이 모범이 되어 모두들 一夫一妻(일부일처)로 백년해로하는 것을 미덕으로 삼았다. 그 이후로는 가난 때문에 장가를 못드는 사람이 나라 안에 없어졌다고 한다(중국을 말한다 제2권 32P.).

　이 이야기로 미루어 보면 그 옛날의 고대에도 고

공단보와 같은 군왕에게는 미인계가 통할 여지가 없었음을 알 수 있다.

참 보기 드문 일이었다. "모두들 일부일처로 백년해로하는 것을 미덕으로 삼았다."라거나, "가난 때문에 장가를 못드는 사람이 나라 안에서 없어졌다."라는 표현을 보면, 권력자만이 여성과 생식을 거의 독점하던 인류의 풍습이 벌써 일부 사회에서는 변화를 보이기 시작했음을 알 수 있어 흥미롭기도 하다.

주무왕이 殷나라를 멸망시키고 주왕조 제1대 천자가 된 해가 BC1046년이고 그 주무왕의 증조부가 고공단보이니 고공단보는 대략 BC11세기 전후의 시대에 살던 사람이었을 것이다. 그 옛날에 벌써 그런 변화의 조짐이 있었던 셈이다.

제2절 스키피오 아프리카누스

스키피오 아프리카누스(BC236~BC183)는 제2차 포에니 전쟁(BC218~BC202)에서 한니발을 격파하고 공화국 로마를 구원한 영웅이다.

그는 24세의 젊은 나이에 에스파니아(지금의 스페인) 방면군 총사령관이 되자 카르타고와의 첫 전투에서 승리하여 카르타고가 지배하고 있던 카르타헤나城(성)을 점령하였다(BC210).

그때 몇몇 젊은 로마군 병사들이 길 거리에서 아름다운 처녀와 마주쳤다. 스키피오가 여자를 좋아하는 것을 아는 그들은 그녀를 그에게 데리고 갔다. 그들은 그 처녀를 그에게 선사하기를 소망한다고 말했다.

그는 그녀의 미모에 압도되었다. 그러나 그는 자신이 私的(사적)인 위치에 있다면 이보다 더 좋은 선물은 없을 것이나, 사령관의 신분으로서는 이보다 더

달갑지 않은 선물은 없다고 말했다. 그는 젊은이들에게 감사를 표하고, 처녀의 아버지를 불렀다. 그리고 딸의 배우자를 선택하는 것은 아버지의 권리라고 말했다.

그 처녀는 전에 켈트족의 젊은 족장과 약혼을 한 적이 있었다. 이것을 전해들은 스키피오는 그 족장을 불러 그처녀를 그에게 선사했다. 그 족장의 부모가 그에게 감사의 선물을 바치자, 그는 이것을 신부지참금으로 그 젊은 족장에게 주었다. 이 행동으로 에스파냐 부족들 사이에 스키피오에 대한 찬사가 퍼졌을 뿐만 아니라, 며칠 후 젊은 족장이 1천4백기의 기병과 함께 스키피오에게 합류하였다. 이때 스키피오가 보여준 자제력과 절제는 그의 군대와 피정복민들이 그를 더욱 신뢰하게 만드는 계기가 되었다(스키피오 아프리카누스 56p.).

60세 노인이 그런 행동을 했다면 별문제지만, 괄괄한 20대 젊은이의 행동이었기 때문에 효과가 더욱 컸다. 이후 카르타헤나에서는 로마 병사들이 비무장으로 혼자 돌아다녀도 안전했다(로마인 이야기 제2권 한니발 전쟁278p.).

이런 위대한 인물에게도 고대 중국에서 성행한 미인계가 통할 수 있을까?

제13장 마타하리와 크리스틴 킬러는 현대판 미인계인가?

참고로 현대판 미인계라 할수 있는 마타하리와 크리스틴 킬러의 이야기를 간략히 소개한다.

제1절 마타하리(Mata Hari)

마타하리(1876~1917)는 말레이語로 '새벽의 눈동자' 라는 뜻이고 본명은 따로 있다. 마타하리는 후에 매혹적인 여성 스파이의 대명사가 되었다. 그녀는 네덜란드 출신의 평범한 여성으로 1895년 네덜란드인 장교와 결혼하여 두 아이를 낳았으나 1901년 이혼하였다.

1905년, 자바인 혼혈아 라고 내세우며 파리의 물랭루즈에서 무희로 활동하였다.

당시 그녀는 마타하리라고 이름을 바꾸고 미모와 스트립땐서로 이름을 떨쳤으며 그녀가 추었던 이스턴 댄스는 파리의 유행이 되었다. 수입이 넉넉했지만 그녀의 사치스런 생활비로는 부족하여 매춘을 하기도 하였다.

그 무렵부터 파리의 상류사회에도 드나들기 시작했고 제1차 세계대전이 시작되자 독일 정보국의 장교들이 접근하여 프랑스군 정보를 염탐해주면 상당한 돈을 지불하겠다고 제안하였다. 마타하리는 프랑스의 국방장관, 외교관, 고급장교 등을 대상으로 스파이 활동을 하였지만 독일에 중요한 자료를 넘겨주지는 못했다. 당시 독일 정보국에서는 마타하리를 통해서 프랑스의 군사기밀보다는 고위층의 갈등과 사생활을 더욱 알고 싶어 했다고 전해진다.

얼마 후 마타하리는 다시 프랑스 스파이가 되어 독일군 첩보단장을 유혹하기 위해 스페인 마드리드로 보내졌다.

독일 정보국에서는 마타하리에 대해 의심하기 시작했다. 독일은 마타하리를 제거하기로 결정하고 프랑스가 암호를 포착하는 줄 알면서도 베르린으로 보내는 암호문에다 마타하리가 독일 스파이로 활동하고 있음을 프랑스가 알게하는 내용을 넌지시 포함시켰다. 1917년 마타하리가 그녀의 보스를 만나기 위해 다시 프랑스로 들어왔을 때 그녀는 반역죄로 체포되었고 그해 7월 사형을 선고받고 10월 15일 총살당하였다.

총살 직전, 씌우려던 눈가리개마져도 거부한 채 그녀는 12명의 射手(사수) 앞에서 입고 있던 외투를 벗어 던지고 알몸으로 섰다고 한다.

당시 그녀를 재판한 프랑스 판사는 그녀가 독일에

판 정보가 프랑스 군사 5만명의 목숨을 위험에 빠뜨리는 정도라고 판결을 내렸다.

아름다운 미모로 유럽의 사교계를 오가면서 정보를 캐내 팔았다는 팜므파탈(femme fatale; 치명적인 여자)의 대명사! 그녀는 과연 스파이였을까?

마타하리의 異國的(이국적) 매력과 자극적인 춤에 빠진 유럽 사교계의 남자들은 프랑스 군부와 정계의 고위층, 재계 인사뿐만 아니라 네덜란드의 수상, 프로이센의 황태자 등등 여러 나라와 분야에 걸쳐 있었다.

1999년 비밀 해제된 영국의 제1차 세계대전 관련 문서에는 마타하리가 군사정보를 독일에 넘겼다는 어떤 결정적 증거도 없다고 밝히고 있다.

추문에 가까운 모든 비밀누설의 책임을 누군가 짊어져야만 했던 당시 프랑스 정계의 사정 때문에 그녀는 억울한 누명을 썼는지도 모른다. 그녀에 대한 재판이 너무나 간단하게 끝났고 사형집행도 너무

서둘러 이루어진 점이 그런 의심을 더욱 짙게 한다
(네이버 지식백과 인물세계사 참조).

제2절 크리스틴 킬러

크리스틴 킬러(Christine Keeler, 1942~2017)는 누드 모델 출신으로 런던 소호의 카바레 댄서로 일하면서 명사들의 파티에 자주 참석하다가 1960년대 존 프러퓨모 영국 육군장관과의 스캔들을 일으켰다.

그녀는 10대 모델이던 1963년 프러퓨모 육군장관 및 런던 주재 쏘련 외교관과 이중 관계를 맺고 있던 사실이 드러났다. 이로 인해 프러퓨모 장관이 현직에서 물러났다.

크리스틴 킬러와 관계를 맺고 있던 쏘련 외교관은 해군 장교로 정보요원이었다. 냉전이 한창일 무렵이었기에 킬러 스캔들은 영국 정계에 큰 충격을 안겼다. 1964년 선거에서 해럴드 맥밀런의 보수당 내각이 몰락한 것도 프러퓨모와 크리스틴 킬러의 스캔들이 큰 영향을 미친 탓으로 지적되고 있다.

프러퓨모는 당시 영국 정계의 스타였는데 이 사건으로 인생이 나락으로 떨어졌다. 그는 이후 자선단체에서 평생 무급봉사를 하며 속죄의 길을 걸은 끝에 사회적 사면을 받고 명예도 회복하였다.

크리스틴 킬러는 두 번 결혼했다. 모두 이혼으로 끝난 결혼 관계에서 2명의 아들과 한 손녀를 뒀다. 그녀는 2017년 75세의 나이로 사망했다(네이버 뉴스 지식백과 위키백과 및 주간조선 크리스틴 킬러). 영국에서니까 크리스틴 킬러가 그렇게 평온한 삶의 마무리가 가능했을 터이다.

두 사람 모두에게 당시만 해도 영국사회의 復原力(복원력)이 살아 있었다. 그 복원력의 기반은 무엇이었나? 상식에 대한 존중이 아니었는가?

제14장 미인계의 가치

(1) 미인계는 아름다운 여자를 재물과 마찬가지의 뇌물로 사용하는 정치적 계략이다. 사람을 도구로 쓰는 점에서 잔인한 계략으로도 분류할 수 있다. 고대의 권력자나 책략가들에게는 여자의 인권에 대한 의식이 전혀 없었기 때문에 이런 책략이 가능하였다.

(2) 미인계는 우선 뇌물의 수단으로 이용된다. 다른 뇌물은 모두 통하지 않는 경우 또는 목적한 효과를 보지 못하는 경우에도 미인계만은 통하거나 효과를 발휘하는 수가 많다.

(3) 미인계는 사실은 단순한 뇌물을 넘어서서 그 이상의 효과를 노린다. 속임수로 대부분 사용된다. 예컨대 연환계(連環計)의 방법으로 또는 이간계의 방법으로 또는 정보 수집의 수단으로 사용되기도 한다.

연환계로서의 미인계는 미인을 왕에게 바쳐 왕과

나 또는 왕과 나의 우호세력 사이를 연결하여 동맹관계로 만들어 나의 세력을 강화 혹은 회복하는 것이다. 쉽게 말하면 혼인동맹 같은 것이다.

(4) 이간계로서의 미인계는 한 여자가 두 남자에게 사랑을 줌으로써 두 남자로 하여금 여자의 색에 혹하여 정상적인 판단력을 잃어버리고 마침내 자기의 팔 다리와 같은 중요한 측근을 해치게 하는 등 치명적인 실수와 실책을 저지르게 하는 그런 전략 내지 전술에 속하는 속임수이다.

위의 여러 가지 미인계의 방법은 다음과 같이 준비된다.

우선 미끼 또는 첩자로 이용할 여자를 선택하여 훈련한다. 여자가 미인일수록 더욱 적합하다.

그러나 미인이 아니더라도 남자의 관심과 환심과 탐심을 불러일으킬 자질과 재능을 갖춘 여자라면 충분하다.

다만, 미인이라야 소설로는 얘기가 더 재미있기 마

련이다.

다음으로 미인을 권력자에게 접근시켜 그 총애를 얻고 이윽고 전폭적인 신뢰를 획득하도록 한다.

그 다음으로 권력자의 측근에서 각종 정보와 기밀을 수집하여 빼낸다.

끝으로 권력자의 판단을 왜곡하고 오도하여 그의 처신과 결정을 비틀어버린다. 간신을 총애하고 충신을 멀리 하게 한다. 결국 망하게 만든다.

(5) 미인계 중 앞에 말한 연환계적인 것은 동맹의 강화 계책이다. 혼인동맹 같은 것이다.

미인계 중 이간계적인 것은 여자가 두 권력자 사이에서 사랑을 이용하여 그들을 戀敵(연적)으로 만드는 것이다.

(6) 미인계는 본래는 속임수라고 하기보다는 앞에서 말한 대로 뇌물 제공의 한 방법에 속한다.

상대의 환심을 사서 거래를 성사시키기 위해서 상대에게 미녀를 제공하는데 그 미녀가 귀중한 물건과 같은 뇌물의 역할을 하기 때문이다. 미녀를 받는 상대가 그 미녀의 뇌물 역할을 알고 있고 나아가 이를 기꺼이 수용하고 있다는 점에서 이런 정도의 미인계는 속임수는 아니다.

미인계를 사용하는 목적 즉 그 얻고자 하는 효과는 매우 다양하다. 일차적으로는 상대의 환심을 사는 것이고 이차적으로는 이익을 얻는 것이다. 이런 미인계는 속임수에 속한다.

그 이익에는 모든 종류의 것이 포함된다. 상대의 몰락과 파멸을 노리는 경우라면 그런 상태에 이르도록 상대의 올바른 판단력을 감퇴시키고 그의 잘못된 처신을 유도하는 것도 그 이익 중에 들어간다.

제15장 미인계를 초월하는 여성의 지위는?

미인계의 역사는 참으로 길다. 이 책에서 소개한

것만 해도 BC1600년 대에 활약한 夏나라의 말희
까지로 거슬러 올라가니 근 4천년의 역사이다.

최근 보도에 의하면 미국 칼리포니아주의 유력 정치인에게 접근하여 정보를 수집한 미모의 외국 여자 간첩이 발각되었다고 한다.

역사에 나오는 미인계의 이야기는 거의 다 아름다운 여자를 골라 사냥의 미끼로 쓰고 있는 경우들이다. 그 무대는 어둠과 음모의 세계이고, 장막 뒤이고, 침실 안이었다. 화려한 스타들, 그러나 인격도 없고, 인권도 없는 도구일 뿐이었다. 유일한 예외가 측천무후일 뿐이었다.

서양사에서는 대대적 음모와 관련된 어둠의 무대와 음모의 스타는, 나의 과문 탓인지 모르겠으나, 잘 알려져 있지 않다.

스파르타의 아름다운 왕비 헬레네 때문에 트로이전쟁이라는 거대한 비극이 시작되는 호머의 일리아드 이야기 정도가 생각난다. 그러나 그것도, 음침한 음모와 관련된, 속임수가 끝없이 전개되는, 그런 미인계 연출의 냄새는, 풍기지 않는다.

영국의 엘리자베스 1세 여왕(1558~1603), 러시아의 캐서린 대제(재위 1762~1796), 마가레트 대쳐 영국 여수상, 독일의 멜켈 여수상 등 여성 권력자들의 무대는 공개된 화려한 정치의 場(장)이 주된 무대이었지 음침한 음모의 안방만은 아니었다.

여성의 정치적 역할에 있어 현대와 고대 사이에 陰(음)과 陽(양)의 큰 차이가 있었음이 느껴진다. 시대가 빠르게 바뀌면서 더욱 그렇다.

크리스틴 킬러만 보아도 그의 행적이 일간 신문에 결국 모두 보도되고 마는 陽地(양지)의 세계에 발을 걸치고 살았다. 두 번이나 결혼했고 아들 둘과 손녀가 있었고 감옥이 아니라 런던 시내에서 살다가 75세에 公共(공공)의 병원에서 숨졌다.

비록 스캔들의 주인공이기는 했어도, 그 나름 하나

의 인간으로서 自存(자존)하였고 단순한 미끼의 지위에서는 벗어났음이 분명하다. 마타하리의 경우도 이중 간첩으로서의 활약이 과연 소문대로인지 의심스럽다고 한다.

지금 우리나라의 경우, 陰(음)과 陽(양)의 권력 무대에서 활약하는 여성 활동가들이 많은데 그들의 일은 이제 단순한 미인계의 차원은 아니다. 또 아니어야 한다. 그러나 그들의 功過(공과)에 대한 평가는 별개의 문제이다.

제4편 알아도 속는 속임수: 눈 뜨고 코 베이기(瞞天過海)

제1장 당태종(唐太宗)을 속여 요하를 건너다.

　兵法書(병법서)로 알려진 三十六計(삼십육계)라는 책에 열거된 서른 여섯 개의 책략 가운데 제1장으로 맨 처음 나오는 술책이 만천과해이다.

글자만의 뜻으로 보면 하늘을 속여 바다를 건너다라는 말이다.

그 술책의 유래라고 하는 사건은 아래와 같다.

　고구려를 정벌하기 위해 요동으로 출병한 당태종이 요하를 만나자 바다처럼 넓은 강물을 보고 두려움을 느끼고 渡河(도하)를 주저하였다.

설인귀라는 장수가 꾀를 내었다. 강변에 정박한 커다란 전선의 갑판 사면에 두터운 장막을 쳐서 강이 보이지 않게 실내처럼 꾸몄다. 그리고 연회석을 마련했다.

당태종을 모시고 수하의 여러 대신과 장수들이 모여 앉아 평소처럼 환담하며 연회를 즐기도록 했다. 그러는 사이 배를 저어 요하를 건너기 시작했다. 태종이 연회의 즐거움에 빠져 잠시 바다 같은 강물의 두려움을 잊었다.

어느덧 넓은 요하의 한 가운데 이르렀을 때 바람 소리와 파도치는 소리에 깜짝 놀란 태종이 장막을 들치고 밖을 보니 바다 한 가운데 있지 아니한가.

태종은 어쩔 수 없이 두려움을 진정하고 배의 흔들림에 몸을 맡기고 강을 건너는 수밖에 없었다(삼십육계 제1계 51p.).

여기서 "하늘 같은 황제를 속여 바다를 건너다." 라는 말이 생겼다고 한다.

속은 줄 알면서도 어쩔 수 없이 그대로 따를 수밖에 없는 이와 같은 속임수도 있다.

제2장 태사자가 활쏘기를 연습하다가 적진을 탈출하다.

삼국지연의에 나오는 이야기이다.
후한 말 황건적의 난 때 황건적의 두령 관해가 도적의 무리를 이끌고 태수 공융이 다스리는 북해성을 포위 공격하여 성이 위태로워졌다. 태사자(뒷날 동오 손책의 수하 장군이 된다)라는 장수가 성을 탈출하여 평원령 유비에게 구원을 요청하기로 하였다.

그는 말을 타고 부하 군졸 서너 명에게 활쏘기를 연습하는 과녁을 들려 성문 밖으로 나갔다. 그리고는 과녁을 세워놓고 성 밖 가까운 곳의 참호에 들어가 활쏘는 연습을 하였다. 한참을 연습하고는 다시 성안으로 들어왔다.

처음에는 적병들이 호기심에 끌려 그 광경을 주의하여 보았다.

태사자는 그러기를 연달아 삼사일을 거듭하였다. 그런 일이 거듭되자 적병들은 나중에는 태사자가 성문을 열고 나와 활쏘기를 연습해도 무심해져 바라보지도 않게 되었다.

그런 상황이 계속되던 어느 날 태사자는 역시 똑 같은 차림으로 말을 타고 성문을 나와서는 활쏘기 연습을 하였다. 그러다가 갑자기 질풍처럼 말을 달려 적진을 돌파해 빠져 나갔다.
쳐다보지도 않고 있던 황건적 무리들은 뒤늦게 사태를 깨닫고 말과 군장을 챙겨 태사자를 추격하기 시작했으나 그는 이미 멀리 달아난 뒤이었다. 적병들은 결국 추격을 단념하여 태사자는 무사히 유비에게 가서 구원요청을 전하였다.

유비는 이때 이렇게 말하였다고 한다.
"그 유명한 공융이 세상에 유비도 있음을 아는구나!"
공융은 공자의 20대손으로 재능이 뛰어난 당대의 명사이었기에 유비가 한 말이다.
유비는 구원병을 데리고 달려가 북해성의 에움을

풀고 황건적을 물리치는 데 성공하였다(정음사 삼국지 상권 제8장 기화 제4절 북해공융; 황석영 삼국지 제1권 251p.; 삼십육계 제1계 50p.각 참조).

이 계제에 無名(무명)의 유비는, 당대의 명사인 공융을 만나 그 이름이 널리 알려지기 시작했지만 이것은 물론 다른 얘기이다.

제3장 조조가 천자를 옆구리에 끼고 천하를 호령하다(挾天子 以令諸侯).

앞에서 본 만천과해의 유래와 또 그 적용 사례를 읽어보아도 사실 이 만천과해가 술책으로서 무슨 대단한 의미가 있어서 삼십육계라는 책의 제1장으로까지 등장하였는지 선뜻 이해가 되지 않는다.

아마도 원래의 뜻은 아무도 의심치 않는 공공연한 것 속에 祕策(비책)을 감추어 다른 이를 속인다 라는 뜻일 것이다. 그러나 이 정도의 술책을 넘어서는 무슨 의미가 더 있는 것은 아닐까 하고 나는 생각해 보았다.

나는 삼국지에 자주 등장하는 挾天子 以令諸侯(협천자 이령제후)라는 말에서 그 해답을 찾았다.

이각과 곽사라는 동탁의 잔당들로부터 조조는 漢(한)의 마지막 황제 헌제를 구출하여 자신의 본거지 허도로 천도한 뒤 승상이 되었다(AD196년).

이후 군웅이 할거한 어지러운 세상에서 승상 조조는 천자의 조서를 받들어 군웅을 제압하고 학교를 세우고 인재를 등용하고 농업을 장려하여 민생을 안정시키고 천하를 진정시켰다. 양자강 남쪽 동오의 손권과 서촉 지방의 유비를 제외하고 모든 군벌들을 토멸하여 그는 거의 천하를 통일하고 평화를 달성하였다.

이런 큰 성공을 거둠에 있어서 조조가 한나라 승상의 지위에서 天子(천자)의 이름으로 칙령을 제정하고 조서를 반포하고 군사를 동원하는 형식을 취한 것이 큰 도움이 되었다. 그는 천자의 이름으로 명령하고 천자의 명령을 빌려 군사를 동원하였으므로 그에 대항하는 행위는 바로 역적의 짓이고 반란이었기 때문이다.

그는 정통성을 갖춘 법의 이름으로 뭇 세력을 제압하였다. 이것이 바로 挾天子 以令諸侯(협천자 이령제후)라는 것이다.

 이 말은 사실 조조를 반대하는 진영이 내쏟는 비방의 외침이었다. 조조가 천자를 허수아비로 만들고 천자의 권력과 권위를 도둑질한다고 비난하는 조조 반대세력의 주장이었다.

조조가 끝내는 한나라 황제의 자리를 찬탈하여 자신이 또는 그의 아들이 새로운 왕조를 세우고 황제가 될 야심을 가진 사실을 천하의 모든 사람이 알고 있었다 하여도 과언이 아니다. 내세우는 천자에 대한 충성과 한왕조에 대한 헌신은 모두 속셈이 따로 있는 거짓말이고 그가 들고 나오는 천자의 조서는 모두 다른 의도를 내포한 속임수임을 모든 신하와 백성 그리고 정치세력들이 알고 있음에도 불구하고 그들은 하늘의 태양을 거부할 수 없듯이 알면서도 속는 수밖에 없었다. 이것이 바로 만천과해의 수법이다.

여기서 속임수라 함은 조조가 천자의 이름으로 내리는 조서와 명령 등이 모두 가짜라는 뜻이 아니다. 다만 그런 조치의 이면에 조조 자신을 위한 또 다른 계획 즉, 조조 또는 그의 아들이 끝내는 한나라를 없애고 새로운 왕조를 세워 그 황제가 될 야심을 가지고 그 준비를 위하여 조직과 세력을 키운다는 복선과 계획이 들어 있는데 이를 감추고 있기 때문에 속임수라고 부른다.

하늘에서 내리쏟는 햇빛 속에 또 다른 복선과 속임수가 있다 하여도, 그리고 그런 복선이 존재함을 사람들이 알고 있다 하여도, 사람들은 그 햇빛을 거부할 수 없기 때문에 그것을 따르지 않을 수 없듯이, 제후와 신료와 백성들은 천자의 이름을 빌린 조조의 조치에 따를 수밖에 없고 그래서 불가피하게 속을 수밖에 없다. 이것이 만천과해의 술책이다. 가히 최고의 술책이라 아니 할 수 없다.

이런 까닭으로 만천과해라는 술책이 삼십육계라는 책의 첫머리에 등장한 것이 아닐까, 이렇게 생각해 본다.

태양과 같은 막강한 公權力(공권력)의 조치에 무슨 伏線(복선)이 있다 한들 일반 국민들은 그것을 알 수 없을 뿐더러 설혹 안다고 하여도 그것을 거부하기는 어렵다. 알면서도 그것에 속을 수밖에 없는 데에 만천과해의 위력이 있다.

제4장 남의 시체를 빌려 다른 사람 노릇을 하다: 차시환혼(借尸還魂).

제1절 유비가 한실 종친을 칭하다.

 借尸還魂은, 죽었다가 살아나 돌아온 사람의 영혼이 원래의 자기 몸이 없어져 돌아갈 곳이 없자 부득이 다른 시체 속으로 들어가 그 몸을 빌려 엉뚱한 사람 행세를 한다는 뜻이다(삼십육계 제14계). 원래 어느 신선이 遺體離脫을 해서 잠시 다른 신선과 놀다 왔더니 신체를 지키던 제자가 실수로 신선의 시신을 화장을 해버리는 바람에 그 신선은 원래의 자기 몸으로 돌아갈 수가 없게 되었다. 還魂은 일정한 시간 내에만 가능한 것인데 환혼의 시간이 거의 끝나가게 되자 그 신선은 부득이 가까운 데에 버려져 있던 거지의 시신 속으로 환혼을 했다. 그래서 그 이후 신선은 거지의 몸으로

갖가지 황당한 일을 하게 된다. 이 이야기로부터 차시환혼이라는 말이 유래했다고 한다.

그러나 이 말이 병법에서 의미하는 바는 원래의 이야기와는 조금 다르다.

속임수로 꾸며낸 거짓 후계자가 거짓된 정통성을 내세우는 일 또는 어떤 정치세력이 사람들을 속이려고 화려한 명분을 거짓으로 들고 나오는 일을 책략에서는 의미한다.

중국 역사에서 보면 혼란한 시기에 야심가들이, 亡國(망국) 왕실의 후손이라고 자처하면서 자기가 망국의 정통성 있는 후계자인 양 행세하는 일이 가끔 벌어진다.

삼국지연의에 의하면, 유비가 前漢(전한)의 제6대 황제인 경제의 현손으로 중산정왕 유승의 후손이라고 젊어서부터 행세하는데 그는 후한이 멸망하자 이윽고 촉한의 황제까지로 등극한다(정음사 삼국지 상권

제4장 제1절

제1장 도원결의 제3절 도원결의). 史家 중에는 유비의 그런 혈통을 의심하는 사람도 있다. 이런 사람의 관점에서라면 유비가 경제의 玄孫행세를 하거나 漢王朝를 부흥시킨다며 촉한의 황제로 등극한 일도 일종의 차시환혼이 아닐 수 없다.

설사 그것이 속임수임을 안다고 하여도 반대의 확실한 증거가 없는 한 보통 사람들은 믿는 척하고 따르는 수밖에 없다. 증거가 있다 한들 보통 사람들이 어쩌겠는가?

제2절 유방이 의제의 상복을 입다(弔義帝).

  최초로 중국을 통일한 진시황이 죽은 뒤 사방에서 반란이 일어나자 楚의 멸망 당시 초의 대장이었던 항연의 후예라는 항량이 그의 조카 항우와 더불어 초나라의 부흥을 외치며 역시 반란을 일으켰다.

항량은 楚王의 후손을 찾아내 왕으로 모시고 거병을 하는 것이 유리하다고 생각하여 그런 인물을 찾던 차에 마침 시골에서 목동 일을 하는 한 어린 소년이 초나라 제36대 왕인 회왕의 적손(嫡孫)임을 발견했다고 하여 그를 데려다 그 할아버지 왕의 이름을 그대로 써서 초회왕으로 옹립하고 반란의 명분을 세웠다.

그 뒤 秦나라 수도 함양을 점령하고 秦3세 자영을 죽여 진을 멸망시킨 항우는 스스로 초패왕이 되어 천하를 일단 통일하였다. 이어서 항우는 자기의 명목상 主君인 초회왕(=義帝)이 걸림돌이 되므로 사람을 시켜 그를 살해하였다.

때마침 항우의 논공행상에 반감을 품은 제후들이 漢王 유방을 필두로 초패왕 항우를 제거하려는 이른바 초한전쟁을 일으켰다.

한왕 유방은 한신을 파초대원수로 임명하고 한중을 나와 관중을 석권하고 낙양에 입성하였다.

이때 漢王을 환영나온 백성들 가운데 동삼노라고 불리는 세 명의 노인이, 항우에게 불쌍하게 죽임을 당한 楚나라의 義帝를 위하여 漢王이 發喪을 하고, 이번 전쟁은 역적 항우를 토벌하는 전쟁임을 천하에 알려야 한다고 건의 하였다.

유방이 이를 따라 義帝를 위하여 발상하고 삼일간 經夜(밤을 세워 관을 지킴)하였다. 장례가 끝난 뒤 역적 항우를 토벌한다는 격문을 사방에 보냈다. 이를 본 사방의 제후들이 군사를 이끌고 찾아와 잠깐 사이에 병력이 30만이나 불어났다(초한지 제2권 122p.; 네이버 서초패왕 항우5).

이에 한왕 유방은 군사를 이끌고 항우의 수도 팽성으로 진격하면서 그 전쟁의 명분을 弔義帝라고 선포하고, 제후들에게 모두 흰 상복을 입게 하였다 (BC205년). 그렇게 하여 천하의 인심을 얻었고 제후들의 지지를 받았다.

이것 역시 죽은 楚義帝를 조문하고 역적 항우를 토벌한다는 명분을 세운 것이니 일종의 차시환혼에 해당한다.

만일 항우에게 죽임을 당한 義帝 역시 그 신분의 진위를 알 수 없었던 경우라고 혹시 한다면 그것 역시 차시환혼이었을 수 있음은 물론이다.

　　중국의 드라마에서는, 일부에서는 이미 죽었다고 주장하고 또 다른 일부에서는 그렇지 않고 살아있다고 주장하는, 어떤 전설적 영웅을 등장시켜 그의 이름을 차시환혼의 소재로 삼는 것을 가끔 TV에서 볼 수 있다.

　　현대판 차시환혼도 가능할 수 있다.
설사 그것이 속임수임을 안다고 하여도 반대의 확실한 증거가 없는 한 보통 사람들은 믿는 척하고 따르는 수밖에 없다. 증거가 있다 한들 보통 사람들이 어쩌겠는가?

제3절 주나라 선왕이 귀신의 화살에 맞고 죽다.

周나라 제11대 宣王(재위 BC827~BC782)은 아버지 여왕의 실정으로 인한 혼란을 극복하고 선정을 베풀어 주나라의 중흥을 이룩한 훌륭한 군주이었다.

그러나 만년에 이르러는 왕실의 위신을 높이려고 벌인 융족과의 무리한 전쟁에서 거듭 패전하여 국력이 쇠퇴하고 백성이 궁핍해졌다. 그는 거듭된 패전 탓인지 성격이 갈수록 포악해지고 신하들을 마구 억눌렀다.

선왕 43년 대부 두백이 하찮은 일의 보고를 게을리 했다 하여 참살 당하였다. 대부 두백은 형장에서 분노에 떨며 이를 갈았다. "나는 죄 없이 이렇게 억울하게 죽는다. 혼이 있으면 3년 못 가 무고한 나를 죽인 왕이 어떤 벌을 받는지 보게 되리라."

이 일은 백성들의 분노를 자아냈다. 선왕도 이 일을 크게 후회하였다.

삼년 뒤 선왕이 사냥을 나갔다 저녁에 돌아오는 길인데 두백의 귀신이 앞에 나타나 길을 막고 선왕을 꾸짖고는 활을 쏘아 선왕의 심장을 맞췄다. 선왕이 마차 안에 쓰러져 궁으로 돌아와 시름시름 앓다가 죽었다(열국지 제1권 제1회 문요경살 제4절 삼소삼곡). 주변 사람들은 모두 두백의 원혼이 한 일이라고 믿으며 두려워 하였다. 사람들은 그 일을 周春秋(주춘추)에 기록하였다(중국을 말한다 제2권 203p.).

후세에는 두백의 귀신으로 변장한 사람의 소행이라고 풀이하기도 한다(중국을 말한다 제2권 203p.). 이런 풀이가 맞다면 宣王(선왕)을 죽인 범인도 차시환혼의 수법을 쓴 셈이다

제5장 조고가 지록위마(指鹿爲馬)의 속임수로 협박하는 데에야 동조할 밖에.

중국을 통일(BC221)한 秦始皇의 둘째 아들 호해가 秦二世로 황제가 되고 간신 조고가 승상으로 있던 때이었다.

반란을 일으킨 楚나라 항우의 군대를 진압하려던 秦나라 대장 장한이 대패하여 진나라 군졸 30만 명이 포로가 되었다가 항우에 의하여 생매장되었다.

이를 계기로 진시황의 손에 멸망했던 六國의 다른 후예들까지 모두 반란을 일으켜 秦나라 수도 함양성으로 쳐들어오고 있었다.

천하의 일이 급하게 되었다는 사실을 秦나라 조정에서 모르는 사람이 없었다. 그러나 아무도 이 사실을 二世황제에게 보고하지 않았다.

二世는 함양궁과 아방궁을 왕복하면서 주지육림에 푹 빠져 있을 뿐이었다.

조고는 혹시 다른 신하가 자기 몰래 二世황제(이세)에게 나라의 위기를 알리지 않을까 걱정하여 다른 신하들의 마음을 떠보기로 하였다.

<그리하여 하루는 자기 집에서 기르고 있던 사슴 한 마리를 대궐로 끌고와 이세황제에게 이 사슴(鹿)을 말(馬)이라고 하면서 헌상하였다.
이세가 사슴이 아닌가 하고 물었으나 조고가 계속 말이라고 우기자 이세황제는 다른 신하들에게 말인지 사슴인지를 일일이 물어보았다.

모든 신하들이 조고가 두려워 대부분 말이라고 대답했다. 다만 세 사람이 사슴이라고 대답했다. 조고는 이 세 사람을 죽였다.
조정의 모든 신하들은 벌벌 떨고 숨도 크게 쉬지 못했다.>(초한지 제1권 192p. 이하 참조).

이것이 유명한 指鹿爲馬(지록위마)의 고사인데 얼마나 어처구니 없는 이야기인가? 사마천의 사기 본기에도 실려 있으니 아마도 거짓말은 아니리라. 모두가 이세 황제의 어리석음 때문에 빚어진 일이라고 한다. 그러나 이세황제가 아무리 어리석다 한들 말과 사슴을 구별하지 못할 정도의 인물은 아니었을 터이다. 진상은 어떠한가?

  사실 이 이야기는 단순한 속임수에 속하지 않는다. 사실은 무서운 협박이다. 황제를 협박하고 다른 신하들 모두를 협박하는 무서운 협박이다. 알면서도 속아야 하는 협박이었다.

일종의 瞞天過海(만천과해)이다. 指鹿爲馬(지록위마)는 독재권력자의 속임수를 상징하는 말로 삼을 만하다.

그 뒤 조고는 원래의 승상이었던 이사를 모함해 죽이고 끝내는 이세황제마저 죽였다(BC207).

그러나 조고 또한 진시황의 손자 자영에게 붙잡혀 죽임을 당하였다. 곧 이어 그렇게 강성하던 秦(진)나라는 망하고 말았다(BC207). 중국을 통일한지 겨우 15년 만의 일이다.

조고가 偸梁換柱(투량환주)의 수법으로 진시황의 후계자를 바꿔치기한 일은 뒤에 나오는 제13편 제2장에서 이야기한다.

제6장 초문왕이 초대받고 식후(息侯)의 궁에 가 예쁜 그 부인을 빼앗아오다.

춘추시대에 楚(초)나라의 재상 공자원은 자신의 형인 초문왕(재위 BC690~BC675)이 죽은 뒤 형수를 탐하여 밖으로 한번 무위(武威)를 떨쳐 그녀의 마음에 들어보려 하였다. 그녀는 바로 세상에 이름난 미녀 식규(息嬀; 桃花부인)이었다. 그리하여 이웃의 鄭(정)나라로 쳐들어갔다. 이때 정나라 대부 숙첨이 공성계를 펼쳐 초나라군사를 물리쳤는데 이 공성계 이야기는 뒤에 나오는 제8편 제2장에서 소개한다.

여기서는 우선 이 식규라는 여인이 초문왕의 부인이 된 사연을 이야기한다.

성이 嬀(규)씨이고 제후국 陳(진)나라 군주의 딸이었다. 처음 시집간 데가 작은 제후국 息(식)나라이었기에 息嬀(식규)라고 불린다. 복숭아꽃처럼 아름다웠다 하여 桃花(도화)부인이라고 불린다.

BC684년 어느 때 식규가 친정에 가는 길에 채나라를 경유하였는데 채나라 군주가 그녀의 미모에 반하여 희롱의 말을 하였다. 채후는 그녀의 형부이었다.

식규가 이 일을 식후에게 고하자 분개한 식후가 이웃의 강국 楚(초)의 문왕에게 채후를 응징해주기를 청하였다.

초문왕에게 끌려가 죽을 뻔한 채후가 복수를 위하여 식규의 미모를 초문왕에게 말하며 그녀를 취하도록 부추겼다.

초문왕은 핑계를 만들어 식나라를 방문하고 식후의 집에 초대를 받아 환영연 석상에서 식규를 보았다. 그 미모에 반한 초문왕이 식규에게 술 한잔을 따라달라고 청했으나 식규는 예법에 어긋난다며 거절하고 자리를 피했다.

욕심을 버리지 못한 초문왕은 다음 날 답례로 연회를 베풀고 식후 내외를 초청한 자리에서 다시 식규에게 술 한 잔을 청했으나 역시 식규는 거절하고 자리를 피하였다.

그러자 초문왕은 호위군사를 풀어 식규를 체포했다. 식규가 우물에 뛰어들어 자결하려 했으나 초문왕의 군사에게 제지되어 실패하였다.

초문왕이 식규를 자기 궁으로 데려와 부인으로 삼았다(BC680). 식후는 울분을 못이겨 곧 죽고 말았다.

식규는 3년 동안 초문왕의 아들을 둘이나 낳았으나 평생 웃거나 말하는 일이 일이 없었다고 한다. 초문왕이 그 이유를 묻자 식규는 팔자를 두 번 고친 여인이 무슨 자격으로 웃음을 보이겠느냐고 답하였다(네이버 식부인 나무위키).

왕이란 자가, 비록 작은 나라이긴 하지만 남의 나라의 임금의 집에 초대를 받아가서 그 임금의 부인을 대낮에 강제로 군사를 동원하여 잡아다가 공공연히 자기 부인으로 삼는 이런 해괴한 일이 벌어져도 조정의 대신을 포함한 그 누구하나 말리거나 항의하거나 반항하는 소동이 없었으니, 다음 장에 소개하는 로마 왕정시대의 귀족 여인 루크레티아 사건과는 너무도 다르지 않은가?

그야말로 눈뜨고 코 베임을 당하는 꼴이 됐어도 어쩌지 못했으니 만천과해가 바로 이런 사태 아닌가.

제7장 로마 여인의 정절: 루크레티아

로마가 共和政(공화정)이 되기 전 王政(왕정)시대의 마지막 무렵 이야기이다.

로마 왕국의 제7대왕 타르퀴니우스의 아들 섹스투스는 왕가의 일원이자 귀족인 콜라티누스의 아내

루크레티아(Lucretia)를 짝사랑하였다. 그녀는 이름난 미녀이었다.

당시 로마는 이웃 도시국가와 한창 전쟁 중이었다. 루크레티아의 남편도 출정 중이었다.

섹스투스가 이때를 노렸다. 깊은 밤 루크레티아의 집으로 숨어 들어간 왕자는 단검으로 위협하며 자신의 뜻에 따를 것을 명했지만 그녀는 거부하였다. 그는 그녀와 노예를 죽여 알몸으로 침실에 높여 놓겠다고 다시 위협하였다. 루크레티아가 노예와 간통을 저지르다가 대가를 치른 것으로 사람들이 생각하도록 위장하겠다는 협박이었다.

명예를 목숨처럼 여겼던 정숙한 루크레티아는 마침내 굴복했다. 왕자는 욕망을 채웠다.

루크레티아는 아버지와 전쟁터에 있는 남편에게 '무서운 일이 벌어졌으니 지금 즉시 믿을 만한 친구와 함께 집으로 오라'는 내용의 편지를 보냈다. 4명의 남자가 달려왔다. 루크레티아는 자신에게 닥친 비극을 설명하고, 강간범을 처벌해줄 것을 약속해달라고 하였다. 남자들이 맹세하자 루크레티아는 칼을 뽑아 자결했다.

아버지와 남편은 넋을 잃고 눈물을 흘렸다. 이때 남편과 함께 온 친구가 그녀의 가슴에서 칼을 뽑아들고 외쳤다.

"이 여인의 피로써 맹세하노라. 왕과 그의 자식들을 죽이고 다시는 그 누구도 로마의 왕이 되지 못하게 하겠노라."

그이 이름은 루키우스 유니우스 브루투스였다. 브루투스는 왕의 조카였다. 주리어스 시자를 암살한 유명한 브루투스의 조상이다.

그는 루크레티아의 시신을 광장으로 옮기고 그녀에게 닥친 비극을 전했다. 브루투스의 지도하에 시민들은 슬픔과 분노를 행동으로 옮겼다. 혁명이 일어나 로마는 왕을 폐하고 왕가를 추방했다. 섹스투스는 다른 곳으로 도망했다가 살해됐다

(BC509).

브루투스는 왕을 대신할 집정관직을 만들었다. 이제 로마는 왕이 아닌 법이 통치하는 공화국이 되었다(송동훈의 세계문명기행 27.조선일보 2019. 4. 18. 네이버뉴스; 로마인 이야기 제1권 82p.).

앞 장에서 본 도화부인의 경우와 루크레티아를 대비하여 볼 때 그 주변 사람들이 비극을 대하는 태도에 너무나 현격한 차이가 있다. BC 5세기 또는 6세기의 시대이었으니 거의 같은 시대라고도 할 만한데 상식에 어긋난 권력자의 횡포를 대하는 사람들의 자세는 완전히 달랐다.

위대한 로마는 그런 차이에서 탄생한 것인가?

제5편 보신적(保身的) 속임수

제1장 왕전(王翦)이 호화주택 여럿을 진시황에게 요구하다.

 진시황이 육국을 정벌하는 통일전쟁을 할 때이다. 진시황은 한나라와 조나라 그리고 위나라를 정복한 뒤 초나라 정복을 계획하였다. 전국시대의 제후국 일곱 나라 중 초, 연, 제 등 이렇게 3국이 남았는데 그중 가장 강한 데가 초나라이었다.

진시황은 젊은 장군 이신을 대장으로 삼아 20만 대군을 보냈으나 이신은 대패하고 말았다.

진시황은 다시 노장 왕전에게 60만 대군을 주어 초나라 정복을 맡겼다.

 왕전이 60만 대군을 거느리고 출병하는 날 그는 전송나온 진시황에게, 수도 함양에서 가장 좋은 밭들과 저택들을 열거한 목록을 내밀면서 그것들을 다 자기에게 달라고 청하였다.

"장군이 성공하고 돌아오면 내가 그대와 부귀를 함께 누릴 터이니 가난을 걱정 말고 다녀오라." 고 진시황이 말하였다.

그러나 왕전은, 자기는 이미 늙어서 죽을 날이 얼마 남지 않았는데 죽은 뒤에라도 이 좋은 땅과 저택들만은 자식들에게 남겨줌으로써 자손대대로 왕의 은혜를 누리고자 한다면서 거듭 요청하였다.

진시황이 웃고 수락했다.

왕전은 함양을 떠나 함곡관을 지나면서 다시 사자를 다섯 번이나 진시황에게 보내어, 약간의 좋은 땅과 좋은 저택은 받았지만 이왕이면 좋은 동산과 좋은 연못이 있는 보다 훌륭한 저택을 좀 더 많이 달라고, 청하였다.

왕전은 왜 그렇게 욕심을 부렸는가? 단순한 탐욕 때문이었나?

아니다. 그는 의아해 하는 부하 장수에게 다음과 같이 설명하였다.

〈진왕은 성미가 사납고 의심이 많은 사람이다. 그는 나에게 60만 대군을 내주었다. 지금 진나라 국내에는 남은 군사가 거의 없다. 만일 60만 대군을 거느린 내가 반역이라도 하면 어쩌나 하고 그는 속으로 나를 매우 의심하고 있다. 내가 나의 자손에게까지 왕의 은혜가 베풀어지기를 바라서 미리 많은 땅과 저택을 받아놓으려 한다고 그가 알게 되면 그는 내가 그 이상의 다른 뜻이 없음을 확실히 알고 비로소 안심할 것이다.〉 (사기 열전 상권 199p.; 열국지 제5권 제107회 형가입진 제4절 以强凌弱)

왕전은 초나라 정복에 성공하고(BC223) 안전하게 돌아와 부귀 속에서 무사히 여생을 마쳤다. 왕전은 높은 識見(식견)을 가진 名將(명장)이었다. 재물을 탐내는 어리석음을 가장함으로써 진시황을 속여 자기와 후손 그리고 휘하 장병의 안전을 지켰다. 훌륭한 보신책이었다.

제2장 소하가 일부러 부동산 투기를 하고 고리대금을 하다.

소하(?~AD193)는 한고조 유방이 처음 봉기할 때부터 그와 동고동락하며 초한전쟁에서 이겨 秦(진)나라를 멸하고 漢(한)나라를 창업하는 데 큰 공을 세운 일등공신이다. 장량, 한신과 더불어 한의 三傑(삼걸)로 불리는 영웅이었다.

유방이 북방 원정을 나가 황궁을 비운 사이 한신이 모반하였는데 소하가 이를 진압하고 한신을 주살하였다.

그 공으로 소하는 승상에서 상국으로 승진하고 식읍 5천 호와 호위병 5백 명을 하사받았다.

그러나 소하는 식읍 5천호를 사양하고 자기 가산을 모두 전쟁 비용에 충당하도록 황제에게 바쳤다.

그의 공이 너무 커서 그가 딴 마음을 갖지 않을까 황제가 의심하고 있음을 알기 때문이었다. 호위병

오백도 실은 자기에 대한 감시병임을 알았다.
황제가 기뻐하였다.

백성들이 시종 상국 소하를 존경하는 것을 아는 황제는 그것이 마음에 쓰여 끊임없이 사람을 시켜 그의 근황을 감시하였다.

소하는 그러자 자기 논을 비싸게 팔고 고리로 돈을 빌려주어 백성들의 원망을 사는 짓을 일부러 하였다. 황제에게 소하의 죄상을 고발하는 상소가 이윽고 산더미처럼 쌓였다.

황제는 그제야 안심하며 그를 나무라기는 커녕 오히려 상소문을 소하에게 건네주며 직접 처리하라고 지시하였다(후흑 201p.).

소하가 백성들의 인심을 얻어 딴 짓을 하려는 야심가가 아니라, 사리사욕이나 챙기는 평범한 소인처럼 행동하여 딴 마음이 없음을 보여주자 황제는 안심하였고 소하는 비로소 다른 공신들이 겪은 재앙을 면할 수 있었다.

제3장 유비가 천둥 소리에도 놀라는 겁쟁이인 척 하다.

삼국시대 촉한의 초대 황제가 된 유비는 한실종친이었으나 젊어서 불우하여 아무런 세력 기반이 없었다.
한때 서주자사가 되었으나 여포에게 쫓기어 한동안 승상 조조에게 의탁하여 그의 보호를 받고 지냈다. 황제를 허수아비로 만들고 대권을 전횡하는 조조를 제거하려는 漢朝(한조) 舊臣(구신)들의 음모(의대조 사건)에 그는 가담하였으나 조조에게 들킬까 몹시 걱정하고 있었다.

유비는 걱정 끝에 자기에게 별 다른 야심이 없음을 조조에게 보여주려고 자기 거소의 후원에 야채를 심고 이를 가꾸는 데 재미를 붙인 척하였다. 어느 날 갑자기 조조가 그를 청하여 후원에서 술을 마시며 환담하였다. 조조는 유비가 채소 가꾸는 일에 재미를 붙인 것을 알고 있었다. 유비는 無事(무사) 消遣(소견)일 뿐이라고 설명하였다.

환담 중에 당금 시대의 영웅이 누구누구인지에 대하여 얘기를 나누다가 조조가 돌연 이 시대의 영웅은 "오로지 유비 당신과 나 조조뿐"이라고 단언한다.

조조를 제거하려는 계획이 이미 누설되었나 하여 유비는 깜짝 놀라 들고 있던 젓가락을 떨어뜨렸다.

때마침 비가 퍼부우려고 우뢰 소리가 크게 울렸다. 유비는 몸을 굽혀 젓가락을 주으면서 천둥소리에 놀란 것처럼 한마디 하였다. "무슨 천둥이 그리도 대단한가."

그 모양을 보고 조조가 웃으며 묻는다.

"그래 장부도 우뢰를 무서워한단 말씀이오?"

유비가 말하였다.

"聖人(성인)도 迅雷風烈(신뢰풍렬)에 必變(필변)이라 하셨다오. 어찌 두렵지 않으리까?"(聖人迅雷風烈必變(성인)이라는 말은 논어 향당

10-25에 나온다.)

우뢰소리가 멈추며 비가 억수로 퍼부었다. 조조도 별로이 유비의 말을 의심하지 않는 눈치였다(정음사 삼국지 상권 제16장 의대조 제3절 영웅론; 후흑 197p,).

유비는 천둥소리에도 놀라는 겁쟁이처럼 행세함으로써 자기의 속마음이 들키지 않게 감추었다. 그 날의 뒷일 전개를 보면 아마 조조도 속아 넘어간 듯하다. 유비도 保身(보신)을 위한 임기응변에 능한 사람이었다. 후원에서 채소 가꾸는 일을 즐기는 것처럼 연극을 한 것도 평범한 소인배를 가장한 행동에 속한다.

유비는 그 뒤 적당한 구실을 만들어 조조의 수중을 벗어났다.

제6편 병(病)들은 척하거나 어리석은 척하여 적의 경계를 푸는 속임수: 가치부전 (假痴不癲)

제1장 구천이 오왕 부차의 배설물까지 맛보다(句踐嘗糞).

假痴不癲(가치부전)은 "어리석음을 가장하라. 그러나 정말 미치지는 말라."(삼십육계 제27계) 라는 뜻이다. 어리석은 듯이 거짓 행동을 하여 상대를 속이고 그를 안심시키라는 말이다.

월왕 구천은 오왕 부차와의 전쟁에서 대패하여 회계산에서 항복하고 오왕의 포로가 되었다 (BC494).

그는 목숨을 부지하는 대가로 오왕 부차의 종이 되었다. 그는 충성을 다할 것을 맹세하였고 심지어는 오왕 부차가 병이 났을 때 자진하여 그의 대변까지 맛을 보고 병세를 진단하여 무사히 쾌유하리라고 아뢰기도 하였다. 완전한 종 노릇을 하였다.

그렇게 하여 그의 충성심을 믿은 부차가 드디어 그를 석방하여 월나라로 귀국시키고 復位(복위)까지 허락하였다. 귀국 후에도 그는 부차에 대한 충성을 다하는 것처럼 행동하여 부차를 안심시켰다.

그러나 그는 臥薪嘗膽(와신상담)하기 20년 만에 부차를 정벌하여 그를 사로잡고 자결케 하여 복수를 마쳤다 (BC473).

그는 문자 그대로 바보처럼 행세하여 부차를 속이고 그를 안심시킨 뒤 멋지게 복수에 성공하여 미친 것이 아님을 증명하였다.

오왕 부차는 그 이전에 월왕 구천을 정복하고 중국 천하의 霸者(패자)가 되어 너무 오만해진 나머지 월왕 구천을 완전히 믿고 그를 용서하여 왕으로 복귀시켰으며, 뿐만 아니라 월왕 구천의 伏線(복선)과 속임수를 꿰뚫어 알고 있던 충신 오자서의 거듭된 충고를 듣지 않았으며, 오히려 그를 귀찮게 여겨 내친 뒤에 자결까지 시켰다.

구천이 20년간에 걸쳐 실행한 가치부전의 속임수는 참으로 치밀하고 끈질긴 것이었다. 열국지에 보면 그간의 경과가 재미있게 묘사되어 있다(열국지 제4권 제80회 와신상담 제2절 句踐嘗糞 참조).

구천에게 완전히 속은 부차의 풀어진 행동은 크게 탓할 일은 아니다. 크게 성공한 뒤 그 정도의 오만과 향락에 빠지는 것은 보통 사람이면 누구나 흔히 범하는 잘못이기 때문이다.

구천과 그를 보좌한 범려 및 문종 같은 현인들의 뛰어난 모략과 의지와 끈질김이 그저 놀랍기만 하다.

부차뿐만 아니라 그 누구도 구천 등의 그런 끈질기고 무서운 음모에 걸리면 벗어날 수 없었으리라.

제2장 사마의(司馬懿)가 노망(老妄)을 연기하다.

  삼국시대 魏(위)나라 조방(AD231~274)이 여덟 살의 어린 나이로 즉위하자 사마의(AD179~AD251)와 조상이 함께 조정의 대권을 쥐었다. 개국공신이고 정계의 원로로서 명성이 자자한 사마의를 젊은 조상은 불편하게 여겼다. 조방에게 고하여 사마의를 형식상 태부로 승격시킨 후 조상은 병권을 독점하였다. 이때부터 사마의는 병을 핑계 삼아 杜門不出(두문불출)하며 아예 조정에 나가지 않았다.

  그러나 조상은 사마의가 혹시 捲土重來(권토중래)를 꾀하지나 않을까 항상 경계를 멈추지 않았다.
그러던 중 10년 후 청주자사로 부임하는 이숙이라는 관리가 하직인사차 사마의를 찾았다.
사마의는 귀가 멀은 시늉을 하면서 청주를 병주라고 들은 척 하고, 또 '부임해 가는 길'이라는 말을 '돌아오는 길'로 잘못 알아 듣고 딴 소리를 하기도 했다. 심지어는 탕약조차 제대로 받아 마시지 못하고 입 밖으로 흘려 옷자락을 흥건히 적시기도 하였다.

그러나 이것은 모두 사마의의 거짓 연기였다. 이를 믿은 이숙의 보고를 들은 조상도 이를 그대로 믿고 속고 말았다. 사마의가 늙어 더 이상 자기와 권력투쟁을 할 상대가 되지 못한다고 안심하였다 (정음사 삼국지 하권 제87장 일장춘몽 제2절 관로복괘).

방심한 조상이 어느 날 휘하 막료들과 함께 도성을 비우고 사냥을 나가자 사마의는 평소 비밀리에 연락을 취해 오던 옛날의 부하 장병들을 소집하고 번개 같이 움직여 궁궐과 도성을 점령하고 태후를 협박하여 조상의 병권을 회수하였다 (AD249). 이윽고 그 일당을 모조리 체포하고 살해하여 권력을 장악하였다(정음사 삼국지 하권 제87장 일장춘몽 제3절 조문멸족; 황석영 삼국지 제9권 235p.).

이렇게 사마의는 병들고 힘없는 늙은이 행세를 하여 조상을 속인 뒤 기회를 잡아 권력을 장악하는

데 성공하였다. 가치부전의 성공적 연출이었다.

사실 사마의가 평생 동안 발휘한 책략의 뛰어남에 비추어 볼 때 조상 정도를 속여 그를 제거하고 권력을 틀어쥐는 것은 식은 죽먹기이고 시간 문제였다고 생각된다. 조상은 애당초 사마의의 적수가 아니었다.

사마의는 단순히 속임수나 부리는 術數家(술수가)가 아니다. 그는 전략과 음모의 무서운 달인이었다.

유비가 한중을 점령한 뒤 스스로 한중왕을 칭하자(AD219년) 조조가 불같이 노하여 그를 정벌하는 전쟁을 시작하려 하였다. 이때 사마의가 그를 말리면서 위나라와 오나라의 동맹 체결을 건의한 일은 앞에 나온 제1편 제1장에서 이미 얘기한 바이다.

조조가 그대로 따름으로써 관우가 지키는 형주를 둘러싸고 위, 오, 촉 세 나라 사이에 큰 전쟁이 벌어지고 그 결과 관우는 패전하여 붙잡혀 죽고 형주는 손권의 손에 떨어지고 이윽고 유비와 손권 사이에 전면전이 벌어지는(AD222년) 커다란 지각변동이 벌어진 일도 다 앞에서 얘기하였다.

조조는 앉은 채로 유비를 잡은 셈이었다. 모두가 사마의의 머리 속에서 나온 전략이었다. 무서운 사람이 아닐 수 없다.

제3장 여몽(呂蒙)이 칭병하다.

여몽(AD178~220)은 삼국시대 동오의 손권 밑에서 활약한 명장이다.

고사성어(故事成語) 중에 刮目相對라는 말이 있는데 여몽이 그 말의 주인공이다. 이 말은 눈을 비비고 상대방을 대한다는 뜻이다. 상대방의 학식이나 재주가 갑자기 몰라볼 정도로 발전했음을 가리킬 때 쓰는 말이다.

여몽은 젊어서 무술연마에만 힘쓰고 학문은 게을리 하였다. 손권이 이를 걱정하여 학문에 더 힘쓰라고 당부하였다.

손권의 측근으로 동오 정권의 제2인자였던 노숙이 원래 여몽을 별 볼일 없는 자로 여겨 경시하였다. 어느 날 노숙이 여몽을 만나보니 그가 학식이 풍부해졌고 인품도 온화해져 깜짝 놀라자 여몽이 말하였다.

"선비라면 사흘만 떨어져 있다 다시 만난다 하여도 마땅히 눈을 씻고 다시 보아야 할 정도로 달라져 있어야 합니다. 士別三日 卽當刮目相對"(진수 삼국지 오지 여몽전 배송지 注)

AD219년 조조와 손권 사이에 유비를 함께 공격하자는 魏吳 동맹이 성사되었다. 魏나라의 번성에서 장군 조인이 먼저 형주의 관우를 공격하려는 준비를 시작하였다.

정보를 접한 제갈량이 관우에게 먼저 번성을 치도록 명령하여 관우가 형주성을 떠나 번성을 포위,

공격하였다.

관우가 형주를 비우자 동오의 손권이 육구를 지키던 여몽을 대도독으로 삼아 형주 공격을 명하였다.

여몽이 계략을 짜기 시작한다.

여몽은 관우가 평소부터 자기를 경계하여 강변을 따라 20리 혹은 30리 마다 높은 언덕에 봉화대를 세우고 군마를 엄히 정비하여 철저하게 대비하고 있음을 아는 터라 우선 병들었다 거짓 소문을 내고 육구의 수장 자리에서 사퇴한 다음 육손을 후임자로 천거하였다.

육손은 손권의 죽은 형 손책의 사위인데 지모가 뛰어난 젊은 문관이었지만 그때까지는 그의 지모 있음이 외부에 알려지지 않아 유비 측에게는 거의 무명인 사람이었다.

육손은 육구에 부임하자 관우에게 예물과 서신을 보내어 인사하면서 아주 卑近(비근)한 태도를 취하여 관우의 명성과 위엄을 추켜주면서 孫吳(손오) 두 집안의 화목을 기렸다.

손권이 식견이 모자라 어린아이 같은 육손을 장수로 삼았구나 하고 관우는 생각하고 마침 번성에 대한 포위가 장기화됨을 걱정하던 차라 형주의 수비 병력 대부분을 번성으로 이동시켜 그 공격을 강화하였다(정음사 삼국지 중권 제54장 위진화하 제4절 백의도강; 황석영 삼국지 제7권 56p.).

그러자 여몽은 물에 익숙한 병사를 골라 흰옷을 입혀 장사꾼으로 변장시켜 20척의 상선에 태워 노를 젓게 하고 배안에는 정예병을 숨겨두었다. 그리고 군사 3만과 전선 80척을 별도로 준비했다. 위장한 상선 20척을 형주 강변으로 먼저 보내어 봉화대를 지키던 형주 군사들에게 재물을 바치면서 "우리는 客商(객상)인데 강에서 풍랑을 만나 잠시 이곳으로 피신하였다."고 말하여 정박 허가를 받았다.

그날 밤 정박 중인 배안에 숨어 있던 정예병들이 나와 봉화대를 급습하고 경비병들을 모두 포박하였다. 다시 뒤따라온 전선 80여 척이 강변에 상륙하여 소리 없이 밤새 형주성으로 진격하고는 번성에서 돌아온 형주병으로 가장하여 성문을 열게 하고 이를 무혈 점령하였다(정음사 삼국지 중권 제54장 위진화하 제4절 백의도강; 황석영 삼국지 제7권 56p.).

동오에 대한 관우의 경계를 풀도록 하려는 여몽의 속셈대로 되었다. 그러나 위에 본 여몽의 속임수는 모두 육손이 여몽에게 일러준 내용이었다. 또 하나의 무서운 책략가가 동오에 있었다. 육손은 관우의 자만심과 오만에 따른 허점을 정확히 짚어 그를 속일 수 있는 함정을 만드는 방법을 여몽에게 일러주었음이다. 마치 현대판 전쟁영화의 한 기습작전 장면을 보는 듯하다.

이후의 전쟁 경과를 보면, 남과 북 양면에서 위와

오의 공격을 받은 관우가 번성의 포위를 풀고 후퇴하였으나 여몽에게 퇴로를 끊겨 포로가 되었고 결국 관우 부자는 살해되고(AD219년) 형주는 손권의 차지가 되었다.

크게 보면 사마의의 이간계 전략이 성공했고 작게 보면 여몽의 치밀한 속임수 그리고 육손의 깊은 계략이 성공한 경우이다.

제4장 앉은뱅이 손빈이 미친 척 가장하여 달아나다: 사풍마(詐瘋魔)

원래 방연이라는 魏나라(삼국시대 조조의 위나라가 아니고 예전 전국시대의 위나라이다) 대장은 전에 손빈과 함께 귀곡자에게 병법을 배웠다. 위나라의 장군이 된 방연은 자신의 재능이 손빈에 미치지 못함을 알고 그를 시기하던 끝에 손빈을 제거하려는 음흉한 생각으로 손빈을 위나라에 불러들인 뒤 위혜왕에게 참언하여 손빈을 법에 걸어 두 다리를 자르고 이

마에 묵형을 가하여 병신을 만들었다.

그 뒤에 위나라에 왔던 제나라의 사신이 몰래 손빈을 자기 수레에 싣고 제나라로 돌아갔다. 그 이야기는 다음과 같다.

(1) 손빈(BC382~316)은 제나라 태생으로 병법의 祖宗(조종)인 孫武(손무)의 후손이었다. 어려서 부모를 잃고 삼촌 밑에서 살다가 귀곡자 밑에 들어가 병법을 공부했다. 방연과 그곳에서 함께 공부했다.

(2) 방연이 먼저 벼슬길에 나아가 위혜왕(BC400~BC334)의 대장군이 되었다.

諸子百家(제자백가)의 한 사람인 墨翟(묵적)(존칭 墨子(묵자))이 귀곡자를 방문하였다가 손빈을 만나보고 그의 큰 재주를 발견하고 그를 위혜왕에게 추천했다. 孫武(손무)(존칭 孫子(손자))의 병법을 통달한 인재라고 천거하였다.

(3) 위혜왕이 방연을 시켜 손빈을 초청하였다. 방연 자기는 배우지 못한 손무의 병법을 손빈이 귀

곡자에게서 배운 것을 알고, 방연이 그를 몹시 질투하였다. 그를 그대로 두었다가는 자기의 지위를 그에게 빼앗길까 두려워 방연은 그를 제거하려 마음먹었다.

(4) 손빈이 제나라 왕에게 보냈다는 편지를 방연이 위조하여 그가 제나라와 내통한다고 위혜왕에게 모함하였다.

손빈이 자기 고국 제나라를 위하여 봉사할 생각뿐이니 차라리 그를 제거하는 것이 위나라에 도움이 된다고 방연은 위혜왕을 설득하였다.

(5) 위혜왕이 그에 대한 처분을 일임하자 방연은, 자기가 왕에게 간청하여 그의 죽을 목숨을 살려냈다고 하면서 그의 두 무릎뼈를 도려내어 앉은뱅이로 만들고 그 얼굴에 '외국과 내통한 죄인'이라고 먹물로 새기는 刖而刺面刑(월이자면형)으로 겨우 감형을 받아냈다고 거짓말을 하였다. 그리고는 그 형을 무자비하게 집행한 뒤 오히려 극진히 그를 치료해주고

대접하는 척 하면서 자기를 위하여 孫武의 兵法을 한 벌 筆寫해주기를 청하였다.

(6) 손빈은 처음에는 방연의 말을 그대로 믿고 병법책을 쓰기 시작했으나, 손빈을 동정하고 방연의 잔인한 소행에 분개한 방연의 수하가 진상을 말해주어 손빈이 비로소 방연의 黑心을 알았다. 손빈은 살아남기 위하여 드디어 미친 사람 행세를 하기 시작했다.

(7) 손빈이 스승 귀곡자를 떠나올 때 스승이 그에게 비단 주머니 한 개를 주면서 위급할 때 끌러보라고 한 일이 있었는데 손빈이 그 주머니를 끌러보니 사풍마(詐瘋魔: 거짓으로 미친 척 하기) 라고 쓰인 쪽지가 들어 있었다. 손빈이 그 말을 따른 것이다.

(8) 방연은 손빈의 행동이 거짓인지 여부를 시험해보기 위하여 그를 돼지우리에 처넣고 그곳에서 지내게 하였다.

손빈은 여전히 미친 행세를 하며 그곳에서 돼지와

함께 먹고 자고 하였다. 방연은 손빈이 완전히 미친 것으로 믿고 그저 감시만 하게 한 채 그가 시중을 돌아다니며 구걸을 해도 방임하였다. 손빈은 때때로 길거리의 모퉁이에서 밤에 잠을 자기도 하였다.

(8) 위혜왕에게 손빈을 천거하였던 묵자가 손빈이 곤경에 처한 사실을 알고 제나라에 가서 齊威王(제위왕)에게 손빈의 구원을 요청하였다. 그리하여 제위왕이 魏惠王(위 혜왕)에게 친선 사절을 보내면서 그 수행원으로 墨子(묵자)의 제자 금활을 딸려 보내고 손빈을 구하여 오라고 시켰다.

(9) 금활이 위나라에 가서 길거리 모퉁이에서 쓰러져 자고 있는 손빈을 한밤중에 몰래 수레에 싣고 먼저 제나라를 향해 출발하였다. 그 길거리 모퉁이에는 묵자의 다른 제자를 손빈으로 변장시켜 앉혀 두었다.

그리고는 귀국하는 제나라 사신과 도중에서 합류

하여 손빈을 무사히 탈출시켜 제나라에 당도하였다. 제위왕은 손빈을 대장 전기에게 맡겨 비밀리에 보호하였다.

손빈으로 가장하였던 사람은 때를 보아 슬그머니 사라졌다.

(10) 한편 방연은 뒤늦게 손빈이 사라진 것을 발견하여 수색하였으나 찾지 못하였다.

손빈의 옷과 신발을 우물가에 놓아두고 금활이 손비을 데리고 달아났던 터이라 방연은 손빈이 우물에 빠져 자결하였다고 우선 위혜왕에게 보고하고 사건을 일단 마무리 하였다(소설 속의 자세한 이야기는 열국지 제5권 제88회 伴狂脫禍 제1,2,3절 참조).

방연은 참으로 잔인하고도 교활한 사람이었다. 반면 손빈은 무던히 착한 사람이었다. 그러나 손빈은 대단한 지혜와 인내심을 가진 사람이었다.

뒤에 그가 제나라에서 지혜를 펼치고 軍師(군사)가 되어 방연에게 통쾌하게 복수하는 후일담은 이 책 제10편 제1장 감조계(減竈計)와 제7장 위위구조(圍魏救趙) 그리고 제11편 제10장 '내 오얏나무를 베게 하고 대신 적의 복숭아나무를 베다: 이대도강(李代桃僵)'에서 다시 소개한다.

한편 墨家(묵가)의 집단은 일종의 비밀결사처럼 그 조직과 활동이 은밀하고도 대단하였다고 전해지는데 이 손빈의 구출작전만 보아도 그들의 활약 실상을 어느 정도 짐작할 수 있다.

그리고 열국지의 이야기에 따르면 손빈과 방연, 그리고 소진과 장의 등 일세의 책략가들이 모두 鬼谷子(귀곡자)의 제자라고 하니 놀라지 않을 수 없다. 손빈에게 詐瘋魔(사풍마)가 필요할 줄을 미리 알고 이를 비단 주머니에 넣어 가르쳤다는 이야기는 또 얼마나 신비로운가. 또한 손빈이 뒤에 刖刑(월형)을 받아 앉은뱅

이가 될 줄을 미리 알고 그의 원래 이름 孫賓의
손 빈
賓자를 臏(발을 끊는 형벌 빈)으로 고쳐주었다고 하니
빈   빈
더욱 신비롭다고 하지 않을 수 없다(열국지 제4권 제
87회 귀곡선생 제3절 손빈 하산 참조). 물론 지어낸 이야기
일 수 있다.

한편 한 가지 의문이 남는다. 손빈처럼 대단한 지혜를 가진 사람이 어찌 방연의 사람됨을 모르고 그에게 그처럼 속아 그토록 비참한 꼴을 당할 수 있는가? 충신 오자서가 간신 백비에게 속아 배신을 당하고 속아 결국 죽음을 맞는 이야기를 하면서도 나는 똑 같은 의문을 느낀 일이 있었다(뒤에 나오는 제13편 악마의 속임수 제4장 '간신 백비가 오자서를 죽이고 오나라를 망하게 하다' 참조).

무슨 이유일까? 사람을 알아보는 것은 아마도 특별한 별도의 지혜 또는 기술에 속하는 모양이다.

제5장 기자(箕子)가 미친 척하여 주왕(紂王)의 해침을 피하다.

기자는 商(=殷)나라의 마지막 왕 紂王의 숙부이다.

그는 두뇌가 명석했고 작은 일에서도 큰 도리를 찾아낼 수 있었다.

기자는 주왕이 상아 젓가락을 사용하는 것을 보고 "상아 젓가락으로 밥을 먹으니 그릇은 玉으로 만든 것을 사용할 것이요, 옥 술잔을 사용하니 보통 음식을 먹으려 하지않고 산해진미를 먹을 것이다. 산해진미를 먹으니 반드시 비단 옷을 입고 큰 궁전에서 살려 할 것이며, 나갈 때는 호화로운 마차를 이용할 것이다.

사치와 낭비를 일삼으니 이대로 간다면 장차 어떻게 될지 근심스럽구나!" 라고 탄식하였다.

과연 얼마 안 되어 주왕은 큰 궁실을 짓고 주지육림에 빠져 백성과 국가의 안위를 돌보지 않았다.

주왕의 숙부 비간이 왕을 간하다 죽임을 당하고 주왕의 이복 형 미자는 왕을 간하였으나 소용이 없자 周나라로 피신하였다. 그러자 사람들이 기자에게 먼 곳으로 피하라고 권했다.

그러나 기자는 "군왕이 듣지 않는 권고를 거듭하는 것도 어리석은 행동이지만, 신하가 도망가는 것은 군왕의 잘못을 방치한 채 자기만 향락을 누리려는 것이다." 라고 하였다.

그리고 머리를 풀어 헤치고 미친 척하면서 노예 속에 섞여 나날을 보냈다.

주왕은 기자의 미친 행동을 의심해 그를 감금하였다.

주무왕이 상나라를 멸하고 그를 석방하였다.

기자는 자기나라가 周나라에 멸망당한 것을 큰 수치로 여기고 방랑의 길을 떠나 조선으로 왔다.

周武王은 그를 조선의 제후로 봉하였다(중국을 말한다 제1권 270p.)

기자는 미친 척하고 감금당하여 오히려 紂王(주왕)으로부터의 화를 피한 셈이 되었다.(앞의 제3편 제3장 참조)

비간, 기자, 미자 세 사람의 행동은 각기 달랐다. 그럼에도 불구하고 공자는 그들 모두를 똑같이 어진 사람이라고 평가했다(논어 미자 18-1). 仁은 공자에게 있어서 최고의 도덕적 평가이다. 다른 사람에게 쉽게 인정해주지 않는 덕목이다.

비간은 싸웠고 기자는 피했고 미자는 도망갔다. 어떻게 모두를 仁하다고 평가했는가?

소라이라는 일본 유학자는 말한다. 「세 사람과 같은 경우는 천하를 편안하게 하려는 마음은 있지만 천하를 편안하게 하는 공은 없었는데, 비록 천하를 편안하게 하는 공은 없었지만, 그러나 만약 紂(주)가 그들의 말을 따랐다면 또한 충분히 천하를 편안하게 할 수 있었을 것이다. 그러므로 그들을 일러 仁(인)한 사람이라고 한 것이다.」

기자와 미자는 주왕에게 승복하지도 않았고 협

조하지도 않았으니 이것은 비협조주의이다. 그들은 또한 비간과 같이 죽음을 택하지도 않았다.

군자가 난세를 당하여 취하는 세 가지 다른 길을 보여준 셈이다. 공자는 諫(간)할 만하면 간하고 소용이 없으면 떠나야 한다고 생각하는 사람이었다.

생명은 소중한 것이다. 무익한 죽음은 피하는 것이 맞다. 공자가 세 사람과 같은 상황에 처하였다면 아마도 미자와 같은 길을 택하였으리라고 추측된다(청강해어 논어 미자 18-1).

제7편 허(虛)를 보이고 실(實)을 감추는 교묘한 속임수

제1장 한신이 거짓 성동(聲東)하고 실제로는 격서(擊西)하다.

 성동격서(聲東擊西)는 전쟁에서 사용되는 기본적 속임수의 하나이다(삼십육계 제6계). 원래의 뜻은 동쪽에서 소리치고 서쪽을 친다는 뜻이다.
陽動作戰이다. 영어로는 faint motion이다. 위장전술 또는 은폐전술의 하나이다.
 楚漢誌에 이런 애기가 나온다.

 西魏의 왕 위표(BC?~BC204)가 한(漢)나라 왕 유방을 배반하고 楚패왕 항우에게 항복하여 그의 동맹이 되었다.
유방이 대원수 한신을 보내 위표를 정벌한다.
한신은 포판까지 왔다. 언덕 위에서 내려다보니 황

하의 건너편 언덕에 위표가 벌써부터 진을 치고 있었다. 강물을 건너 진격하기 위해서는 상당히 많은 배가 필요했다. 그렇건만 한신은 불과 백여 척의 배밖에 준비해 오지 않았다. 배의 수효가 얼마 안 됨을 본 위표는 우선 안심했다.

한신은 수백 척의 뗏목을 짓게 하였다. 위표는 계속 안심한다.

한신은 관영이라는 장수에게 "그대는 여기서 백 척의 배를 타고 일만 명의 군사를 데리고 깃발을 날리면서 될 수 있는 대로 많은 군사가 쳐들어갈 준비를 하는 척 하라. 그러다가 위표의 군사가 동요되거든 즉시 건너가서 공격하라!"고 명령하였다.

그런 다음 조참이라는 다른 장수에게 "그대는 이만 명의 군사를 거느리고 하류로 내려가 뗏목을 타고 강을 건너가 적의 후방을 공격하라. 나는 관영과 함께 적의 정면을 공격하리라."고 명령하였다.

 한편, 위표는 강가에 진을 치고 한신의 군사가 오기를 기다리고 있었다. 하루는 강 건너편에 고함소리와 북소리, 꽹과리 소리가 요란스럽게 들리면서 백여 척의 배가 깃발을 날리고 한나라 군사가 구름같이 강 건너편에 집결한다.

 위표는 즉시 부하에게 사방을 견고히 방어하라 하고 주야로 진중을 순찰했다. 그는 한신을 방비하기 위해 조금도 게을리 하지 않았다.

이삼 일이 지났을 때 별안간 파발이 도착하여, "한신의 부하 장수 조참이 뗏목을 타고 하류에서 강을 건너와 위왕의 가족들을 사로잡고 이리로 향해 쳐들어오고 있습니다."라고 보고한다.

위표는 대경실색했다.

 위표는 즉시 후퇴하려 했으나 벌써 조참의 대부대가 후퇴하는 길을 휩쓸면서 뒤에서 공격해 들어왔다. 위표의 군사는 저절로 어지러워졌다. 엎치락

뒤치락하는 동안에 강 건너로부터는 한신·관영 두 사람이 정예 부대를 거느리고 건너오면서 철포와 화살을 빗발같이 쏘아댔다.

위표는 어찌할 바를 모르고 갈팡질팡하다가 사로잡혔다.

한신은 위표를 함거에 실어 유방에게 보냈다. 이로써 위표의 서위는 멸망하였다(초한지 제2권 203p.).

이 속임수의 핵심은 出其不意 즉 意外性에 있다. 成敗의 관건은 聲東의 그럴 듯함 즉, 얼마나 사실과 같게 꾸미느냐에 있다. 聲東이 그럴 듯하면 할 수록 擊西의 의외성은 높아진다.

그러나 눈치가 빠른 지휘관은 성동의 속임수를 쉽게 간파하기 일수이다,

실례를 보면 西漢시대 吳楚七國의 반란(BC154년) 때 진압군 총사령관인 명장 주아부는 성을 굳게 지키고 반란군의 도전에 응하지 않았다. 반란군이 성의 동남쪽으로 몰려와 공격할 태세를 보이자

주아부는 적의 속임수임을 눈치 채고 오히려 서북의 방비를 튼튼히 했다. 그러는 사이에 반란군은 과연 서북을 공격했다. 그러나 이미 준비가 있었기 때문에 반군의 공격은 실패했다(삼십육계 83p.).

제2장 사마의가 공명의 유인계(誘引計)에 걸려 혼이 나다.

촉한의 승상 제갈량이 위나라를 정벌하려 여섯 번째 기산에 나아가 사마의와 싸우는데 사마의가 응전하지 않고 지키기만 하는 터라 공명의 근심이 깊었다. 공명은 사마의를 유인하기 위한 작전을 짰다.

그는 장기전을 준비하는 조치인 양, 위수의 동쪽에 있는 호로곡이라는 큰 골짜기에 대규모의 병참기지를 건설하고 군량과 마초를 비축하기 시작하였다. 물론 위장 기지이었다.

위장 시설에 속은 사마의가 그 공격에 나선다.

<제갈량이 지금 기산을 떠나 호로곡 근처에 주둔하고 있으니 그가 기산을 비운 틈에 일부 병력으로 기산 대채를 들이치는 척한다. 기산은 촉군의 본거지이니 이를 공격하면 제갈량과 각처의 촉군이 그곳을 구하려고 모두 몰려온다.

우리는 그 틈을 타서 호로곡에 쳐들어가 군량과 마초에 불을 지른다. 촉군들은 보급을 잃어 크게 패하게 된다.>

이런 계획에 따라 위군이 기산 대채를 공격하자 사방에 흩어져 있던 촉군들은 기산의 대채를 구하려 일제히 몰려들어 분주하게 막아내는 체하였다. 촉군이 모두 기산 대채 쪽으로 모여들었다고 판단한 사마의는 곧 본부 병력을 거느리고 호로곡을 향해 쳐들어갔다.

이때 공명의 사전 명령을 받아 소수 병력으로 골짜기 어귀를 지키던 위연은 사마의를 맞아 싸우다가 당하지 못하는 척 말머리를 돌려 달아난다. 사마의가 그 뒤를 쫓았다.

위연은 호로곡 쪽으로 말을 달렸다. 사마의는 위연이 혼자이고 따르는 군마도 많지 않은 것을 보고 방심한 채 맹추격을 하니 위연은 군사를 이끌고 골짜기 안으로 달아나버렸다.

호로곡 어귀에 다다른 사마의가 안을 살펴보니 건초더미와 초막이 무수한데 필시 양곡을 쌓아 두는 창고로 보인다.

사마의는 주저 없이 군사를 휘몰아 골짜기 안으로 들어갔다. 그런데 군량창고인 줄로만 알았던 초막은 온통 마른 장작으로 가득할 뿐이었다. 게다가 달아난 위연은 종적을 감추어 찾을 수 없었다.

그때 난데없이 함성이 터져오르며 산위에서 무수한 횃불이 떨어져내려 골짜기 어귀는 순식간에 불길에 휩싸여 막혀버렸고, 산위에서 다시 불화살이 빗발치듯 쏟아져내리자 사방에서 지뢰가 터지면서 초막의 장작더미에 불이 옮겨붙어 불길이 하늘을 찌를 듯하고 굉음이 귀청을 찢는다.

사마의가 바야흐로 죽게 된 위험한 순간, 갑자기 광풍이 크게 일며 우뢰소리와 더불어 거센 소나기가 쏟아져 내리니 골짜기 가득 번지던 불이 마침내 맥없이 꺼지고 지뢰도 더 이상 터지지 않았다.

사마의가 정신을 차리고 즉시 군사들을 데리고 촉군을 무찌르며 골짜기를 탈출했다. 때마침 魏軍(위군)의 한 부대가 골짜기 어귀로 달려와 사마의를 구원했다.

산위에서 사마의가 불길에 휩싸이는 장면을 본 공명은 작전의 성공을 기뻐했다.

그러나 뜻밖의 소나기 덕으로 사마의가 살아나 달아나고 말자 공명은 크게 탄식하며 말한다.

"일을 꾀하기는 사람의 일이로되, 일의 이루기는 하늘의 뜻이로다(謀事在人 成事在天). 억지로는 되지 않는구나!"(정음사 삼국지 하권 제84장 추풍 오장원 제2

제7편 감추는 속임수

절 성사재천; 황석영 삼국지 제9권, 138~162p.)

　유인계에서는 미끼가 중요하다. 미끼가 크고 향기로우면 大魚(대어)가 낚이는 법이다. 전쟁에서 지구전을 가능케 하는 보급기지만큼 중요한 것이 없다. 이런 미끼에는 그토록 천재적인 책략가 사마의마저 낚이고 말았다.

제3장 유비도 매복계(埋伏計)는 쓸 줄 알다.

　삼국지연의 첫머리에 이런 얘기가 나온다. 중국의 후한 말 황건적(黃巾賊)의 난이 일어났을 때(AD184) 일이다.

　유비가 관우·장비와 함께 義兵(의병)을 일으켜 유주태수 유언 밑에서 황건적과 싸워 처음으로 공을 세웠다. 때마침 황건적의 다른 무리에게 성이 포위되어 위기를 맞은 청주태수 공경이 유주에 구원을 요청하였다. 유비는 유주태수의 명을 받고 그곳으로 달려갔다.

황건적은 워낙 다수였으므로 유비는 첫날은 싸우지 않고 30 리 밖으로 물러나 영채를 세웠다. 유비는 관우의 1천군을 산 좌측에, 장비의 1천군을 산 우측에 미리 매복시켜 놓은 뒤 다음 날 군사를 거느리고 앞으로 나아가 도적의 무리와 맞서 싸웠다.

한참을 싸우다가 갑자기 유비가 군사를 돌이켜 달아나자 도적들이 뒤를 급히 쫓는다. 쫓기던 유비가 산모퉁이를 지나면서 신호를 보내자 산 좌우의 복병이 내달아 일시에 협공한다.

거짓으로 패해 달아나던 유비도 군사를 돌이켜 반격한다. 세 방향의 공격 기세를 견디지 못한 도적의 무리가 흩어져 달아난다.

유비가 군사를 더욱 급히 몰아 바로 청주성 아래까지 쫓아간다. 성루에서 이 광경을 지켜보던 청주 태수 공경이 급히 군사를 거느리고 나와 싸움을 도운다. 결국 적병은 크게 패하여 물러나 청주성은 마침내 위기에서 벗어났다(정음사 삼국지 상권 제1장 도원결의 제4절 토적 참조).

매복계의 핵심은 상대로 하여금 이편을 얕잡아 보게 하는 데 있다. 그러므로 이편이 허약하게 보이도록, 그리고 별다른 준비가 없는 것처럼 잘 꾸며야 한다.
삼국지의 전투 이야기에 수없이 반복되어 나오는 제1의 기초적 속임수이다.
유비는 원래가 꾀라고는 도통 없는 사람으로 알려져 있다. 그런 그가 이와 같은 매복계를 쓴 것을 보면 매복계는 전술의 기본이지 무슨 꾀를 쓰고 말고에도 해당되지 않는 모양이다.

삼국지연의를 보면 매복계에는 아래와 같은 다양한 속임수가 동반된다.

① 誘引
　유인

　후퇴하면서 값비싼 기물이나 귀중한 상징물 예컨대 부대의 깃발이나 표지 등을 마구 버리고 달아나는 척 하여 상대가 그 기물을 줍느라 어지럽게 되도록 한다.

　아군이 금방 잡힐 듯 보이게도 만든다. 아군의 노약자를 내세우고 복장과 장비를 허술하게 한다.

　아군이 후퇴하다가 잠시 멈추어 교전하는 척 하다가 또다시 후퇴하는 일을 반복하여 적을 화나게 만든다.

② 지뢰 매설

　상대가 추격해 오는 길에다 미리 지뢰를 매설해 놓고 상대가 그 지점에 왔을 때 이를 일시에 터뜨린다. 지뢰 대신 함정을 파놓고 이를 안 보이게 위장하여 여기에 빠지게 하기도 한다.

③ 후퇴로 차단

　상대가 후퇴하지 못하게 퇴로를 봉쇄한다.

④ 추격로 차단

쫓아오는 적군이 더 이상 추격하지 못하게 장애물을 미리 설치해둔다.

⑤ 空城(공성) 연출

뒤 쪽 제5장과 제6장에 소개하는 空城計(공성계)도 매복계의 한 수단일 경우가 있다.

제4장 십상시(十常侍)가 매복계로 대장군 하진을 죽이다.

매복계는 쉽게 말하면 덫을 숨겨놓는 계략이다. 전쟁터에서만 쓰이는 속임수가 아니다. 사냥터에서 짐승을 잡는 데에도 물론 쓰이지만 政敵(정적)을 제거하는 데에도 쓰인다.

후한 말 영제(재위 AD168~189) 때 권력을 弄(농)斷(단)하던 十常侍(십상시)(조정의 실권을 장악하고 농락한 장양, 조충, 건석 등 열명의 환관)는 영제가 죽고 어린 황제 소제가 즉위하자 황제의 외삼촌인 하진 대장군과의 사이에 권력투쟁을 벌인다.

하진이 外地(외지)의 병력을 끌어와 십상시를 도륙하려고 계획하자 이를 미리 안 십상시는 황제의 어머니 하태후에게, 하진을 불러들여 자신들의 목숨을 살려주도록 下命(하명)하여 줄 것을, 울면서 애원하였다. 하태후가 불쌍히 여겨 그 말을 들어주기로 하고 하진을 궁으로 소환하였다.

십상시는 궁궐 문안에 刀斧手(도부수) 50명을 埋伏(매복)시켜 놓고 기다리다가 하태후의 명을 받고 멋모르고 들어오는 대장군 하진을 참살하였다(AD189년).(정음사 삼국지 상권 제2장 십상시의 난리 제5절 無謀何進(무모하진); 황석영 삼국지 제1권 70p.).

그러자 이에 격노한 하진 수하의 원소 등 장수들이 군사를 동원하여 십상시와 그 가족 등 환관의 무리를 모조리 잡아 죽이는 난동을 일으켰다.

이 난동 가운데 턱에 수염이 없는 사람들이 환관으로 오인되어 많이 죽었고 궁궐까지 불타는 소동이 벌어졌다. 이를 十常侍의 亂이라 부른다.

하진은 원래 소잡고 돼지 잡는 백정이었는데 황제 영제의 황후까지 된 아름다운 누이 덕분에 대장군이 된 자이었다. 워낙 무식하고 無謀한 자이어서 이런 난리와 禍를 자초하였다.

제5장 한고조 유방이 흉노의 공성계에 걸려 혼이 나다.

① 漢高祖 때(BC200년), 韓王 희신이 흉노왕 모돈과 짜고 반란을 일으켰다. 한고조 유방은 친히 진압에 나서 병사 삼십만 명과 맹장 백여 명을 이끌고 전선을 향해 나아갔다.

희신과 모돈은 그 소식을 듣고 적들이 가져가지 못하게 장비를 모두 땅에 파묻고 人馬와 양식을 모두 숨기고 영외에는 얼마 되지 않는 병사와 늙은 졸병, 여윈 양과 절뚝거리는 소들만 드러내 놓았다.

한고조는 이를 보고 적을 무시하여 속히 진공하려 하였다.

탐색하려 나갔던 유경이 '모돈이 고의로 약하게 보여서 깊이 끌어들여 단번에 격파하려는 계략'이라고 보고했으나 한고조는 듣지 않았다.

길을 따라가다 만난 적들의 저항은 모두 썩은 나무를 꺾듯 일격에 물리쳤다.

군대를 지휘해 나가며 백등성(白登城; 평성이라고도 부른다)을 점령하고 막 군마를 정돈할 황혼 무렵, 갑자기 성 밖에서 포성이 들려오고 모돈의 병사가 산과 들을 가득 채우며 빽빽이 두 겹 세 겹 백등성을 물 샐 틈 없이 에워쌌다(전명용 삼십육계 하권 201p.).

이것이 '백등성의 포위'라는 사건으로 한고조 유방이 당한 최대 위기의 하나이었다.

흉노왕 모돈의 공성계 작전이 제대로 성공한 것이다.

② 유방은 어떻게 위기를 벗어났는가?

그는 진평의 계책에 따라 먼저 모돈에게 사신을 보내 금은주옥을 바치고 화평을 청하면서 앞으로 미녀를 여럿 바치겠다고 거짓으로 약속하여 일단 그의 승낙을 얻었다, 그리고는 다시 사람을 비밀리에 모돈의 황후에게 보내 후한 선물을 바치면서 이런 화평교섭의 내용을 알렸다.

모돈의 황후는 한나라가 보낼 미인들이 도착하면 모돈이 거기에 빠져 자신의 지위가 위태롭게 될 것을 우려하였다.

이에 그녀는 모돈을 설득하였다.

"지금 한나라 땅을 얻더라도 아직은 우리가 그곳에서 살 수가 없습니다. 게다가 두 임금이 서로 괴롭혀야 할 까닭이 없습니다. 백등성의 포위를 풀어 한고조를 돌려보내고 두 임금이 화평을 맺는 것이

좋습니다."

모돈은 원래 자기 왕후가 하는 말이면 무엇이든 다 들어주는 사람이었다.

모돈이 결국 이를 받아들임으로써 한고조는 7일 만에 무사히 포위망을 벗어나 탈출하였다(자세한 경과는 초한지 하권 205p. 이하에 재미있게 소개되어 있다. 또한 사기 제1권 291p. 및 제6권 526p. 615p. 참조).

이번에는 진평의 詐降計(사항계)와 美人計(미인계)라 할 연속된 두 개의 속임수가 멋지게 성공하였다. 과연 진평은 속임수의 천재라고 할 만하다.

제6장 조조가 진궁의 공성계에 빠져 죽을 뻔하다.

공성계는 확실히 성공할 확률이 매우 높은 속임수임이 분명하다. 삼국지연의를 보면 당대 제1의 지략가이고 명장으로 전술에 뛰어난 조조조차 공성계에 속아 거의 구사일생으로 죽음을 면한 이야기가 나온다.

공성계는 두 가지 방면으로 쓰인다. 하나는 적을 물리치는 술책으로 쓰이는 것이고 다른 하나는 적을 유인하는 술책으로 쓰이는 것이다.

이 장에서 소개하는 진궁의 공성계는 후자의 경우이다.

조조가 아버지의 원수를 갚기 위하여 본거지 연주를 떠나 도겸이 다스리는 서주성을 포위 공격하였다.

조조가 연주를 비우자 여포가 모사 진궁의 도움을 받아 연주를 공격하여 점령하였다. 이에 놀란 조조가 급히 회군하여 연주의 복양성으로 달려와 성 밖에서 여포와 일대 결전을 벌인다.

여포의 모사 진궁이 계교를 냈다.

<복양성 안에 田(전)씨 성을 가진 부자 한 사람이 살고 있는데, 이 고을의 제일가는 부호로 거느린

하인만도 1천 명이 넘는다.

그 사람을 시켜 조조에게 밀서 한통을 보낸다.

밀서에는 "여포는 성질이 잔악하고 어질지 못하여 백성들이 크게 원망하고 있다. 여포는 성안에 고순만을 남겨두고 여양으로 옮겨갈 참이다. 이 틈을 타서 밤중에 군사를 이끌고 쳐들어오면 내가 안에서 도울 것이다." 라고 적는다.

그래서 만약 조조가 진격해오면 그를 유인하여 성안으로 끌어들인 다음 사대문에 불을 지르고 안에서 복병으로 치면 조조를 잡을 수 있다.>

여포가 이를 따랐다.

이 무렵 조조는 여포와의 싸움에서 크게 패한 뒤인지라 田(전)씨의 밀서를 받고 기뻐 군사를 데리고 복양성 밑에 이르렀다. 혼전이 벌어지는 사이에 몇 명의 군사가 "오늘밤 초경(오후 8시)쯤 서쪽 성위에서 징소리가 울리거든 그것을 신호삼아 진군해오라." 라고 적힌 전씨의 밀서를 전한다.

조조가 약속대로 성을 향해 진군했다. 때는 초경쯤으로 달은 아직 뜨지 않았다. 문득 서쪽 문루에서 징소리가 들리더니 성문이 활짝 열린다. 동시에 조교가 천천히 내려온다.

조조는 앞장서 성안으로 뛰어들었다. 급히 말을 몰아 관청까지 이르렀으나 사람의 그림자도 없다. 그제야 속았다는 생각이 든 조조는 즉시 말머리를 돌려 퇴각하려 했다.

바로 그때 관청 안에서 포소리가 크게 울리더니, 사방 성문에서 불길이 일시에 치솟고 매복해 있던 여포의 군사가 사방에서 달려나와 조조의 군사들을 협공한다. 조조는 화상까지 입고 구사일생으로 겨우 살아나 간신히 성을 빠져나왔다.(정음사 삼국지 상권 제9장 복양대전 제2절 복양열화; 황석영 삼국지 제1권 270p. 이하).

그야말로 조조의 九死一生이었다. 그렇듯 꾀많은 조조조차 이렇듯 공성계에 속아 낭패를 보았으니 이 속임수의 魔力을 알만하다.

조조가 속은 데는 나름 이유가 있다.

① 연주는 조조가 마련한 최초의 본거지인데 이를 빼앗겨 갈 데가 없어진 터라 그는 매우 불안하고 이를 빨리 되찾으려고 몹시 초조하고 허둥대는 상황이었다. 이런 심리상태에서 조조가 본연의 침착성과 날카로운 판단력을 일시 잃었을 것이다.

② 또한 조조는 여포가 아주 무모함을 잘 아는 터라 설마 그가 그런 교묘한 꾀를 내리라고는 생각하지 않았을 터이다.

③ 게다가 복양성의 부호 전씨라는 사람은 분명 조조를 재력으로 후원하던 사람이었을 터이니 그가 여포를 위해 그런 속임수를 쓰지는 않았으리라는 믿음이 있었을 것이다.

④ 한편 모사 진궁으로 말하면, 그는 한 때 조조의

생명을 구해주고 조조와 함께 망명까지 한 인연이 있어 조조도 그의 충의심을 잘 아는 터였다. 그런 진궁이 비록 여포에게 의탁하고는 있지만 여포 같은 의리 없고 무모한 자의 심복이 되어 조조를 죽일 수 있는 그런 독한 계교까지를 쓰리라고는 조조가 미처 생각지 않았을 가능성이 크다.

제7장 한신이 유명한 배수진(背水陣)을 선보이다.

我軍(아군)의 후퇴로를 미리 봉쇄하여 놓거나 또는 아군이 도저히 더 이상 물러날 수 없는 지점, 예컨대 강변이나 막다른 곳으로 아군을 후퇴하게 유도하여 아군으로 하여금 決死(결사)의 각오를 하지 않을 수 없게 작전을 설계한다. 이런 陣(진)치기가 배수진이다. 한신이 사용한 배수진이 가장 유명하여 후세에 많이 회자된다.

초한전 때 한신(?~BC196)이 漢(한)나라 군대를 이끌고 趙나라를 공격할 때의 이야기이다.

한신이 정형구에서 약 30 리 떨어진 곳에서 멈추어 야영하였다. 밤중에 가볍게 무장한 기병 2,000여 명을 선발하고 그들에게 붉은 깃발 한 개씩을 가지고 지름길로 산속에 들어가 숨어서 조나라 성채를 바라보게 하였다.

그리고 그들에게 <우리가 후퇴하면 趙軍이 성채를 비워놓고 쫓아올 터이니 그 틈에 조나라 성채로 쳐들어가 조나라 깃발을 뽑고 한나라의 붉은 깃발을 세우라.>고 지시하였다.

그리고 한신은 1만 명을 먼저 내보내어 접전 예상 지역의 좌우 산 속에 매복시켰다.

한신은 다음 날 새벽 정형구로 전진하여 금만수라는 강을 등 뒤에 두고 진을 쳤다. 조나라 군대가 이것을 보고는 한신이 병법을 모른다며 크게 웃었다. 흔히 병법에서는 진을 칠 때 "山은 우편으로 등지고, 물은 좌편 앞으로 두라."(右背山陵 左前水澤)

고 말하는데 한신은 병법의 이런 기본도 모르고 강물을 등지고 진을 쳤으니 어리석기 짝이 없다고 비웃은 것이다.

　한신이 대장의 깃발과 북을 세우고 북을 치며 행군하여 조나라 성채로 향하여 나아갔다. 조나라 군대가 성채의 문을 열고 그들을 공격하여 오랫동안 격렬하게 싸웠다.

한신이 거짓으로 깃발과 북을 버리고 강가의 본진으로 달아났다. 강가에 이르러 한신이 달아나던 군대를 되돌려 조나라 군대와 다시 치열하게 싸웠다. 성채에 남아 있던 조나라 군대마저 모두 달려나와 한나라의 깃발과 북을 빼앗고 한신을 사로 잡으려 모두 싸움에 뛰어들었다.

　강에 막혀 더 이상 후퇴할 수 없게 된 한나라 군대가 필사적으로 싸우고 때마침 좌우 산 속에 매복해 있던 한나라 군대까지 뛰어나와 조나라 군대를 에워싸고 공격한다.

한편 앞서 조나라 성채 뒤 산 속에 숨어 있던 한나라 군사 2,000여 명이 조나라 군대가 성을 비우고 나와 전리품을 쫓는 틈을 타 곧 조나라 성채 안으로 달려들어 갔다. 조나라 깃발을 다 뽑아버리고 한나라의 붉은 깃발 2,000여 개를 세워놓았다.

조나라 군대는 필사적으로 덤벼드는 한나라 군대를 이기지 못하고 한신을 사로잡지도 못하여 마침내 성채로 돌아가려 후퇴하였다.

그러나 조나라의 성벽에는 모두 한나라의 붉은 깃발만 세워져 있지 않은가? 매우 놀란 조나라 군사들은 혼란에 빠져 달아났다. 이에 한나라 군대가 앞뒤에서 협공하여 조나라 군대를 크게 깨뜨리고 조왕 헐까지도 사로잡았다(사기 열전 중권, 503p.).

한신의 배수진은 속임수 측면에서 볼 때에는 병법을 잘 안다고 자만하고 있는 적을 더욱 오만해지도록 부추기고 자신은 병법을 모르는 어리석은 사람처럼 행동하여 적으로 하여금 이편을 얕보게 만드는 데 그 요체가 있다.

주의할 점은 배수진은 대개의 경우 매우 위험한 전술이라는 사실이다. 자칫하면 몰살당하는 위험이 따른다.

예를 들면, 임진왜란 때 신립장군이 왜군을 맞아 충주 탄금대에서 배수진을 치고 싸우다가 패전하여 전멸하였다.

제8편 허(虛)를 보이되 실(實)인 듯 꾸미는 대담한 속임수

제1장 제갈량이 사마의 앞에 성문을 열고 거문고를 뜯다: 공성계(空城計)

　삼십육계라는 책은 공성계에 대하여 다음과 같이 설명한다.

　병력이 없는 상황에서 방비가 없음을 고의로 더욱 드러내놓음으로써 적으로 하여금 의혹을 품도록 하여 我軍(아군)이 강한지 혹은 약한지를 분간하지 못하도록 한다.

공성계는 두 종류가 있다. 하나는 정세가 갑자기 긴급해진 때, 비어 있음을 그대로 보여줌으로써 오히려 적편을 곤혹스럽게 만들어 그들이 스스로 물러나 위기를 면하는 것이고, 또 하나는 계획적으로 철수하면서 아군이 아무런 준비가 없는 듯 꾸며 적이 안심하고 깊이 쫓아들게 한 다음 집결된 적을 포위, 섬멸하는 작전이다. 덫을 놓아 적이 치이게 만드는 것이다.

가장 먼저 기록에 나오기는 정(鄭)나라의 대부(大夫) 숙첨(叔詹)의 작전이라고 한다(전명옹 삼십육계 191P.).

민간에 널리 알려진 공성계는 제갈량이 빈 성에서 거문고를 울려 사마의를 물리쳤다는 이야기일 것이다. 제갈공명의 공성계가 이렇듯 膾炙(회자)된 까닭은 삼국지연의라는 소설에 실려 전해 내려왔기 때문이다. 삼국지연의는 민간에 널리 퍼져 있고 또한 그 글이 생동감 있고 통속적이라 옛날부터 아낙네나 아이들 가릴 것이 없이 모두 잘 아는 이야기가 되었다.

제갈공명이 처음 魏(위)나라 정벌에 나섰다가 마속의 실책으로 전략적 요충지 가정을 사마의에게 빼앗긴 탓에 대군이 자칫 포위될 위험에 처하였다.

급히 후퇴하지 않을 수 없었다.

이 상황에서 공명은 몸소 군사 5천 명을 거느리고 西城(서성)으로 가서 양초를 운반하기 시작했다.

이때 사마의가 15만 대군을 거느리고 서성을 향해 물밀듯이 밀려왔다.

  이때 공명의 주위에 남아 있는 사람이라고는 일반 문관들뿐이었으며, 이끌고 온 군사 5,000 명 중에서 절반 정도는 벌써 양초를 싣고 떠난 뒤였으니, 성에 남은 군사라고는 2천5백 명에 불과했다.

공명이 성위에 올라 멀리 바라보니, 과연 흙먼지가 하늘을 뒤덮을 듯이 일어나는 가운데 魏軍(위군)들이 서성을 향해 무서운 기세로 짓쳐들어오고 있었다.

공명은 다음과 같이 조치한다.

  <성위에 세운 旌旗(정기)를 일제히 내린다.

모든 군사들은 성안의 길목을 지키고 함부로 드나

들거나 큰소리로 떠들지 않는다.

성문을 모두 열되, 각 성문마다 군사 20 명 씩을 백성으로 꾸며 물을 뿌리며 거리를 쓴다.

위군이 오더라도 동요하지 말고 모두들 침착하게 행동한다.

공명 자신은 학창의에 윤건을 쓰고 두 동자에게 거문고를 들려 적진이 내려다보이는 성루로 올라가서 난간에 의지하여 앉아 향을 사르며 거문고를 뜯는다.

공명의 좌우에 동자 두 명이 시립해 있는데, 왼쪽에 선 동자는 보검을 들고 있고 오른쪽에 선 동자는 손에 주미(사슴꼬리로 만든 먼지떨이)를 들고 서 있다.〉

한편 성 밑에 이르러 이런 광경을 본 사마의는 마음에 불쑥 의구심이 일었다. 일단 말머리를 돌려 물러나더니 후군을 전군으로 삼고, 전군을 후군으로 삼아 물러나도록 명했다.

사마의는 그 이유를 부하들에게 이렇게 설명했다. "제갈량은 매사 신중하여 평생에 위험한 일을 하는 법이 없다. 이제 저렇게 성문을 활짝 열어놓은 것으로 보아 반드시 매복이 있을 터이다. 이럴 때 우리가 쳐들어간다면 그의 계책에 말려들 뿐이다." 사마의와 위군은 소리 없이 물러갔다.

어리둥절해 하는 관원들에게 공명이 설명한다. "사마의는 내가 평소 조심성이 많아 위험한 일을 하지 않음을 익히 안다. 우리의 태도를 보고 복병이 있다고 의심하여 물러간 것이다. 내 오늘 같은 모험은 행하지 않지만, 이제 형세가 급박하여 부득이 이러한 계책을 썼다. 우리 군사는 겨우 2천5백 명뿐이니 달아난다 해도 얼마 못 가서 사마의에게 사로잡혔을 터이다."

마침내 공명은 인마를 수습하고 서성을 떠나 한중으로 떠났다(정음사 삼국지 중권 제76장 탄금주적 제3절

15만회마; 황석영 삼국지 제8권 251p.).

그러나 삼국지연의에 나오는 제갈량의 이 공성계 이야기는 허구임이 거의 분명하다.

이 공성계 이야기는 제갈량의 제1차 북벌 당시에 일어난 일로 소설에 나오는데 사마의는 공명의 제1차 북벌 전에 옹주와 양주의 병마제독으로 옹주에 주둔하고 있었지만 제갈량의 이간계에 걸려 제1차 북벌 직전에 병권을 빼앗기고 해임되어 고향으로 내려가 있었다(정음사 삼국지 하권 제72장 공명상표 제2절 조비읍서; 삼국지의 계략 38p.; 황석영 삼국지 8권 152p.).

사마의는 고향인 완성에 내려가 하는 일 없이 세월만 보냈는데, 위군이 제갈량의 공격에 연이어 패전한 데 놀란 위주 조예가 사마의의 복직을 명하고 평서도독으로 임명하여 장안으로 진군할 것을 명하였다. 그는 장안으로 출발하기에 앞서 신성에서 일어난 맹달의 반란을 우선 평정하고 비로소 장안으로 부임했다(정음사 삼국지 하권 제75장 철거군 제4절 삼부자; 황석영 삼국지 8권 226p.).

그러니 그가 신성을 떠나 장안을 거쳐 기산에 도착해 제갈량과 대적하여 공성계 사건의 주인공으로 등장하려면 꽤나 시일이 걸렸을 터이다. 그러므로 제갈량이 후주의 조서를 받고 철군한 일정과 사마의가 신성 사건을 종결짓고 기산에 도착한 일정 등을 관련 자료에 의하여 대조해보면 사마의와 공명의 遭遇(조우)가 과연 가능하였는지를 알 수 있을 것이다.

김경한의 삼국지 제9권(공성계 188p.)에는 그것이 허구임을 밝히는 설명이 비교적 자세히 나와 있다. (김경한에 의하면 이 공성계 이야기는 西晉의 郭沖이라는 사람이 기록한 郭沖五事 중 第三事에 나오는 얘기인데 삼국지연의의 주해가로 이름난 배송지는 이 기록들은 믿기 어렵다고 비판했다 한다.)

그 소개는 생략하지만 나는 다음과 같은 이유로

이 이야기가 허구라는 데 생각을 같이 한다.

우선 첫째로 제갈량의 성격에 맞지 않는다. 그는 매우 신중하고 치밀하며 모험을 하지 않는 성격이었다고 한다. 그런 그가 전면적인 철군작전을 단행하는 마당에, 더구나 사마의의 15만 대군의 추격이 뻔히 예상되는 시점에 그런 모험을 할 리 없다. 더구나 안전과 신속을 최우선으로 삼아야 하는 후퇴작전의 집행에 당하여 서성이라는 변두리의 작은 성에 5천 명이라는 적은 수의 병졸만 데리고 밀을 수확하려 직접 갈 리가 없다.

소설의 이야기 자체를 보더라도 제갈량은 밀을 수확하여 후방으로 가져가는 작전을 자신이 직접 수행하려고 서성으로 가기 전에, 이미 비밀리에 전군에 영을 내려 행장을 수습하고 길 떠날 준비를 하게 했다고 한다.

그러면서 후퇴의 안전을 위해 일변 마대와 강유에게 먼저 산골짜기에 매복해 있다가 후미에서 적의 추격을 끊도록 하고, 다른 한편 심복들을 각각 천수, 남안, 안정으로 보내 그곳에 주둔하고 있는 군사들과 관리, 백성들을 모두 한중으로 옮기도록 하고 기현으로 사람을 보내 강유(이번 전역 초기에 제갈량에게 항복한 위나라의 장군)의 노모를 한중으로 모셔오게까지 조처했다는 것이다.

적의 영토 내에 곡식을 남겨두지 않으려고 밀을 베어 가져가는 이런 작전은 여유가 있으면 해도 좋지만 급하면 그만 두어도 되는 그런 작전인데, 앞서 보았듯 후퇴의 안전을 위해서 주도면밀한 조치를 할 줄 아는 제갈량이, 한시를 다투는 위급한 순간에 총지휘자인 자신이 직접 이런 작전을 수행하려 서성에 갔다는 것은 있을 수 없다고 보아야 한다. 이런 식량 수확 작전은 사전에 계획을 세워 충분한 시간적 여유를 가지고 후퇴하는 때에나 시행이 가능한 작전이기 때문이다. 아니라면 그저 밭에 불을 질러 태워버리고 달아나는 것이 고작이다.

요컨대 소설 속의 앞 뒤 이야기가 너무 어울리지 않는다.

둘째로 사마의가 누구인가? 그는 당대 최고의 지략가이고 전술, 전략의 대가이다. 명장 중의 명장이다. 만일 이 이야기대로 그가 현장에 있었다면, 그런 그가 제갈량이 벌였다는 그런 우스꽝스런 공성계의 현장을 직접 눈으로 정찰하고도 그런 어설픈 연극의 허점을 간파하지 못했을 리 없다. 소수의 정찰대 병력만 투입하여, 타초경사(打草驚蛇)식으로, 시험해 봐도 금방 그 虛實(허실)을 알아낼 수 있는 상황 아닌가?

셋째로 사마의가 제갈량의 연극을 훤히 갈파했지만 이 시기에 그를 사로잡거나 죽이는 것보다는 이러한 무서운 적수를 살려두어야만 위나라에서 그에 대응할 수 있는 유일한 존재로서의 사마의 자기의 존재 가치가 유지됨을 고려했기 때문에 일부러 속은 척 했다는 이야기도 있다.

그러나 이것은 好事家(호사가) 수준의 陰謀(음모) 취향적 상상일 것이다.

삼국지연의를 살펴보면 공성계는 세 번 나온다고 한다. 첫 번째는 광릉태수 진등이 손책의 대군을 상대로 썼고(필자는 미처 확인하지 못하였다), 두 번째는 조조와 유비가 한중을 놓고 다툴 때 조운이 조조의 군대를 상대로 활용했으며, 세 번째는 강하태수 문빙이 석양에서 손권의 침입에 대해 사용했다 (김경한 삼국지 제9권191p.).

그런데 중국 고전에 나오는 공성계의 사례는 모두 작전에 성공한 경우들 뿐이다. 워낙 절대절명의 순간에 사용된 위험한 속임수이기 때문에 상대방은 그런 위험한 속임수를 설마 적군이 사용하리라고는 상상할 수 없게 된다. 그래서 상대방은 이를 사실로 믿고 즉, 적의 함정이라고 믿게 되므로, 역으로 성공의 확률이 높아진다.

제2장 정나라 대부 숙첨이 초나라 대군 앞에 성문을 열어놓다.

공성계의 실제 사례로 여겨지는 최초의 이야기를 본다.

춘추(春秋) 시대에 楚의 재상 공자원은 자신의 형인 楚文王이 죽은 뒤 형수를 탐하여 그 마음을 얻으려 밖으로 한번 武威를 떨쳐 그녀에게 보이려 하였다. 그녀는 바로 세상에 이름난 미녀 식규(息珪; 桃花부인)이었다(앞의 제4편 제6장 참조).

그리하여 이웃의 鄭나라로 쳐들어갔다. 정나라 대부 숙첨은 초나라 공자 원의 속셈이 그의 형수의 환심을 사려고 여자 앞에서 위풍을 한번 떨쳐 체면을 높이려는 데 있음을 알고 있었다. 그는 제나라와 송나라에 구원을 요청하는 일방 다음과 같이 공성계를 썼다.

<모든 군대를 성 안에 매복시켜 보이지 않게 하

고, 성문은 활짝 열고, 백성은 평상시대로 왕래하며 영업을 하여, 조금도 당황하는 기색을 보이지 않도록 하라.>

오래지 않아 공자 원이 대군을 이끌고 도착하였다. 그는 정나라 쪽의 이런 모습을 보고 당황하였다. 더구나 제나라의 구원병이 몰려온다는 보고도 들었다.

그가 생각하는 것은 결코 전투의 승리가 아니었다.

<만일 싸움에 진다면 형수에게 체면이 안 선다. 단지 며칠 동안에 정나라의 수도까지 들이닥친 것만으로도 이번 전쟁은 승리한 것과 다름없으니 형수에게도 변명할 만하다.>

이렇게 생각한 그는 슬그머니 명령을 내려 야밤을 틈타 철수하였다. 정나라 군대의 추격을 염려하여 모든 천막은 그대로 두고 도처에 깃발도 꽂아두었

다. 그도 공성계를 쓴 셈이다.

공자 원은 정나라 국경을 살그머니 도망쳐 나온 후에야 비로소 징을 치고 북을 울리고 개가를 부르며 군대를 이끌고 돌아갔다(전명용 삼십육계 하권 193P.).

상대의 전쟁 목적을 정확히 파악했기 때문에 대부 숙첨은 공성계를 쓸 수 있었다. 대부 숙첨은 원래 현명하기로 유명한 인물이었다. 보통 사람으로는 흉내낼 수 없는 일이다.

대부 숙첨은 어떻게 초나라 공자 원의 속셈을 그렇게 알 수 있었을까? 생이지지(生而知之)는 물론 아닐 터이니 오랫동안 운영한 치밀한 정보조직의 활용 덕분이리라고 나는 짐작한다. 국정을 책임진 사람이 당연히, 그리고 언제나, 가장 힘써 할 일 아닐까.

제3장 조자룡이 조조 앞에 영채의 문을 열어놓다.

서천을 점령한 유비가 한중(漢中)마저 빼앗으려 나오자, 이를 저지하려는 조조와의 사이에 큰 전쟁이 벌어졌다.

그 전쟁 중 어느 날, 위나라 군대에게 포위되어 위험에 빠진 유비 쪽의 선봉장 노장 황충을 조운이 구출하여 본채로 돌아왔다. 부장 장익이 조자룡을 맞으러 나와서 보니 뒤쪽에 먼지가 구름처럼 이는 게 조조의 군사들이 추격해 옴이 틀림없었다. 장익이 조자룡에게 영채의 문을 닫고 성루에 올라 적을 막자고 말했다. 그러나 조자룡은 오히려 영채 문을 열어놓고, 영채 밖 참호 속에 궁노수들을 매복시키고, 영채 안의 깃발을 내리고, 창을 숨기고, 금고를 치지 못하게 했다. 그런 다음 필마단창으로 영채 문밖에 나와 섰다.

조조가 당도해 군사들이 함성을 내지르며 영채 앞으로 쳐들어가는데 조자룡이 눈섶 하나 까딱 않고 버티고 있음을 보자 겁을 먹고 몸을 돌려 달아나려 했다. 이때 조자룡이 손에 잡은 창을 한번 높이 들었다. 순간 참호 속으로부터 화살이 비오듯이 쏟아졌다. 이미 날이 어두워 조조의 군사들은 촉군이 많은지 적은지도 알 수 없었다. 조조가 먼저 말머리를 돌려 달아났다. 기다렸다는 듯 등 뒤에서 함성이 진동하고 북소리, 피리소리가 일제히 울리면서 촉군이 덮쳐들었다. 조조군이 놀라 질서를 잃고 크게 패하여 한수를 건너 남정까지 달아났다(정음사 삼국지 중권 제52장 병퇴사곡 제1절 일신도시담).

이때의 조자룡이 공성계를 펼치고 크게 이긴 사실을 뒤에 알게 된 유비가 조자룡을 두고 일신도시담(一身都是膽)이라고 찬탄했다.

이때 조자룡이 공성계로 성공한 것은 그의 무서운 용맹에 관한 명성에 조조와 그 군사들이 이미 크게 겁을 먹고 있었기 때문이다.

제4장 위나라 장군 문빙이 손권의 대군을 앞두고 성문을 열어두다.

진수의 정사 삼국지 魏書(위서) 열전 문빙전에는 다음과 같은 기록이 보인다.

위나라 장군 문빙이 석범이라는 곳에서 손권의 5만 군사에게 포위되었으나 문빙이 굳건하게 지키며 움직이지 않았으므로 손권이 공격한 지 20여 일 만에 철수했다. 문빙은 이들을 추격하여 무찔렀다(진수 삼국지 제3권 146p.).

이와 관련하여 '삼국지의 계략(81p.) 이라는 책에는 다음과 같은 공성계 이야기가 소개되어 있다.

AD226년, 위나라 황제 조비가 죽었다. 오나라 손권이 이 틈을 타 위나라를 침공하기 위해 몸소 5만 대군을 이끌고 위나라와 오나라의 국경에 있는 강하군으로 출격하여 위나라 장수 문빙과 석양이라는 곳에서 싸우게 되었다.

마침 큰 비에 석양 성채의 목책이 무너져 수리

가 채 끝나지도 않았는데 손권의 대군이 밀어닥쳤다. 5만 대군을 상대로 치고 나갈 수도 없는 노릇이고, 그렇다고 목책이 무너진 상황에서 농성전을 벌일 수도 없었다.

궁지에 빠진 성안의 병사들 대부분이 이제 끝이라고 단념했다.

문빙은 병사들에게 바깥에서 볼 수 없게 숨어 있으라 명령하고, 자기는 관사에 누워 있었다.

이리하여 문빙이 지키는 성안은 순식간에 정적에 빠져들었다.

　성 밖에 포진한 손권은 의심에 사로 잡혔다. 뭔가 계략이 있을 것이라 생각했다.

이렇게 생각한 손권은 대군을 거느린 상황에서도 한 발짝도 움직이지 못했다.

손권이 공격을 할지 말지 망설이는 사이, 위나라에서 원군이 오고 있는 바람에 손권은 철수하지 않을 수 없었다.

제4장

이런 이야기들을 보면 공성계는 이를 사용하는 편에서 모두 성공한 사실을 알 수 있다. 잘못될 경우에 이 계책을 사용한 편에서 치명적인 위험에 빠질 확률이 매우 높은 반면 그만큼 성공할 확률도 높은 것임을 알 수 있다, 상대방이 속아서 물러나든지 또는 속아서 함정에 빠지든지 좌우간 상대방이 속임수에 말려들 확률이 높다는 뜻이다.

제9편 허(虛)를 감추고 실(實)로 꾸미는 속임수: 수상개화(樹上開花)

제1장 가짜 성곽을 꾸며 세우다: 의성지계(疑城之計)

　수상개화(삼십육계 제29계)의 본래 뜻은 "좀처럼 꽃이 피지 않던 나무에 뜻밖에 꽃이 피었다."라고 함이다.

뜻밖의 일을 발견한 적이 당황하여 아군의 의도나 상황을 알지 못하여 의심하고 주저하다가 결국 속아서 물러나게 하는 계책이다.

疑城之計라 하여 마치 성이 있는 것처럼 보이게 하여 적의 진군을 막는 계략도 이 수상개화에 속한다.

　중국 삼국시대 魏文帝 조비가 동오의 손권을 공격하려고 30만 대군을 이끌고 장강의 하류 광릉에 이르렀다(AD224년). 광릉에서 장강을 건너 남서를 공략할 계획이었다.

조비가 배안에 앉아 멀리 강남을 바라보니 강 건너편에는 사람 하나 보이지 않았다. 동오의 대비 없음으로 보였다.

이때 손권 휘하 안동장군 서성은 비상수단으로 남서 연안 일대에서 건업의 석두성에 이르기까지 수백 리에 걸쳐 연극에 쓰이는 무대배경 같은 성을 하룻밤 사이(?)에 만들어 냈다. 나무로 골조를 세우고 갈대로 엮은 거적을 덮어서 가짜 성벽을 만들었다.

아침이 되어 건너편 강기슭에서 조비가 강남 일대를 바라보니, 성곽이 연달아 섰고 성루에는 창검이 아침 햇살을 받아 번쩍이며 성채마다 정기가 가득 꽂혀 바람에 나부끼고 있다. 그리고 수레와 배가 끊이지 않고 오가고 있지 아니한가.

이는 사실, 서성이 강변에 있는 갈대를 꺾어 사람의 형상을 만든 다음 푸른 옷을 입히고 정기와 창검을 들려서 역시 가짜로 꾸민 성 위에 세워놓은 가짜들이었다.

그런데 넓디 넓은 장강을 사이에 두고 멀리 떨어져 있는 魏軍(위군)들의 눈에는 무수한 병력이 무장하고 지키고 있는 것처럼 보였으니 어찌 놀라지 않을 수 있겠는가.

상황이 이래서는 조비도 움직일 수 없었다. 더구나 운이 없게도 큰 비가 내려 장강이 범람했고, 게다가 조비가 탄 배가 강풍으로 인해 전복될 뻔한 위기를 만나자 조비는 싸우지도 못하고 퇴각했다(정음사 삼국지 하권 제67장 친자남정 제2절 화염만공; 황석영 삼국지 제8권 42p. 이하 참조).

제2장 장비가 장판교에 홀로 서 있다.

적벽대전(AD208)이 일어나기 전의 일이다. 유비가 조조에게 형주를 빼앗기고 달아나던 중 당양 장판파에 이르러 부대가 풍비박산되어 위험에 빠졌을 때 장비의 도움으로 겨우 살아 장판교를 건너 계속 도주하였다.

장비는 혼자 남아 장팔사모 빗겨들고 장판교 위에 버티고 서서 조조의 추격군을 기다리고 있었다.

기다리면서 그는 수하 군졸 20여기로 하여금 다리 동편의 무성한 숲속에 들어가 제각기 나뭇가지를 꺾어 말꼬리에 붓들어 매고 숲속을 이리저리 달려 자욱하게 먼지를 일으켜 疑兵(의병)을 삼았다.

조조의 추격군이 다리 앞에 이르러 보니 장비가 홀로 다리 위에 버티고 서 있는데 다리 건너 동편 수풀 속에서는 티끌이 자욱하게 번지고 있다.

조조는 혹시나 복병이 있지나 않을까 의심하여 주저하다가 일단 군사를 뒤로 물려 후퇴하였다.

그러자 장비는 다리를 끊고 도주하여 유비와 합류한 뒤 함께 후퇴하였다.

조조가 장비의 속임수를 깨닫고 다시 추격하였을 때에는 유비가 이미 멀리 달아난 뒤인지라 그는 추격을 단념하였다(정음사 삼국지 상권 제30장 당양 장판파 참조).

제3장 동탁이 매일 가짜로 부대를 증원하다.

후한 말 十常侍(십상시)의 亂(난)(AD189) 때 난을 피해 황궁 밖으로 피신했던 어린 少帝(소제)를 만난 동탁이 황제를 호위해 낙양성에 들어왔다. 서량자사 동탁은 수하에 거느리고 온 군사가 불과 3천여 명에 불과하였다. 이런 적은 군사로는 낙양의 대소 군신들과 수비 군사와 백성들을 위압하기에 역부족이었다.

그는 꾀를 내어 매일 밤 수하 군사들 절반 이상을 비밀리에 성 밖으로 내보냈다가 아침이면 그들을 새로운 증원 부대가 도착한 양 꾸며 사람들 눈에 띄게 행군하여 들어오게 하였다. 그리고는 서량에서 증원부대가 도착했다고 소문을 냈다. 이렇게 여러 날 같은 일을 반복하자 동탁의 군사가 엄청나게 많다고 사람들은 믿게 되었다.

그러자 십상시의 손에 죽은 하진의 수하로 낙양성을 지키던 장병들이 하진의 죽음으로 거취를 망설이던 차에 대거 동탁의 수하로 귀순하였고 이로써 동탁은 낙양성을 완전 장악하게 되었다(삼국지의 계략, 227p.).

제4장 제갈량이 허장성세로 조조군을 뒤로 물러서게 하다.

유비와 조조 사이의 한중 쟁탈전에서 유비의 軍師(군사) 제갈량도 虛張聲勢(허장성세)의 계략을 사용하였다. 조조가 한수에 이르러 진을 치고 서황을 선봉으로 내보냈다. 서황이 한수를 건너 배수진을 치고 조운 및 황충과 싸웠으나 대패하여 한수를 다시 건너 조조의 본진으로 도망하였다. 조조는 이에 직접 한수 강변에 이르러 본채를 세우고 강 건너의 유비와 싸울 준비를 한다.

공명은 한수 상류에 위치한 일대 토산에 일천 명

의 군사를 보내 매복케 하고 다음과 같이 명령한다. "군사 오백명이 각기 고각을 지니고 토산 아래 숨어 있다가 한밤중에 우리 영중에서 일어나는 포성을 신호로 일제히 힘껏 북을 치거라. 북만 치되 출전하지는 말라."

이날 낮 조조 군대가 싸움을 걸어왔으나 공명은 전혀 응하지 않는다.

그날 밤 조조 병사들이 잠에 떨어질 무렵 일발 호포가 터지며 일제히 고각이 울린다. 오백 명이 치는 북소리는 그대로 천병만마가 짓쳐오는 듯하다.

조조 영채에서는 유비의 군대가 겁채하러 온 줄 알고 서로 놀라 밖으로 뛰어나와 보니 적군은 전혀 보이지 않는다. 겨우 안심하고 다시 영채에 들어 잠들려 하는 때에 다시 포성이 한방 울리자 고각 소리가 드높고 아우성치는 소리가 땅을 흔든다. 조조 병사는 그날 밤을 불안에 떨며 꼬박 새우고 말았다.

이튿날도 사흘날도 역시 마찬가지였다.

조조는 끝내 의심을 못이겨 삼십 리를 물러나 사방이 트인 곳에 영채를 세웠다. 공명의 의병계에 속은 것이다(AD218).

그러자 유비는 병사를 이끌고 안전하게 한수를 도강하여 조조와 대적하게 되었다(정음사 삼국지 중권 제52장 병퇴사곡 제2절 不知疑兵 참조). 이후의 전투에서 조조가 연패하여 결국 한중에서 철수하고 유비가 한중을 차지하여 한중왕이 되었다(AD219년).

제10편 교묘한 속임수

제1장 손빈이 아궁이 수효를 줄여 방연을 속이다: 감조계(減竈計).

중국 전국시대 魏惠王 때(BC353), 대장군 방연이 韓과 결탁하여 趙를 쳤다. 위기에 몰린 조나라가 齊에게 구원을 요청했다.

원래 방연은 전에 손빈과 함께 귀곡자에게 병법을 배웠다. 그러나 위나라의 장군이 된 방연은 자신의 재능이 손빈에 미치지 못함을 알고 그를 시기하던 끝에 손빈을 제거하려는 음흉한 생각으로 손빈을 위나라에 불러들인 뒤 위혜왕에게 참언을 하여 손빈을 법에 걸어 두 다리를 자르고 이마에 묵형을 가하여 병신을 만들었다.

그 뒤에 위나라에 왔던 제나라의 사신이 몰래 손빈을 자기 수레에 싣고 제나라로 돌아갔다(이 이야기의 보다 자세한 경과는 앞의 제6편 제4장에서 이미 소개하였다.).

魏의 공격을 받은 趙가 제나라에 도움을 청해오자, 제나라에서는 전기를 장군으로 삼고 손빈을 군사로 삼아 구원군을 파견했다.

손빈은 조나라로 달려가는 대신 직접 위나라 도읍을 공격하는 모습을 취함으로써 방연으로 하여금 어쩔 수 없이 위나라로 회군케 하고 이를 계릉에서 맞아 싸워 격파함으로써 조나라를 구원한 일이 있었다(소위 圍魏救趙. 자세한 설명은 뒤의 제7장 제1절 참조).

그로부터 13년 후(BC341), 위나라의 방연이 이번에는 韓나라를 침범하자 손빈이 다시 제나라 군사를 이끌고 한나라의 구원에 나섰다. 손빈은 한나라를 구원하기 위해 바로 한나라로 달려가는 대신 직접 위나라 도읍을 공격하는 방법을 이번에도 썼다(소위 圍魏救韓). 이에 한나라를 공격하던 방연은 한나라에서 물러나 위나라로 다급히 돌아왔다.

손빈은 한나라 수도에 대한 방연의 포위가 풀리

자 위나라에 들어갔던 齊軍(제군)을 철수시키면서 첫날에는 10만의 군대가 솥을 걸어서 밥을 지어 먹은 자국을 남겨놓고, 이튿날에는 5만의 군대가 밥을 지은 아궁이 자국을 남겨놓고, 또 그 다음날에는 2만의 군대가 밥지은 아궁이 자국을 남겨놓게 했다.

손빈의 뒤를 추격하던 위나라의 방연은 그것을 보고 크게 기뻐하며 말했다. "나는 원래부터 齊軍이 겁이 많다는 것을 알고 있었다. 우리나라 땅에 들어 온 지 3일 만에, 병사들로 도망가는 자가 반을 넘었구나."
이렇게 생각한 방연은, 그의 보병들을 떼어놓고 단지 날렵한 정예부대만 거느리고 낮과 밤을 겸해서 제나라 군대를 맹렬히 추격하였다.

한편 손빈은 추격해오는 방연 군대의 행군 속도를 계산해 보고 그 날 해질 무렵에 마릉에 도달할 것을 알았다. 그곳은 길이 좁고, 양쪽으로 험난한

산이 가로막혀, 복병을 묻어 두기에 좋은 곳이었다. 그래서 그곳의 큰 나무 껍질을 벗기고, 희게 드러난 나무 살에 다음과 같은 글을 썼다.「방연은 이 나무 아래에서 죽는다.」

한편으로 활을 잘 쏘는 제나라 군사 만여 명을 쇠뇌를 들려 길 양쪽에 매복시키고, 어둠에 불빛을 보는 즉시 쇠뇌를 쏘라고 명령해 놓았다.

 방연은 밤이 되어 껍질이 벗겨진 큰 나무 아래 당도했다. 어둠 속에서 희게 드러난 나무에 쓰인 글을 발견하고, 불을 밝혀 읽어보았다.

그 순간 만 개의 쇠뇌가 일제히 발사되어 위나라 군대는 크게 흩어지고 서로 대열을 잃고 혼란에 빠졌다.

방연은 싸움에 패해 스스로 자결하면서 말하였다. "결국 병신 같은 저놈에게 공명을 세우게 하는구나."

 제나라는 위나라 군대를 크게 무찌르고, 위나라

의 태자 신을 사로잡았다. 손빈은 한나라를 구원하고 방연에게 개인적인 복수도 하였다(사기열전 상 38p.; 십팔사략 상 295p.; 열국지 제5권 제89회 설치양령 제1절 만노제발).

제2장 제갈량이 아궁이 수효를 늘려 사마의를 속이다: 증조계(增竈計).

삼국지연의에 나오는 얘기이다.

魏(위)를 정벌하려 기산에 나간 제갈량이 모반을 꾀한다는 시중의 유언비어를 환관들이 蜀(촉)나라 後主(후주) 유선에게 고하였다. 이는 제갈량과 기산에서 싸우던 사마의가 연전연패하여 불리한 형세를 피하기 어렵자 첩자들을 시켜 촉나라에 퍼뜨린 거짓 소문이었다.

여기 속은 후주 유선이 조서를 내려 제갈량에게 회군을 명하였다.

강유가 사마의의 추격을 걱정한다.

공명이 명령한다. "밥 지은 아궁이가 오늘 2천 개였다면 내일은 아궁이를 3천 개 파고, 또 그 다음 날에는 4천 개를 파 후퇴할 때마다 매일 아궁이 수를 늘리도록 하여라."

양의가 이유를 묻자 공명이 설명한다. "사마의는 우리를 추격하다가 혹시 복병을 만나지 않을까 걱정하여 날마다 우리가 밥 지어 먹은 아궁이 수를 세어볼 것이다. 그런데 아궁이 수가 늘어남을 발견하면 우리가 군사를 물리고 있는지 또는 증강하고 있는지 갈피를 못잡고 의심한 나머지 급히 추격하지 못하고 지체할 것이다. 이 틈에 우리는 천천히 후퇴하면 된다."

강유가 그대로 시행하였다.

한편 사마의는 촉군의 영채가 텅 비었으며 군마가 모두 물러가고 없다는 보고를 들었으나, 공명의 계략이 두려워 선뜻 추격하지 못하고 우선 촉군 영채의 아궁이 수효를 조사시켰다. 그 다음 날도 같은 조사를 했더니 어제보다 아궁이 수가 배나 더 늘어났다.

사마의는 마침내 추격을 단념하였다. 필시 제갈량이 무슨 계략을 준비하고 있는 듯하니 그에 대비하여야겠다고 생각한 때문이었다.

이렇게 하여 공명은 안전하게 후퇴하였고 뒤늦게 속은 사실을 안 사마의는 "공명이 虞詡(뒤의 제3장에 나오는 우후의 증조계 참조)의 법을 본받아 나를 속였구나!"라고 탄식하였다(정음사 삼국지 하권 제82장 제갈장신 제1절 회지불급: 황석영 삼국지 제9권 96p.).

제3장 우후(虞詡)가 처음 증조계를 쓰다.

우후는 후한 말 안제(AD947~AD950) 때의 관리인데 강족이 폭동을 일으켜 병주와 양주를 휩쓸고 무도에 침입하자 조정이 그를 무도태수에 임명하고 강족의 진압을 맡겼다.

무도로 부임하는 도중 강족이 무리 수천을 이끌고

우후를 진창의 효곡에서 막았다. 우후의 군대는 더 이상 나아갈 수가 없었다. 조정에 상서하여 증원군을 청하고 그 오기를 기다려 출발하겠다고 우후는 선언하고 이를 널리 소문을 냈다.

강족은 이 소문을 듣고 우후의 군사가 더 이상 움직이지 않을 줄로 믿고 곧 무리를 나누어 다른 여러 현을 나누어 약탈하기 시작했다.

강족의 무리가 흩어짐을 보고 우후는 밤낮으로 하루에 백여 리 씩 무도를 향해 전진하였다. 전진하면서는 군사로 하여금 각자 아궁이를 두 개씩 만들게 하고 날마다 이를 배로 늘리게 하였다. 이를 본 강족은 원군이 이미 도착하고 있는 중으로 믿고 감히 공격하지 못하였다. 이리하여 우후는 성공적으로 봉쇄를 뚫고 무도에 도착하였다. 우후는 그 뒤 여러 가지 전술로 강족을 대파하고 그 지역을 안정시켰다(후한서 우후열전 참조).

제4장 주유가 반간계(反間計)로 조조를 농락하다.

반간계는 적의 첩자를 포섭하여 아군의 첩자로 이용하거나 적의 첩자인 줄 알면서도 모르는 척하며 거짓 정보를 흘려 적을 속이는 방법이다. 중국의 병법서 36계 가운데 33번째 계책이다. 손자라는 병법서의 用間편에서도 첩자를 이용하는 5가지 방법 가운데 하나로 반간을 들고 있다.
_{용간}

삼국지연의에는 다음과 같은 이야기가 나온다. 적벽대전(AD208)이 일어나기 얼마 전이다.

조조의 군대는 북방 출신이라 기마전에 능하지만 水戰에 약하였다. 채모와 장윤은 조조에게 투항한 형주의 장수들로 水戰에 능하였으므로 조조의 군대를 수전에 익숙하도록 조련하는 일을 하고 있었다.

주유가 내심 이를 걱정하고 있던 차에 조조의 참모로 주유와 동문수학한 장간이 주유에게 항복을 권유하려 그를 찾아왔다. 주유는 그와 함께 술을 마시고 취하여 자는 척하면서 탁자 위에 채모와 장윤이 보낸 것처럼 꾸민 편지를 일부러 놓아두었다.

장간은 이 편지를 몰래 훔쳐보았고, 또 주유가 다른 장수와 나누는 밀담에서 채모와 장윤에 대하여 말하는 것도 들었다.

모두 주유의 연출극이었는데 이에 속은 장간은 편지를 훔쳐 빠져나와 조조에게 고하였다. 조조는 채모와 장윤을 오나라의 첩자로 그만 오인하여 당장에 목을 베어버렸다. 이로써 조조의 군대는 수전의 약점을 보완하지 못하게 되었다.

조조는 주유의 반간계에 순간적으로 속아 꼭 필요한 아까운 장수들을 그만 제 손으로 죽이고 말았다. 바로 후회하였지만 이미 늦었다(소설 속의 자세한 얘기는 정음사 삼국지 중권 제33장 신기묘산 제2절 군영회; 황석영 삼국지 제4권 200P. 이하 참조).

삼국지연의에 나오는 주유의 반간계는, 다음 제5장에 나오는, 초한전 때의 진평이 사용한 반간계를 모방한 허구의 이야기일 가능성이 높다. 조조가 얼마나 영리하고 꾀가 많은 사람인가? 장간 정도의 말이나 채모와 장윤의 편지 따위 한 장을 믿고 그대로 속을 사람이 아니기 때문이다. 또한 조조에 대한 시중 백성들의 미움과 반감을 잘 아는 작가가 그들의 기분에 맞추어 조조에게 골탕을 먹이는 식으로 얘기를 꾸몄을 가능성이 높다.

반면 초한지에 나오는 반간계의 얘기는, 우직하고 성미가 급하고 단순하여 남에게 잘 속는 항우의 성격에 비추어, 충분히 있을 법한 얘기이다. 다만 삼국지연의의 반간계 얘기는 그 뒤에 연달아 주유가 내놓는 장군 황개의 고육계, 모사 감택의 사항계, 모사 방통의 연환계, 제갈공명의 동남풍 등과 연결되어 아주 그럴듯한 계획에 따른 작전으로 보여 독자의 흥미를 한껏 고양시킨다. 그러나 그만큼 허구의 냄새도 짙어진다.

제5장 진평이 반간(反間)을 써 항우와 범증을 이간하다.

초패왕 항우와 한고조 유방 사이에 벌어졌던 초한전(BC206~BC202) 시기에 한왕의 모사 진평(?~BC178)이 교묘한 이간계를 써 항우의 군사 범증을 제거하였다.

초한전쟁이 한창인 BC204년 한나라 대원수 한신이 趙나라를 정복하자 천하 정세가 크게 요동쳤다.
이것을 보고 漢王이 뿌리를 더 깊이 박기 전에 속히 그를 정벌하자고 범증이 항우에게 권했다. 한신이 불과 두어 달 동안에 관중을 정복하고 西魏를 멸망시키고 조나라를 정복하고 연나라의 항복을 받아 승승장구하였음을 항우도 이미 아는지라 즉시 범증의 주장에 따라 한왕이 주둔 중인 형양성을 공격하였다.

아직 한신의 대군이 형양에 합류하기 전이라 항우의 무서운 기세를 걱정하는 한왕 유방에게 모사 진평이 반간계를 제안한다.

<반간계를 써서 초나라 장수들에게 뇌물을 먹이고, 범증이 초패왕을 배반하려는 음모를 꾸미고 있다는 헛소문을 퍼뜨리면, 초패왕은 본시 단순하고 우직한 성품인지라, 그것을 믿을 것이다.
이렇게 되면 범증이 제아무리 훌륭한 꾀를 낸다 할지라도 초패왕이 의심하고 쓰지 아니할 것이다. 이때쯤 해서 또 한 가지 계교를 쓰면 초패왕은 범증을 당장에 죽여버릴 것이다. 초나라에 범증만 없어진다면 초패왕은 망하고 만다.>

진평의 의견을 한왕은 따랐다.

수일 후에 진평은 심복 부하 오륙 명에게 각각 황금을 나누어주고 초나라로 보냈다. 그들은 초나라에 들어가, 범증이 여러 번 큰 공을 세웠건만 초패왕이 공을 알아주지 않고 아무런 봉작이 없음에 원한을 품고, 한나라와 내통하여 초나라를 뒤집어 엎고 초나라가 망한 뒤에 그 땅을 나누어 가지려고 비밀히 음모하고 있다는 소문을 냈다.

그리고 범증에게 불평을 가지고 있는 장수들과 초패왕의 근신들을 황금으로 매수하여 그 같은 소문을 항우의 귀에 흘리도록 공작했다.

이 같은 정보를 받고 대경실색한 항우는 범증을 의심하고 멀리하기 시작했다.

한신은 도착하지 않았는데 항우의 공격이 격렬해져 위험해지자 한왕은 항우의 공격을 늦추고 시간을 끌기 위하여 모사 장량이 권하는 대로, 거짓으로 화평을 제안하는 사신을 항우에게 보냈다.

형양을 경계로 하여 동쪽은 초나라, 서쪽은 한나라

의 땅으로 하고 휴전을 하자는 제안이었다.

그간 오륙 일 동안이나 맹렬히 공격을 했건만 성이 함락될 조짐이 안 보이고 오히려 자기편의 피해가 커져 초조하고 불안하여 번민하고 있던 초패왕은 이 휴전제의를 수락하고 그 조건을 협의하는 사자로 자기의 처남 우자기를 한왕에게 보냈다.

우자기에게 명령한다. "한왕을 만나보고 앞으로 사흘 안에 친히 나와서 짐에게 화목을 맹세하라고 하라. 그 참에 성중의 허실을 살펴보고 돌아오라."

우자기는 사신으로 가서 한왕의 접견실 옆의 별실에서 대기하던 중 범증의 편지로 보이는 밀서를 발견하고 이를 훔쳐갖고 돌아와서 초패왕에게 보였다.

그 편지는 "한신을 급히 소환하여 대군을 이끌고 항우를 공격하면 범증 자기가 이편에서 내응하겠다. 성공한 뒤에 자기에게 왕작을 내려주기 바란다."라는 내용이었다. 물론 위조된 편지이었다.

성질이 급해서 화를 잘 내고 또 단순하여 남의 말을 잘 믿는 초패왕은 이 거짓 편지에 속아 불같이 화를 내고 범증을 내쫓아 고향으로 보내고 말았다.

얼마 지나지 않아 71세의 범증은 울화로 병을 얻어 세상을 떠났다(BC203년).(소설 속의 이 이야기는 초한지 제2권 255p. 이하 참조).

소설 속의 이 반간계 이야기에는 너무 유치해서 그 신빙성이 상당히 의심스러운 부분도 없지는 않다. 그러나 대강의 줄거리는 진실에 가깝다고 생각한다.

진평이 이런 반간계를 쓰면서 사용한 미끼는 무엇이었을까. 소설에는 나오지 않는다.

내 생각은 이렇다.

범증은 항우의 신뢰를 받아 거의 모든 일을 결정

하는 제2인자이었다. 부르기도 亞父(아부)라고 칭하였다. 이런 권력을 시샘하는 사람이 없었을까? 항우의 삼촌 항백과 항우의 처남 우자기가 아마도 그런 시샘을 할 사람들이었을 터이다. 범증이 축출된 뒤 범증의 軍師(군사) 자리를 이어 받은 사람은 실제로 항백이었다.

항백은 원래 유방의 최측근 참모인 장량(?~BC186)과 오랜 세월의 각별한 친구이었다. 천하를 순행하던 진시황을 박랑사 벌판에서 자객을 시켜 암살하려던 장량이 암살에 실패하고(BC218) 도피 중일 때 그를 자기 집에 숨겨 보호한 사람이 항백이었다(초한지 제1권 28p.).

우자기는 항우의 부인 우희의 오빠이다. 별다른 재능이 있지도 않았고 무슨 공적이 있지도 않았다. 아마도 항우의 집안 일을 총괄하는 막후의 실력자였을 터이다.

이 두 사람은 아무런 친인척 관계도 없는 범증

이 모든 권한을 행사하는 최고의 실력자로 존재하는 것을 곱게 보았을 리 없다. 이런 점으로 보아 진평과 장량이 은밀하게 항백과 내통하고, 항백은 이어 우자기를 꼬드겨 범증 제거작전을 폈을 것이다.

실제로 유방에게 사신으로 가서 범증의 밀서라는 것을 훔쳐온 사람도 우자기였고 범증을 축출한 뒤 그 대신 軍師(군사)로 승격한 사람도 항백이었다. 범증이 제거되면 권력이 항백과 우자기에게로 넘어간다는 점을 암시하며 진평이 그들을 유혹했으리라고 본다(진평이 유방을 위하여 사용한 여러 가지 모략 중 일부는 세상에 알려지면 매우 곤란하여 완전히 비밀로 하였다는 기록도 있는데 이 반간계 이야기도 아마 그런 비밀에 속하였는지 모른다.).

항백은 항우가 망한 뒤에도 장량에 의하여 보호를 받고 이후에도 계속 부귀를 누렸다. 한고조 유방은 항백에게 사양후라는 봉작을 내리고 그 성을 자기와 같은 劉(유)씨로 바꾸도록 賜姓(사성)까지 하였다(초한지 제3권 154P.).

제6장 매미가 허물을 벗고 몸만 빠져 날아가다: 금선탈각(金蟬脫殼)

제1절 한왕 유방이 자신으로 변장한 기신을 대신 남겨두고 탈출하다.

　金蟬脫殼(금선탈각)은 매미가 허물을 벗어 그 자리에 놓아둔 채 몸만 빠져 날아간다는 뜻이다(삼십육계 제21계).

　초한전(BC206~BC202) 당시 한왕 유방이 한때 형양성에서 초패왕 항우의 포위 공격을 받아 곧 성이 함락되어 죽게 될 위기에 처하였다.

① 유방은 진평의 계책을 따라 곧 성문을 열고 나가 직접 항복하겠다는 거짓 문서를 항우에게 보내 공격을 잠시 중지케 하였다.

② 다음에는 아름답게 꾸민 여자 2천 명을 풍악을 울리며 동문을 열고 천천히 항우의 본진을 향해 가도록 내보냈다.

③ 이어서 유방의 수하 장군 중에 용모 및 체격이 유방과 비슷한 기신을 유방과 같은 왕의 차림으로 꾸며 왕의 마차에 태워, 항복하러 나가는 아름다운 여인들의 행렬을 뒤따라 나가게 했다.

④ 풍악과 함께 아름다운 여인 2천 명과 더불어 유방의 龍車(용차)가 나오자 이를 목격한 항우의 군사들과 일반 백성들 그리고 소문을 들은 다른 곳의 군사들까지 모두 자기의 진지를 버리고 달려와 이를 구경하느라 동문 밖은 일대 수라장을 이루었고 성의 포위는 저절로 풀리고 말았다.

⑤ 이런 혼란한 틈을 놓치지 않고 유방과 휘하 막료들은 동문의 반대편 서문을 열고 말을 달려 쏜살 같이 도주하였다.

⑥ 한왕이라고 잡혀온 사람이 유방이 아닌 기신임

을 항우가 발견했을 때는 유방과 그 일행은 추격이 불가능한 먼 곳으로 이미 완전히 도주한 뒤이었다.

분노한 항우는 기신이 타고 있는 마차를 통채로 불태워 그를 죽였다(소설 속의 이 이야기는 초한지 제2권 275p. 이하 참조).

제2절 조무가 손견의 붉은 두건을 쓰고 대신 죽다.

후한 말 동탁이 조정을 장악하고 황제를 갈아치우자 18로 제후들이 군사를 일으켜 원소를 대장으로 삼고 동탁 토벌전을 벌였다. 제후군의 선봉장 손견과 동탁의 선봉장 화웅 사이에 싸움이 붙었다. 싸움이 한창일 때 화웅의 부장 이숙이 우회하여 손견부대의 후미를 공격하자 손견의 부대가 무너지고 손견은 도망쳤다.

손견의 붉은 두건이 좋은 표적이 되어 화웅

군의 집중적 추격을 받자 손견의 부장 조무가 곁에서 외친다.

"장군의 붉은 두건을 제가 쓰겠습니다."

손견은 자기의 두건을 조무에게 주고 대신 조무의 투구를 쓰고 다른 길로 달아났다. 화웅의 군사는 모두 조무를 추격했고 그 바람에 손견은 무사히 탈출하여 생명을 건졌다. 그러나 조무는 추격군과 싸우다가 화웅의 칼에 죽고 말았다(정음사 삼국지 상권 제4장 제후회맹 제4절 선봉 손견; 황석영 삼국지 제1권 제5장 참조).

  소설 삼국지연의에 나오는 금선탈각의 한 사례이다.

이 조무 이야기는 혼란한 전투의 와중에 벌어질 수 있는 이야기로 가끔 들을 수 있는 속임수라고 하겠다. 그러나 앞의 제1절에 나온 장군 기신의 이야기는 교묘하고도 끔찍하고 잔인한 속임수가 아닐 수 없다.

이 금선탈각의 속임수는 일시적인 위기의 순간에 도주책으로 행하여지는 술책이기도 하지만, 전략적 기동책략으로 적을 엉뚱한 방향에서 불의에 격파하기 위하여 주력군이나 일부 병력을 다른 곳으로 은밀히 이동시킬 때 적이 이를 모르도록 속이는 데에도 사용된다.

제7장 손빈이 위(魏)를 포위하여 조(趙)를 구하다.

제1절 위위구조(圍魏救趙)

위위구조는 위나라를 포위해서 조나라를 구하다라는 뜻이다(삼십육계 제2계).

중국의 전국시대 魏나라의 대장 방연이 조나라를 공격하여 그 도성 한단을 포위하였다(BC 353년). 조나라가 제나라에 구원을 요청하였다.

제왕은 전기를 장군으로 삼고 손빈을 그 군사로 삼아 구원병을 보냈다.

전기는 처음에는 조나라를 구하기 위하여 그 수도 한단으로 바로 진격하려고 하였다.
그러나 손빈의 제안을 듣고 거꾸로 위나라에 침입하여 그 수도 대량성을 공격하였다.
위나라의 정예군사가 모두 한단의 포위 공격에 투입되어 위나라의 국내는 공백상태에 있으므로 그 빈틈을 노려 위나라의 본거지를 공격하면 위나라는 한단의 포위에 동원된 군사를 철수시켜 자기 나라의 위급을 우선 구하려 하리라고 손빈이 생각한 데 따른 작전이었다.

과연 위나라 대장 방연은 한단을 포위하고 있던 위나라 군대를 서둘러 철수시켜 급히 위나라로 회군하면서 魏의 영토에 침입한 제군을 격퇴하기 위하여 밤낮으로 齊軍을 추격하였다.
제군을 추격하느라 지쳐버린 방연의 군대를 손빈

은 계릉이라는 골짜기에 군사를 매복시키고 기다리다가 이를 공격하여 거의 섬멸하는 전과를 올렸다.

손빈은 이 작전에서 위나라 영토에 침입까지는 했지만 그 수도 대량성을 실제로 공략할 계획은 없었다. 그저 대량을 공격하는 척하여 한단을 포위하고 있던 방연을 속여서 그 포위를 풀고 회군케 하려는 것뿐이었다. 이것이 첫 번째 속임수다.

그러나 손빈은 첫 번째의 속임수 작전에 이어 다시 두 번째 속임수를 썼다. 추격하는 방연을 매복계를 써서 철저히 격파해버린 것이다(열국지 제5권 제88회 양광탈화 제4절 전도팔문진).

방연은 첫 번째 속임수에 대하여는 비록 그것이 속임수임을 알았다 하더라도 포위를 풀고 철수할 수밖에 없었다. 위나라 왕의 지급철수 명령이 내려왔기 때문이다.

그러나 철수 중에 손빈의 매복계에 속은 것은 오

로지 그의 오만과 성급함 때문이었다.

제2절 벌위구한(伐魏救韓)

앞 절에서 애기한 위나라 방연은 13년 뒤 (BC341), 다시 한나라를 쳐들어가 여러 차례 크게 이겼다. 위급해진 한나라가 제나라에 구원을 요청하자 제선왕은 이번에도 전기를 대장으로, 손빈을 군사로 삼아 한나라를 구원하게 했다. 이때에도 손빈은 앞에 본 위위구조의 계책을 써서 위나라 영토로 쳐들어감으로써 방연의 군대를 한나라에서 철수하게 만들었다. 한나라의 구원에 성공하였으므로 손빈은 위나라 땅에서 철수하였다.

이때 추격해오는 방연의 군대를 마릉이라는 계곡에서 복병으로 기습하여 궤멸시키고 방연을 자결하게 만들었다(손빈과 방연의 기구하고도 비극적인 이야기는 앞의 제6편 가치부전 제4장에 이미 소개하였다. 아울러 열국지 제4권 제87회 귀곡선생 그리고 제5권 제88회 양광탈화 및 제89회 설치양령 각편 참조).

이 전쟁에서 손빈이 후퇴하면서 매일 아궁이 수자를 줄여서 마치 많은 제나라 군사가 후퇴 도중 계속 탈주하고 있는 상황처럼 꾸며 방연으로 하여금 안심하고 소수의 정병만을 거느리고 급하게 추격해오도록 만들었다. 이것이 유명한 손빈의 감조계(減竈計)라는 것이다. 앞의 제10편 제1장에서 이미 소개하였다(열국지 제5권 제89회 설치양령 제1절 만노제발).

제8장 조호이산(調虎離山)

조호이산에는 두 가지 뜻이 있다. 하나는 호랑이를 잡으려면 호랑이를 꾀어 산속에서 들판으로 나오도록 해 이를 잡는다는 뜻이고, 다른 하나는 호랑이의 좌우에 있는 표범과 늑대, 이리 같은 맹수들을 호랑이 곁에서 떼어내어 호랑이의 힘을 분산,

약화시키고 그런 연후 이들을 하나씩 격파한다는 뜻이다(전명용 삼십육계 제15계).

후한 말 황건적의 난을 토벌할 때 용명을 날린 장사태수 손견(손권의 아버지)이 동오에 돌아와 전에 그의 귀향길을 방해했던 형주자사 유표에게 복수를 위하여 전쟁을 일으켰다(AD192년).

장강을 건너온 손견이 유표의 강하성을 지키는 황조를 공격하자 황조가 싸움에 져 강하를 버리고 유표의 양양성으로 도주하였다. 손견이 양양성을 포위하고 급히 공격하니 유표는 여공이라는 장수를 기주의 원소에게 보내 구원을 청하기로 하였다.

여공이 떠나기에 앞서 유표의 모사 괴량이 계책을 일러준다.

"너는 저녁 무렵 군사 5백을 거느리고 성문을 나가 곧바로 현산으로 달려가 그곳의 숲속에 궁노수 백 명을 매복시키고 군사 백 명은 산위에 올라가 돌무더기를 준비해 놓도록 하여라.

손견의 추격병이 이르거든 아군이 매복한 장소로 유인해 돌과 화살로 공격하고 연주호포를 쏘아라. 그 호포를 신호로 성내에서 우리가 군사를 내어 접응하겠다. 그런 뒤 너는 바로 원소에게 달려가 구원을 청하거라."

여공이 그대로 실행한다.

한편 손견은 황혼녘에 장중에 앉아 성 치는 일을 궁리하던 차에 갑자기 함성이 요란하게 들리면서 일단의 적병이 성문을 열고나와 밖으로 달아났다는 보고를 들었다. 그는 좌우에 알리지도 않고 수하의 기병 삼십 명만 거느린 채 급히 말에 올라 적군을 추격하였다.

손견이 현산 밑에 이르렀을 때 산 위로부터 무수한 화살과 돌이 쏟아져 내려 천하에 이름 높던 호랑이 같은 맹장 손견은 허무하게 온몸에 돌과 화살을 맞고 죽었다(정음사 삼국지 상권 제5장 전국사 제5절 석전 98p. 참조).

손견의 오만이 부른 참사였다. 자기의 뛰어난 용기와 무예만 믿고 적군을 가볍게 본 탓이었다. 손견을 죽인 괴량의 이 계책이 바로 조호이산이다. 앞에서 설명한 조호이산의 첫 번째 경우에 해당한다.

초한지에 보면 한나라 유방의 신하 장량과 진평이 계교를 써서 초나라 항우의 좌우에서 범증과 영포, 팽월, 종이매 같은 측근의 참모와 장수들을 차례 차례 떼어놓아 항우를 약화시키는 술책을 쓰는 이야기가 나온다(앞의 제10편 제5장 '진평의 반간계' 참조). 이것은 조호이산의 두 번째 경우에 속한다.

제9장 안평중이 금도(金桃) 복숭아 두 개로 세 장사를 죽이다(二桃殺三士).

안평중(=안영; BC578~500)은 춘추시대 공자와 거의 같은 시대에 제나라 정승을 지낸 인물이다. 청렴하고 겸손하고 지혜롭고 게다가 재치 있게 말까지 잘 하는 훌륭한 인물이었다. 키가 아주 작았다고 한다.

사마천은 그를 존경하여 史記(사기)에다 "만약 晏子(안자)가 지금 살아 있다면 그를 위해 마부가 되어 채찍을 드는 일이라도 할 정도로 나는 안자를 흠모하고 있다."라고 기술하였다(사기 열전 상권 20p.).

안평중이 제경공을 모시고 정승으로 있을 때였다. 제경공은 전쟁터에서 큰 공을 세운 장군 전개강, 황하에서 큰 자라를 잡아죽여 임금을 구한 고야자, 사냥터에서 맹호를 주먹으로 때려잡아 임금을 구한 공손첩이란 세 용사를 매우 우대하였다. 그들 세 사람은 의형제를 맺고 자신들의 용기와 임금의 총애를 믿고 교만하고 무례하고 행패가 심하였다. 안평중이 그들을 제거하라고 제경공에게 건의하였으나 제경공은 마땅한 방법이 없어 걱정만 하였다.

어느 날 魯(노)나라 昭公(소공)이 친교를 맺으러 제경공을 방문하였다. 그 환영연 자리에 안영이 후원에서 따온 金桃(금도) 복숭아 6개를 올리고 두 분 임금에게 먹기를 권하며 千壽(천수)를 빌었다. 이 복숭아는 萬壽金桃(만수금도)라고 하는 귀한 것인데 마침 10여 년 만에 몇 개가 겨우 열렸다고 한다. 두 임금이 한 개씩 먹고 다시 안영과 노소공을 수행한 숙손 착이 한 개씩 먹고 두 개가 남았다.

안영이 제경공에게 아뢴다.

"아직 金桃(금도)가 두 개 남았으니 상감께서는 공로 많은 신하에게 하사하시어 그 공로를 표창하십시오."

제경공이 그 말대로, 공로 있는 신하는 앞으로 나와 공로를 아뢰고 안영이 이를 인정하면 금도를 받아먹으라 라고 지시하였다.

먼저 용사 공손첩이 자기 공로를 말하고 안영이 이를 인정하여 금도 하나를 먹었다.

이어 용사 고야자가 나와 자기 공로를 말하고 안영이 이를 인정하여 역시 금도 하나를 먹었다.

이 때 용사 전개강이 나서서 말한다.

"내 공로는 앞의 두 사람보다 훨씬 더 큰데도 나는 금도를 먹을 수 없으니 부끄럽다." 라고 말하고 스스로 칼을 빼어 목을 찌르고 죽었다.

공손첩이 이를 보고, 자기의 공은 전개강보다 작은데도 자기가 사양치 않고 먼저 복숭아를 먹어 전개강으로 하여금 수치를 느껴 죽게 하였으니, 자기는 몰염치한 사람이므로 죽어 마땅하다고 하면서 칼을 빼어 자결하였다.

그러자 고아자가, 우리 세 사람은 일찍이 결의형제하고 생사를 함께 하기로 맹세하였으니, 나 홀로 살 수는 없다고 하면서 역시 칼로 자결하였다(열국지 제4권 제71회 쌍주경천 제1절 二桃殺三; 안자춘추 049).
이 도 살 삼

사실 이것은 안영이 미리 제경공과 짜고 계획한 일이었다. 이렇게 하여 안영은 제나라의 걱정거리를 단번에 해결하였다. 놀라운 일이었다.

제11편 착함, 관대함 또는 미숙함을 꾸며 상대의 경계심을 푸는 속임수

제1장 반객위주(反客爲主)

제1절 유비가 서천을 빼앗다.

삼국지연의를 보면 유비가 익주를 점령하여 촉한을 세우고 조조의 위나라와 천하를 다투는 이야기가 나온다.

그런데 익주는 유비와 같은 漢室(한실) 宗親(종친)인 유장이 다스리는 곳이었다. 때마침 익주와 인접한 한중에 웅거하여 세력을 떨치던 장로가 익주를 병탄하려고 기회를 노리고 있어 유장은 불안한 처지였다.

그는 형주의 유비가 자기와 같은 한실 종친인데다 매우 仁義(인의)로운 인물이라고 믿고 그를 초청하여 장로를 막기로 작정하였다.

유장은 천하에 웅거하려는 유비의 야심을 읽지 못하고 그가 인의롭다는 세평에만 속고 있었다.

유비는 유장의 초청에 응하여 익주로 진격한 뒤 먼저 익주의 변방에 나아가 장로와 싸워 그를 물리쳤다.

그러나 이런 저런 의심으로 유비와 유장은 서로 사이가 멀어졌다.

그러자 유비는 변경의 전선을 떠나 익주의 수도 성도로 진격하여 유장을 사로잡고 끝내 그로부터 익주를 양보받아 그 주인이 되었다. 이로써 자기 基業(기업)의 발판으로 삼았다.

客(객)으로 익주에 왔던 유비가 이윽고 익주의 주인이 되었으니 문자 그대로 反客爲主(반객위주)(삼십육계 제30계)를 실현한 셈이다.

너무 똑똑하거나 너무 훌륭하거나 너무 강하거나 너무 큰 사람을 객으로 맞을 일은 아니다. 꼭 맞아들여야 한다면 처음부터 아예 주인으로 맞아들여야 할 일이다.

인의롭다는 유비의 인품만 믿은 것이 유장의 잘못이다. 유비 같은 큰 인물은 인품을 초월하는 큰 포부와 이상을 갖기 마련이라는 사실을 유장은 알지 못함으로써 결과적으로 속고 말았다.

제2절 원소가 기주를 차지하다.

후한 말 동탁 토벌의 기치를 내건 18로 제후군의 盟主(맹주)였던 발해태수 원소는 義軍(의군)이 와해된 뒤 낙양을 떠나 하내로 가 있었다. 그곳에서 그는 노상 기주자사 한복으로부터 식량 원조를 받고 지내야 하였다.

기주자사 한복은 四世三公(사세삼공)으로 유명한 袁(원)씨 가문의 故吏(고리) 출신이었다. 그는 18로 제후군의 일원이 되어 제후군의 맹주 원소 밑에서 동탁 토멸전에 참가하기도 했었다.

원소는 매양 한복에게 식량을 의지하느니 아예 물산이 풍부한 기주를 한복 대신 차지하기로 마음 먹었다.

한편 북평태수 공손찬이 원래부터 기주를 노리고 있음을 아는 원소는 그에게 밀서를 보내 기주를 빼앗아 둘이서 반씩 나누어 갖자고 비밀리에 제안 하였다.

공손찬이 동의하고 군사를 일으켜 기주를 치러 나서자 이에 당황한 한복이 18로 제후군의 맹주였고 자기와 각별한 인연이 있는 원소를 믿고 그에게 구원을 요청하였다.

원소가 이에 응하여 기주에 들어간 뒤 가차 없이 한복의 모든 권한을 빼앗고 스스로 기주를 차지하였다. 한복은 생명의 위협을 느껴 그날 밤으로 처자도 버려둔 채 달아났다.

원소는 공손찬과의 약속을 깨고 기주를 혼자 독차지 하였다. 이로 인해 원소와 공손찬 사이에 전쟁이 벌어졌고 공손찬은 패하여 처자를 먼저 죽이고 스스로 자결하였다(정음사 삼국지 상권 제5장 전국사 제4절 반하일전).

유비가 서천을 구해준다며 그곳에 들어가 결국 유장을 대신해 스스로 그 주인이 된 것과 똑 같다. 유비는 명분과 체면을 살리느라 꽤 시일을 천연하였음에 반하여 원소는 체면불고하고 곧바로 한복을 내쫓아 시간을 끌지 않은 점이 조금 다를 뿐이다.

한복은 원소의 야심과 속셈을 눈치채지 못한 실수가 물론 있었지만 이를 어리석다고까지 할 수는 없다. 다만, 군웅할거하는 후한 말 당시의 난세를 당하여, 그는 기주와 같은 핵심 요충지역을 계속 차지하고 이를 유지할 만한 야심과 능력이 부족한 凡人(범인)이었으니 그런 범인에 불과한 자신을 스스로 자탄하여야 했으리라. 이 점은 익주를 유비에게 빼앗긴 유장에 대하여도 똑 같이 해당하는 말이다.

제2장 유비와 관우가 육손(陸遜)의 겸손을 젊어 미숙함인 줄로 착각하다.

제1절 육손이 모자란 척 하여 관우를 속이다.

　육손(AD183~245)은 손권의 죽은 형 손책의 사위로 지모가 뛰어난 젊은 문관이었지만 그때까지는 그의 지모를 모르는 유비 측에게는 거의 無名이었다.
　관우가 형주를 비우고 조조의 땅 번성의 포위공격에 나선 틈을 타 동오의 대도독 여몽이 형주를 공략하려 한다.
그러나 관우가 여몽을 경계하여 강변에 다수의 봉화대를 설치하고 철저하게 오군의 침입을 방비하여 놓았음을 알고는 여몽은 그만 낙심하여 들어눕고 말았다.

여몽의 걱정을 눈치 챈 육손이 그를 찾아가 꾀를 가르쳐주었다.

<당신이 '병들었다' 소문을 내고 사퇴하면서 아무런 명성이 없는 육손 나를 후임자로 만들어라. 그러면 관우가 육손 자기를 무시하므로 안심하고 형주의 수비병력을 모두 데려가 번성의 포위작전에 추가로 투입할 터이니 그 틈을 노려 형주를 공격하면 된다.>

여몽이 이에 따랐다.

육손은 여몽의 후임으로 육구에 부임하자마자 관우에게 예물과 서신을 보내어 인사하면서 아주 卑近(비근)한 태도를 취하여 관우의 명성과 孫吳(손오) 두 집안의 화목을 한껏 강조하였다.

손권이 식견이 모자라 어린아이 같은 육손을 장수로 삼았다고 관우는 생각하고 마침 번성에 대한 포위가 장기화됨을 걱정하던 차라 형주의 수비 병력 대부분을 번성으로 이동시켜 그 공격을 강화하였다.>(정음사 삼국지 중권 제54장 위진화하 제4절 백의도강; 황석영 삼국지 제7권 56p.)

여몽이 육손의 계책대로 실시하여 마침내 형주를 점령하고 관우를 사로잡아 죽인 일은 이미 앞에서 말하였다(제6편 가치부전假痴不癲 제3장 여몽의 칭병 참조).

육손은 뒤에 보는 바(제2절)와 같이 蜀吳(촉오) 사이의 이릉대전(AD222년)에서 오나라 군사를 이끌고 유비가 지휘하는 촉의 대군을 일거에 섬멸하는 큰 승리를 거둔다. 7백여 리에 걸쳐 세워진 촉나라의 40여 영채를 火攻(화공)으로 일시에 격파한 큰 승리였다.

사마의, 육손, 여몽 세 사람 모두 참으로 무서운 인물들이었다.

제2절 육손이 미숙한 척 굴어 유비를 속이다.

촉한의 先主(선주) 유비는 자기 의형제 관우가 동오 여몽에게 붙잡혀 살해되자 제갈량과 모든 신하들의 반대를 무릅쓰고 복수전을 일으켜 동오 정벌에 나섰다.

동오의 총사령관 육손은 유비군의 거듭된 도발에도 일체 응전하지 않고 수비에만 진력하였다. 도저히 유비의 대군을 상대할 실력이 되지 않는 듯 몸을 낮추었다. 육손의 지략을 알지 못하는 유비는 그를 어린 아이로 취급하고 한껏 오만에 빠졌다. 육손의 겸손에 속았다.

육손이 일체 응전하지 않는 데 지친 유비가 더위에 고생하는 장병들을 쉬게 하려고 서늘한 숲속으로 모든 진지를 이동하였다. 7백여 리에 걸쳐 40여 영채를 세웠다고 한다.

촉군이 게을러진 틈을 타 육손이 일제히 숲을

불태우는 火攻(화공)을 실시하자 촉군의 모든 영채가 불에 휩싸여 촉군은 거의 전멸하고 유비는 구사일생으로 목숨을 건져 백제성으로 도주하고 얼마 뒤 후회 속에서 숨을 거두었다.

육손이 지휘한 이 전투는 이릉대전 또는 효정대전이라 부르는데 출병 당시 동원된 촉나라 군사 약 75만(정음사 삼국지 중권 제61장 제1절 장비횡사. 그러나 실제로는 10만 미만이라고 보기도 한다; 김경한 삼국지 제8권 22p. 참조. 진시황이 초나라를 정복할 때 동원한 군사가 60만이라고 하고 이것은 전후 사정에 비추어 크게 과장된 수자는 아니라고 보이는 점에 비추어 보면 그로부터 4백여 년이 지난 이릉대전 때 촉나라가 동원한 군사 75만을 터무니 없는 수자라고 보기는 어렵다)의 태반이 전사하였다고 하니 큰 비극이 아닐 수 없었다.

육손이 약한 듯 몸을 낮추고 유비의 오만을 부추겨 거둔 큰 승리였다.

제3장 남의 칼로 적을 해치우다: 차도살인(借刀殺人)

차도살인은 다른 사람의 칼을 빌려 사람을 죽이다 라는 뜻이다(삼십육계 제3계).
내가 죽이고 싶은 사람을 자기 대신 다른 사람이 화를 참지 못하고 죽여 버리도록 유도하는 술책이다.

(1) 삼국시대 예형(AD173~198)은 박학다재한 명사로 이름이 높았다. 성격이 지나치게 강직하여 옳지 못한 일을 보면 거침없이 나무랐다.

공융의 추천을 받고 조조가 베푸는 연회에 참석해 "항시 찬역할 뜻을 품고 있다."고 조조를 꾸짖었다. 조조는 격노하여 그를 죽이고 싶었다. 그러나 그래서는 자기가 도량이 좁고 관대하지 못하여 천하의 어진 선비를 용납하지 못한다는 세간의 비난을 들을까 염려하였다.

그는 꾀를 내어 예형을 형주자사 유표에게 항복

을 권하는 사자로 보냈다. 예형이 거기 가서도 틀림없이 유표를 놀리고 모욕하다 죽게 되리라 예상하고 그를 함정에 밀어넣은 짓이다.

유표는 조조의 예상대로 예형의 조롱과 모욕을 받아 불쾌했으나 조조가 예형을 자기에게 보낸 것이 차도살인의 술책임을 간파하고 있었으므로 그를 벌하지 않고 강하태수 황조에게 보냈다.

예형은 그곳에 가서도 역시 황조를 심히 모욕했다.

황조의 술대접을 받는 자리에서 "그대는 사당 안의 귀신 같아 비록 제삿밥은 얻어먹지만 아무런 영험도 없으니 민망하다."고 그를 모욕하였다.

황조가 노하여 그 자리에서 칼로 예형의 목을 베었다.

차도살인하려는 조조의 계책이 결국 실현되었다.

예형은 똑똑한 사람이었으니 조조가 자기를 유표에게 사자로 보낸 조치가 차도살인의 복선이 있는 속임수임을 몰랐을 리 없다. 그럼에도 불구하고 그가 사자의 임무를 받아들이고 유표에게 가서 유표와 황조를 조롱하고 꾸짖은 것은 그의 지나치게 강직한 성격 탓이 아닐 수 없다.

(2) 앞의 제1편 제3장에서 사도 왕윤이 여포를 사주하여 그로 하여금 동탁을 죽이게 한 사건을 얘기하였다. 또 그 전에 여포가 병주자사 정원을 죽인 것도 얘기하였다. 이것들 또한 차도살인의 한 사례이다. 다만 여포는 자기가 남을 죽이는 칼 노릇을 한다는 사실을 모르고 있었을 뿐이다. 이 점은 황조 역시 마찬가지였다. 어리석은 사람들이 속아서 칼 노릇을 한다.

제4장 솥 밑의 장작을 빼내다: 부저추신(釜底推新)

부저추신은 솥 밑의 장작을 빼낸다는 말이다. 솥 밑에서 장작을 빼면 솥 안의 열기가 죽는다.

한 마디로 상대의 기세를 꺾는다는 뜻이다(삼십육계 제19계).

그러나 이 말은 단지 상대의 기세를 꺾는 데서 그치지 않는다.
일단 상대의 기를 꺾어 잠잠하게 해놓고 이어 그 틈을 타 상대의 배후 내지 후원자를 공략하여 그를 격파하여 제거하거나 또는 설득하여 아예 자기 편을 만든다.
그렇게 하여 최종적으로 솥 안의 이득 즉, 상대 세력까지를 내 것으로 획득하는 데 그 속임수의 묘미가 있다.

여기서는 솥 밑의 장작을 빼내고 이어 배후를 공략하는 일, 이런 일련의 행위가 모두 속임수를 구성하므로 이런 과정 모두가 상대가 모르게 진행되어야 한다.
戰術(전술)에 적용한다면 적의 보급로를 차단하는 것이 가장 기본적인 부저추신에 해당한다.

삼국지연의에서 보면 조조가 가장 자주 이용하는 전술의 하나가 적의 보급로(糧道) 차단이다. 대표적인 성공 사례로는 관도대전(AD200년)에서 조조가 원소의 보급기지 오소를 공략하여 원소를 대파한 일을 들 수 있다(정음사 삼국지 상권 제22장 원소패적 제3절 오소소량; 황석영 삼국지 제3권 제30장 관도대전 참조).

제5장 다락 위에 올려놓고 사다리를 치우다: 상옥추제(上屋抽梯)

상옥추제는 다락 위에 오르게 하고 사다리를 떼놓다 라는 뜻이다(삼십육계 제28계).
네 가지 경우가 있다.
① 적군을 이익으로 꾀어 깊숙이 끌어들이고 퇴로를 끊어 섬멸한다. 일반적인 유인책의 범주에 속한다.
② 스스로 자기 편 배후의 퇴로를 끊어 부대를 사

지에 몰아넣고 필사의 각오를 하게 만들어 분전케 한다. 배수진과 같다.

③ 자기가 먼저 좋은 곳으로 가서 동료를 이끌어 주기로 약속한 뒤 동료의 도움으로 성공하고 나서는 약속을 어기고 오히려 동료의 진출을 방해하여 독점적 지위를 누린다. 배신의 한 형태이다.

④ 한 편으로 만들고 싶은 사람을 유인하여 달리 퇴로가 없는 곳에 유인한 뒤 범행계획을 알리고 발을 뺄 수 없이 만들어 共犯(공범)으로 만든다. 특별한 속임수에 속한다.

위의 네 가지가 모두 속임수이다. 성패는 유인의 방법이, 속지 않을 수 없을 만큼 얼마나 그럴 듯한지 여부에 달려 있다.

제1절 주(周)의 제4대 천자 소왕이 도강(渡江) 중 배의 바닥에 구멍이 나 익사하다.

周나라 소왕(BC1027~BC977))이 처음 제후국 초나라를 정벌하여 승리한 후 3년이 지나 다시 초나라를 쳐들어갔다. 한수 강가에 이르러 소왕은 초나라 사공들을 잡아 주나라 대군을 건너게 했다. 소공의 억압과 폭력에 증오심이 북받친 사공들은 뱃바닥 널빤지를 아교로 붙인 배에 소공을 태웠다. 강 한복판 물살이 센 곳에 이르자 아교로 붙인 배의 바닥이 떨어져 나갔다. 그 바람에 소공과 많은 주나라 군대들이 한수에 빠져 일대 혼란이 일었다. 소왕의 부하들이 전력을 다해 소왕을 구하려 했으나 물을 너무 많이 먹은 소왕은 살아나지 못했다. 이때 초나라 군대가 물밀처럼 공격해와 소왕의 군대는 싸움 한번 못 해보고 전멸하였다(BC977).

소왕은 등극 후 제후들의 재물을 수탈하는 데 열심이었다. 이로 인해 천자와 제후 사이의 갈등이 심해졌고 결국에는 제후들의 반란이 일어났다. 주소왕의 초나라 정벌도 이런 일련의 반란을 진압하는 와중에 벌어진 일이었다(중국을 말한다 제2권 153P.).

치밀한 사전 준비 없이 욕심 채우기를 서두르다 속임수에 당한 치욕이었다.

사기에는 <소왕이 남쪽으로 순수했다가 돌아오지 못하고 강 위에서 죽었다. 그러나 소왕이 죽었다고 부고를 내지 않았으니 이것은 이 일을 숨기고 싶었기 때문이었다.> 라고 기록되어 있다(사기 제1권 본기 84p.).

帝王世紀(제왕세기)라는 책에는 <뱃사람이 그를 미워해서 아교로 붙인 배에 왕을 타게 하였다. 왕이 배를 타고 중류에 이르자 아교가 녹아 배가 부서지고 왕이 물에 빠져 죽었다.> 라고 기록되어 있다고 한다(사기 제1권 본기 84p.의 각주).

생각컨대 아교로 붙인 배라는 것이, 그것도 왕이 시종들과 함께 탈 만한 큰 배가, 미리 준비됨이 없이 갑자기 나타날 수도 없는 것이고 뱃사람들이 왕을 미워한다고 하여도, 그들의 수준에서, 갑자기 그런 배를 내놓을 수도 없는 일이니 이것은 필경 미리 준비와 계획이 있었음이 틀림없다.
3년 전에도 주소왕의 침공을 받은 일이 있었던 초나라 측에서 왕의 來侵(래침)을 알고 미리 준비와 계획을 해놓았던 일이라고 추측할 만하다. 상당한 속임수가 있었을 터이다.

제2절 유기가 제갈량을 다락에 올리고 사다리를 치우다.

상옥추제의 네 번째 경우 즉, 한 편으로 만들고 싶은 사람을 유인하여 달리 퇴로가 없는 곳에 유인한 뒤 범행계획을 알리고 발을 뺄 수 없이 만들어 共犯(공범)으로 만든다는 특별한 속임수에 속하는 이야기로는 삼국지연의에 다음과 같은 것이 있다.

유비가 형주의 유표에게 의탁하고 있을 때이다. 유표에게는 전실 소생의 유기라는 큰 아들이 있고 다시 후처 채부인 소생의 유종이라는 작은 아들이 있었다.

계모가 자기 소생을 후계자로 세울 생각으로 마냥 유기를 해치려 하므로 그는 매우 불안한 처지에 있었다.

하루는 제갈량이 유비의 심부름으로 유기를 찾아오자 그는 제갈량에게 계모의 위험에서 벗어날 계책을 물었다. 제갈량은 남의 집안일에는 함부로 간여할 수 없다며 그 청을 물리쳤다. 유기는 밀실로 제갈량을 인도하여 술대접을 하면서 다시 탈신할 계책을 물었으나 역시 거절당하였다.

유기는 귀한 고서를 보여주겠다면서 다시 조그만 누각 위로 제갈량을 모신 다음 울면서 거듭 가르침을 빌었다. 제갈량이 노하여 누각에서 내려가려는데 이미 사다리가 없어졌다.

유종이 칼을 들어 자결하려는 시늉을 하자 제갈량이 마지못해 말해준다.

"동오와의 접경 요충지 강하의 태수 황조가 죽어 그곳을 지킬 사람이 없으니 아버지 유표에게 청하여 군사를 거느리고 가서 강하를 지키도록 하시지요." 유종이 그 말대로 강하를 지키려 나간다는 명분으로 유표의 승낙을 얻어 외지로 나감으로써 계모의 위험을 피할 수 있었다(정음사 삼국지 상권 제29장 형주성 제1절 유기구계; 황석영 삼국지 제4권 62p. 이하 참조).

제6장 풀을 쳐 뱀을 놀라게 하다: 타초경사(打草驚蛇)

타초경사는 본래는 풀을 쳐서 뱀을 놀라게 한다는 뜻으로, 정찰을 통해 적의 소재를 찾는다는 말이다(삼십육계 제13계).

그러나 속임수로서는, 숨어 있는 적을 직접 공격하지 않고 대신 그 주변 사람들을 공격하여 적의 반응을 살핀다는 의미가 있다.

뱀이 숨어 있을 듯한 숲이 있으면 그 숲을 직접 대대적으로 수색하여 뱀을 바로 잡으려 하지 않고 그 숲의 주변을 슬쩍 슬쩍 건드리면 뱀이 놀라 달아나려고 기어나올 터이니 그 때를 기다려 뱀을 잡으면 힘들이지 않고 뜻을 이룰 수 있다는 수법을 가리킨다.

오늘날로 말하면 정계나 재계의 거물을 잡으려 할 때 처음부터 표적의 인물을 직접 수사하지 않고 대신 그 비서나 보좌관 또는 운전수를 먼저 수사하면서 목표한 당사자나 그 주변의 반응을 살피는 경우가 많이 있는데 이것이 바로 타초경사이다. 표적이 된 인물이 고수일 경우에는 이럴 때 당황하여 꼬리를 스스로 내보임이 없이 더욱 신중히

隱忍할 것이다. 또는 사생결단의 각오로 도전해 올 것이다.

제7장 샛길로 몰래 적에 접근하다: 암도진창(暗渡陳倉)

(1) 초한전쟁의 개전 초기(BC206년)에 漢나라의 대원수 한신은 楚나라의 장군 장한이 철저히 수비하고 있는 요충지 관중을 공격하게 되었다. 그 준비 작전으로 그는 관중으로 가는 본래의 길 棧道를 대대적으로 수리, 복구하는 시늉을 하였다. 잔도는 한중에서 관중으로 나가는 길인데 곳곳의 험한 절벽에 나무 기둥을 박고 그 위에 널판을 깔아 길을 만들고 곳곳에 다리와 사다리를 설치하여 만든 지름길이었다.

유방이 한중왕이 되어 처음 부임할 때, 그가 한중을 벗어나 관중으로 침공할 뜻이 없음을 초패왕 항우에게 보여주어 그를 안심시키려고 유방의 모사 장량이 일부러 잔도를 불태워 버렸었다.

관중을 지키는 장한은 그 길의 수리에 상당한 시간이 걸릴 터이니 그 동안은 그저 공사의 진척 상황이나 두고 보면 된다고 생각하였다.

그러나 한신은 그렇게 잔도 수리 공사를 하는 것처럼 꾸며놓고는 항우 쪽이 예상하지 못한 뜻밖의 방향으로 대군을 진격시켰다. 즉, 잔도의 서북쪽 산속을 통과해서 관중의 진창에 이르는, 지금은 이용하지 않아 잊혀진, 산 속의 옛날 작은 길로, 대군을 비밀리에 진격시켜(暗渡) 진창을 통과한 뒤 관중을 기습하여 점령하였다. 한신의 이 작전에서 유래한 것이 암도진창(삼십육계 제8계)이다.

이 작전에서 한신은 대성공을 거두어 장한의 항복을 받고 관중의 정복에 성공함으로써 초한전쟁의 초전을 승리로 장식했다.

비유하자면 제2차 세계대전의 초기에 히틀러가 에리히 폰 만슈타인 장군의 계획을 채택하여, 탱크의 돌파가 불가능하다고 모두가 여기던 아르덴 고원의 삼림지대(프랑스 북부국경의 마지노 요새와 벨기에 사이의 고원)로, 연합군의 예상을 깨고, 탱크부대를 대거 진출시킨 뒤 대서양 연안의 아브빌 쪽으로 전광석화처럼 우회, 진격함으로써 프랑스 서북부와 벨기에 그리고 네덜란드에 포진한 영불연합군과 벨기에군 및 네덜란드군 대군을 단숨에 포위해버린 작전과 유사하다.

(2) 한신의 암도진창만큼 유명하지는 않지만 魏(위)나라의 집권자 사마소 휘하의 장군 등애가 유비의 아들 後主(후주) 유선이 황제로 있는 촉한을 정복할 때 쓴 작전도 암도진창에 해당한다.

등애는 한중 땅의 본거지 검각을 출발한 다음 고산준령이 이어져 모두가 돌파가 불가능하다고 여기는 음평의 샛길로 들어서서 이를 순식간에 돌파하고 단번에 촉한의 수도 성도로 진공하여 AD263년 드디어 촉한을 멸망시켰다(정음사 삼국지 하권 제97장 부자조손 제2절 마천령; 황석영 삼국지 제10권 158p. 이하 참조).

군사적 측면에서 보면 암도진창의 속임수 작전은 대개가 큰 성공을 거두었다. 탁월한 전략적 안목을 가진 장군들만이 이런 작전을 구상하고 실행할 수 있었기 때문이다. 서양 역사에서는 한니발장군이나 나폴레옹 장군의 알프스산맥 돌파가 이에 해당하리라.

제8장 웃음 속에 칼을 감추다: 소리장도(笑裏藏刀)

소리장도는 웃음 뒤에 칼을 감추다 라는 말이다. 겉으로는 싱글벙글 웃고 있지만 속으로는 해칠 계획을 감추고 있다는 뜻이다(삼십육계 제10계).

한편에서는 겉으로 평온을 내보여 상대를 방심케 하고 다른 한편으로는 은밀히 준비하고 시기를 기다려 不意(불의)에 공격하는 모략이다.

대표적인 사례로는 월왕 구천이 오왕 부차에게

복수하려고 미녀 서시를 바치며 신하로서 충성을 다하는 것처럼 하고는 다른 쪽에서는 와신상담으로 복수의 칼을 갈다가 기회를 잡아 오왕 부차를 멸망시킨 고사를 들 수 있다(앞의 제3편 미인계 제5장 서시 참조).

속임수를 행할 때 가장 많이 부수적으로 등장하는 장치가 얼굴에 띄우는 웃음이다. 오죽하면 공자가 교언영색(巧言令色) 선의인(鮮矣仁)이라고 말했을까(논어 학이 1-3).

제9장 벽돌을 던져 옥을 끌어오다: 포전인옥(拋磚引玉)

벽돌을 던져 옥을 끌어온다는 말은, 비유한다면 새우로 도미를 낚는다는 뜻이다(삼십육계 제17계). 유인계를 쓸 때 사용하는 방법이다. 어리석은 사람들이 흔히 걸려드는 속임수이다. 아군이 설치한 함정까지 적군을 유인하기 위하여 부대가 후퇴할 때 일부러 무기와 깃발 등을 길바닥에 버릴 뿐만 아니라 식량과 마필과 기타 재물을 그대로 놓아둔 채 달아나는 시늉을 하여 적이 이런 것을 탐하여 마구 쫓아오도록 하는 유인책이다.

이런 기물이나 재물 등을 취하려 적군의 대오가 흩어지고 어지러워질 때 아군이 반격하여 승리를 취한다.

전투에서의 승리가 玉(옥)인 셈이다. 삼국지연의에 많이 보인다.

전략적 측면에서는, 적군이 작은 승리를 거듭하게 하고 이로써 적이 안심하거나 오만해지면 그 틈을 이용하여 아군이 다른 핵심처에서 큰 승리를 취하여 戰局(전국)을 유리하게 이끈다면 이것이 포전인 옥이 된다.

적이나 상대방이 가벼운 승리나 작은 이익을 탐하여 큰 국면을 보지 못하도록 만드는 데에 이 속임수의 요체가 있다.

제10장 내 오얏나무를 베게하고 대신 적의 복숭아나무를 베다: 이대도강(李代桃僵)

이대도강은 적으로 하여금 나의 보잘 것 없는 오얏나무를 베어넘기게 하고 나는 그 틈에 적의 소중한 복숭아나무를 베어버린다 라는 말이다(삼십육계 제11계). 적이 내게서 작은 승리를 취하게 하고 그 대신 나는 적으로부터 큰 승리를 취한다는 뜻이다.

앞 장의 포전인옥과 대체로 같은 방향의 속임수이다.

열국지를 보면 이런 이야기가 나온다.

손빈이 위나라 대장 방연의 음모로부터 탈출하여 제나라에 와서 전기 장군에 의탁하고 지낼 때였다(손빈과 방연의 관계에 대하여는 이 책 제6편 제4장 '손빈이 거짓 미친 척하다'를 참조할 것. 아울러 열국지 제4권 제87회 귀곡선생편 참조).

제나라 위왕과 장군 전기가 말의 경주시합을 자주

하였는데 전기의 말들이 왕의 말들보다 좋지 못하여 전기가 늘 내기에 지고 있었다. 어느 날 또 내기를 하는데 이번에는 손빈이 전기에게 왕을 이기는 방법을 가르쳐주었다.

<만일 왕의 가장 上等(상등) 말이 경주에 나오면 전기는 그의 가장 좋지 못한 下等(하등)의 말을 내보내 경주를 시킨다. 그러면 왕이 이길 것이다.
만일 왕의 中等(중등) 말이 나오거든 전기는 그의 가장 상등 말을 내보낸다. 그러면 전기의 말이 이길 것이다.
만일 왕의 가장 下等(하등) 말이 나오면 전기는 그의 중등 말을 내보낸다. 그러면 전기가 이길 것이다. 결국 세 번의 경주에서 전기가 두 번을 이길 터이니 시합은 전기의 승리가 된다.>

이것이 손빈이 가르쳐준 계략이었다. 전기 장군

이 그대로 따라 하였더니 과연 모처럼 그가 왕을 이길 수 있었다(열국지 제5권 27p. 이하 참조). 이런 것이 이대도강의 계략이다. 이것이 후세에 三駟法(삼사법)이라고 일컬어지는 유명한 병법의 하나이다.

전쟁으로 말하면 모든 전투에서 다 이겨야 하는 것은 아니다. 결정적 전투에서 이기면 최후의 승자가 된다. 아마도 이런 이치일 것이다.

이 속임수의 요체는 나의 실력과 의도를 적이 최대한 모르게 위장하는 데 있다. 또한 적의 강한 곳과 약한 곳을 이쪽에서 사전에 소상히 정탐해서 알고 있어야 함은 물론이다.

제11장 아침에 넷, 저녁에 셋을 준다 하니 원숭이들이 좋다고 하다: 조삼모사(朝三暮四)

列子(열자)라는 책에는 이런 이야기가 실려 있다.

송나라의 狙公(저공)(원숭이를 기르는 사람)은 원숭이를 좋아하여 많은 원숭이를 길렀다. 원숭이들과 말을 주고 받을 정도까지 되었다. 기르는 원숭이가 이윽고 너무 많아져 그 먹이를 대다가 집안 살림이 어려운 지경에 이르렀다.

원숭이들의 먹이를 제대로 줄 수 없어 그 먹이를 줄여야 했다.

그러나 그렇게 하면 원숭이들이 자신을 잘 따르지 않을까 걱정되어 원숭이들을 속이기로 하였다. 그가 원숭이들에게 말한다.

"앞으로 너희들 먹이를 아침에는 셋을, 저녁에는 넷을 주면(朝三暮四) 어떻겠는가?"

그러자 원숭이들이 화를 내며 들고 일어났다.

狙公(저공)이 그래서 다시 이렇게 제안한다.

"아침에 넷을 주고, 저녁에 셋을 주면 되겠느냐?"

그러자 원숭이들이 모두 즐거워하며 엎드렸다.

열자(列子)는 말한다.

<만물 중에 가진 者(자)가, 없는 者(자)들을 籠絡(농락)함이

모두 이와 같다. 聖人(성인)은 지혜로써 어리석은 이들을 농락하는 사람이다. 이 이야기의 狙公(저공)이 꾀를 부려 원숭이들을 농락한 것과 같다.

명분이란 것이 이처럼 사실에는 아무런 增減(증감)이 없는데도 사람들을 즐겁게 하게도 하고 화나게 하게도 할 수 있음이 이와 같다.>(열자 033)

이 시대의 일부 정치인들이 이념을 가지고 일부 대중을 籠絡(농락)함이 또한 이와 같지 않을까?

제12편 후안무치(厚顔無恥)의 속임수

제1장 진혜공이 후안무치하게 진목공을 속이다.

晉獻公(재위 BC676~651)이 죽자 그 후계자는 우여곡절 끝에 공자 중이와 공자 이오 두 사람으로 사실상 좁혀졌다. 이웃한 秦나라 穆公은 현명한 그의 왕비 목희가 진헌공의 딸이기도 하였지만, 이웃 나라의 후계자가 어떤 사람인지는 자기 나라의 안보에 원래 큰 영향을 미치는 터이므로, 그 후계자 결정에 관심이 많았다.

진목공은, 훌륭한 인물이라는 평을 듣는 공자 중이에게, 그가 망명 중인 책나라로 먼저 사신을 보내어 조문을 하면서, 秦나라 군사가 그를 모시고 晉나라에 들어가 그를 후계자로 세워주겠다는 뜻을 은근히 내비쳤다.

공자 중이는 외국의 도움으로 후계자가 되는 것이 마땅치 않아 이를 정중히 거절하였다.

秦穆公의 사신이 다시 梁나라에 망명 중인 공자 이오를 찾아가 조문하고 군사를 보내 귀국을 돕겠다는 뜻을 표하였다.

공자 이오가 이를 수락하고 그 보답으로 하서지방의 晉나라 성 다섯 곳을 秦에게 바치겠다는 문서를 건네면서 별도로 황금 40일과 백옥 여섯 쌍을 바쳤다. 결국 공자 이오가 秦목공의 도움을 받아 晉의 후계자가 되었다. 그가 진혜공이다.

진혜공은 욕심이 많은 사람이었다. 그는 君位에 오르자 秦에게 주기로 한 하서의 성 다섯을 주지 않았다. 신하들이 반대한다는 이유이었다. 진목공은 격노했으나 우선 화를 참았다.

晉나라는 혜공이 즉위한 후 오년 연속 흉년이 들었다. 진혜공은 이웃 秦나라에 곡식 원조를 요청하였다. 秦목공은 약속을 지키지 않는 晉혜공이 미웠지만 이웃 나라의 백성을 불쌍히 여겨 원조를 결정하였다.

곡식 수만 석을 배에 실어 보냈다. 晉(진)나라 백성이 살아났다.

   그 다음 해에 秦(진)나라는 흉년이 들고 晉(진)나라는 풍년이 들어 秦(진)목공이 사신을 보내 晉(진)혜공에게 곡식을 청하였다.

그러나 진혜공은 이를 거절하였다. 뿐만 아니라 진혜공의 신하들은 "만일 우리 晉(진)나라 곡식이 먹고 싶거든 잔말 말고 군사를 거느리고 와서 빼앗아가라!"라고 사신에게 폭언까지 하였다.

그리고는 秦(진)이 흉년을 당한 이 기회를 틈타 梁(양)나라와 동맹하여 秦(진)을 쳐 무찌르고 그 땅을 반씩 나눠 갖기로 계획하였다.

   이를 안 진목공이 격노하여 晉(진)혜공을 쳤다. 이 싸움을 韓原大戰(한원대전)(BC645)이라 한다.

이 전쟁에서 晉(진)혜공이 패하고 포로가 되었다.

그는 秦(진)나라에 끌려갔으나 그 누이 목희가, 자기 동생을 석방하여 귀국시켜 주지 않으면 자결하겠다고 위협하면서 장작을 쌓아놓고 그 위에 올라가 불을 지를 준비를 하자, 秦목공이 혜공을 살려주고 귀국시켰다(열국지 제2권 제28회 이오즉위 제2절 망인무모 및 제30회 목희등대 제2절 한원대전 참조).

晉혜공은 참으로 욕심이 많고 厚顔無恥한 사람이었다. 못할 짓이 없는 사람이었다.

秦목공이 처음 그를 晉나라 君位에 올려줄 때 그의 누이인 진목공의 부인 목희가 晉혜공에게 편지를 보냈다.

<君位에 오르면 국외에 망명 중인 공자 중이를 비롯한 모든 형제를 귀국시켜 우애 좋게 지내기 바란다. 그리고 賈君을 각별히 후대하기 바란다.>

진혜공은 목희의 비위를 맞추려고 그대로 거행하겠다고 약속하는 답서를 보냈다.

賈君은 죽은 진헌공의 후궁이다. 어머니를 일찍 여읜 목희는 어려서부터 출가하기 전까지 가군의 보살핌 속에 자라고 살았던 터라 그를 친어머니처럼 여겨 특별히 당부한 것이다. 그런데 쯥혜공(진)은 궁에 돌아가 즉위한 뒤 그 가군을 찾아보고는 아직도 미색이 남아 있음에 음심이 동하여 그녀를 강제로 능욕하였다.

또한 타국에 망명하여 떠도는 자기 형 공자 중이를 암살하려고 끊임없이 자객을 보내기도 하였다.

이런 후안무치한 사람이니 못할 짓이 없는 사람이었다. 그러니 그런 그가, 자기를 도와준 秦목공(진)에게 거짓 약속을 하고, 속이고, 오히려 병탄하려까지 하는 것은, 충분히 하고도 남을 일이었다.

세상이 개화되고 문명화되는 요즘의 시대에도, 못할 짓이 없는 그런 후안무치한 사람들이 아직 있지 않나 걱정되기도 한다.

제2장 장의가 초나라 왕을 속이다.

중국 춘추시대 말에 활약한 장의(BC?~BC309)는 소진의 合從策(합종책)에 대항하는 連衡策(연형책)을 내세운 사람으로 유명하다. 장의와 소진은 귀곡자 밑에서 함께 공부한 사이였다. 장의는 변설가로 또 유세객으로 이름이 났지만, 사실 가장 지독한 사기꾼이었다.

장의는 秦(진)혜문왕의 정승으로 있었다. 당시 楚(초)회왕과 齊(제)민왕이 동맹을 맺고 秦(진)나라에 대항하기 때문에 진나라는 더 이상 동쪽으로 진출할 수 없었다.

장의가 초와 제의 동맹을 파괴하려 나섰다.

그는 楚(초)회왕을 만나, 齊(제)와 단교하고 秦(진)과 동맹하면 전에 상앙이 초나라에서 빼앗아 진의 영토로 만든 商於(상어) 땅 6백리를 초에게 돌려주겠다고 약속하였다.

이를 믿고 초회왕이 제나라와 단교하였다. 화가 난 제민왕이 秦혜문왕에게 동맹을 맺고 함께 초를 치자고 제의 하였다.

齊와 단교한 초회왕이 秦에 사신을 보내, 약속한 상어 땅 6백리의 양도를 요구하자 진혜문왕은 모르는 일이라고 잡아떼었다.

장의도 자기가 양도를 약속한 땅은 상어 땅 6백리가 아니고 자기의 봉지인 商이란 작은 고을 6리뿐인데 초회왕이 잘못들었다고 딴 소리를 하였다.

초회왕이 격노하여 秦나라를 쳤으나 秦과 齊 두 나라의 연합군에게 대패하여 출정군 10만 중 8만이 전사하였다.

초회왕은 하는 수 없이 한중 땅 6백리를 별도로 秦나라에게 바치고 진과 강화하고 말았다(열국지 제5권 제91회 張儀欺楚 제4절 欲食其肉).

이 사건은 초회왕의 어리석음 때문에 물론 빚어

진 일이다. 그러나 장의의 소행은 厚顔無恥하기 짝이 없다. 일국의 재상이란 자가 다른 나라와의 사이에서 이런 일을 아무 거리낌 없이 자행하다니 그 시대가 과연 중국의 戰國時代임을 알만도 하다. 더구나 장의의 속임수는 처음부터 계획적으로 짜놓고 한 짓이란 점에서 앞에서 얘기한 晉혜공의 속임수보다 훨씬 나쁘다고 하여야 하겠다. 진혜공의 약속 위반은 처음부터 계획을 짜놓고 그렇게 한 짓은 아니었으니 말이다.

제3장 초문왕이 식후(息侯)의 궁에 손님으로 가 예쁜 그 부인을 빼앗아오다.

앞에 나온 제4편 제6장에서는 초문왕이 息侯의 宮에 손님으로 가서 식후의 부인 도화부인의 미색을 탐내어 대낮에 군사를 풀어 그 부인을 체포하여 초나라 궁으로 납치해가 자기 부인을 삼은 후안무치한 이야기를 하였다.

앞 장에 나온 진혜공의 행적이나 장의의 행적 등과 더불어 춘추전국시대의 어지러움을 말해주는 일면인데 이것과 역시 앞에 나온 로마 왕정시대의 여인 루크레티아의 정절 그리고 공화정 시대의 스키피오의 자제력 등을 대비하여 보면 너무 차이가 난다. 물론 일반화할 수는 없는 문제이긴 하지만 말이다.

제4장 사정변경(事情變更)의 원칙이 적용될까?

법률에는 사정변경의 원칙이라는 법리가 있다. 원래는 민법상의 원칙인데 국제법에서도 논의된다. 간단히 설명하면 다음과 같다.

<계약 체결시에 기초가 된 사정이 그 후 현저하게 달라져, 당초에 정했던 계약의 효력을 그대로 유지 또는 강제함이 오히려 信義誠實(신의 성실)에 반할 경우에, 계약의 효력을 새로운 사정에 맞게 변경하거나 폐기할 수 있다는 법리이다. 계약은 지켜야 한다는

pacta sunt servanda 라는 원칙과 대비된다.>

이런 사정 변경의 원칙에 비추어 보아도 장의의 소행, 진혜공의 행적, (뒤에 나오는) 원세개(위안스카이)의 행보 등은 용납할 수 없는 후안무치의 행동임에 틀림이 없다. 초문왕의 행적은 아예 이 원칙을 논의할 꺼리도 못된다.

오늘 여기에서 본다면, 어느 나라든 그 외교적 행보가, 약속을 어기는 것이고 속임수적이고 배신적이고 사정변경의 원칙에도 어긋나서, 후안무치라고 비난받을 짓이어서는 안 된다.

제13편 악마의 속임수: 투량환주(偸梁換柱) 亡國論

투량환주(偸梁換柱)라는 말이 있다. 이것은 혼란을 틈타 대들보(梁)를 훔치고 기둥(柱)을 바꿔치기 한다는 말인데(삼십육계 제25계), 혼란의 와중에 진짜를 빼내고 가짜를 내세워 자기가 권력을 장악한다는 의미이다.

이것은 三重(삼중)의 속임수이다. 첫째는 진짜를 속여 (빼내야) 하고 둘째는 가짜를 속여 (동의를 받아야) 하고 셋째는 제3자를 속여 (믿게 하여야) 한다. 가히 최악의 속임수라고 할 만하다.

왕조의 혈통을 두고 이런 일이 벌어지기도 한다.

제1장 진시황은 여불위의 아들인가?

진시황의 아버지 장양왕(BC281~247) 嬴異人(영 이인)

은 秦(진)나라와 趙(조)나라가 서로 인질을 교환할 때 어린 나이에 인질로 뽑혀 조나라에 가 살았다. 조나라에서 지내는 동안 呂不韋(여불위)라는 조나라의 商人(상인)이 이인에게 접근한 뒤 자기의 아름다운 애첩 趙姬(조희) (朱姬라고도 한다)를 바쳤다. 이인은 조희를 정식 아내로 맞아 아들을 낳았다.

이인은 후일 여불위의 공작에 힘입어 조나라를 탈출하여 진나라로 돌아왔다. 다시 여불위의 幕後(막후) 도움을 받아 진소양왕의 태자 안국군이 제일 사랑하는 부인 화양부인의 양자가 되었다. 소양왕이 죽고 태자 안국군이 효문왕이 되자 이인은 그의 태자가 되었는데 효문왕이 등극 후 3일만에 바로 죽는 바람에 마침내 진나라의 왕이 되었다. 그가 장양왕이다.

그 장양왕이 조나라에서 낳은 아들 영정(嬴政)이 후일 진시황이 되었다(열국지 제5권 제 99회 여불위; 초한지 제1권 62p.천하대상 여불위 각 참조).

그런데 조희가 장양왕에게 시집올 때 이미 여불위의 아들을 회임한 상태임을 여불위와 조희가 알고도 이를 감춘 채 시집을 왔으므로 그 아들은 장양왕의 아들이 아니라 여불위의 아들이라는 소문이 있었다. (사마천의 사기 열전은 이 소문을 따랐음인지 진시황의 이름을 呂政이라고 기록하고 있다. 사기 열전 상권 여불위 열전 375p. 반고의 한서와 사마광의 자치통감이 이런 열전의 입장을 따르고 있고 반면 잠부론과 유안의 회남자는 뒤에 보는 사기 본기의 입장을 따른다.)

그래서 번어기라는 장군이 장양왕의 다른 아들 장안군 성교를 왕으로 추대하며 왕실의 혈통을 바로잡겠다고 반란을 일으킨 일도 있었다.

만일 이 소문이 진실이라면 여불위는 진나라 왕실의 혈통을 영(嬴)씨에서 여(呂)씨로 바꿔치기 하였으니 일종의 투량환주(偸梁換柱)를 한 셈이다.

그러나 진시황의 생모 조희가 장양왕에게 시집오기 전에 회임을 하고도 시집온 때로부터 다시 열 달을 넘기고 나서 여불위의 아들을 낳을 수는 없다는 이치를 들어 이 이야기는 진실일 수 없다는 주장(중국 하남대학 교수 왕립군의 TV강의 진시황 제8회)이 설득력이 있다.

사마천은 사기 본기에서 조희가 왕손 이인에게 시집오고 나서 '진소양왕 48년(BC259) 정월 滿期(만기)에 趙政(조 정)을 낳았다'고 적어(사기 본기 149p.) 열전과는 다른 기록을 하고 있다. (秦나라 왕의 姓은 嬴이고 氏는 趙라고 한다. 상고시대에는 성과 씨가 구별되었다. 사기 본기 147p.).

滿期라고 하면 임신기간으로 통상 말하는 10개월을 모두 채웠다는 뜻이다. 만기에는 1년 즉 12개월을 가리키는 뜻도 있다 하는데 이 1년 설은 따르기 곤란하다. 태아가 열 달을 넘기고도 모체에 있으면 죽거나 기형이 되거나 저능아가 된다고 하기 때문이다.

진시황은 어려서부터 총명하고 튼튼한 몸이었으므로 정상적인 출생을 한 것으로 보아야 하고 그렇다면 사기 본기의 이른바 만기는 시집온 뒤로부터 따져 열 달을 채웠음을 의미한다고 하겠다. 그 계산의 始點이 문제인데 정확한 것은 알 수 없지만 기록의 취지로 보아 적어도 '시집오기 전부터 따져'라는 암시는 없으니, '시집오고난 뒤부터 따져'라는 뜻은 분명 포함하고 있다고 보아야 한다. 이러한 사기 본기의 기록을 미루어 보면 진시황은 조희가 이인에게 시집온 뒤에 그를 임신하였다고 봄이 합리적이다.

그러면 진시황이 영정이 아니라 여정이라는 설은 어떻게 하여 나왔을까? 추측컨대 진시황이 육국을 멸망시켰기 때문에 육국의 후손들은 그를 증오하였고 또 그의 통치를 천하에 없는 폭정(예컨대 焚書坑儒)이라고 비난하는 후세의 유가들도 역시 그를 미워하였기에 그들은 자연 그를 폄하하고 욕되게 하는 사기 열전의 기록을 따르게 되었을 터이다.

태아가 모체에서 10개월을 넘어, 더구나 두 달이나 더 넘어 생존할 수는 없다는 과학적 이치를 생각할 때 진시황이 여불위의 아들이라는 주장은 믿을 수 없다.

여불위의 전후 행적을 통찰하면 그는 정세분석이 매우 뛰어나고 수단을 제대로 고를 줄 아는 아주 현실적인 사람이었다. 더구나 '呂氏春秋(여씨춘추)'라는 당시의 모든 사상을 집대성한 책을 편찬할 정도의 높은 안목을 지닌 사람이었다. 비록 큰 장사꾼으로서 부귀영화를 꿈꾸고 신분의 상승을 꿈꾸었지만 그것을 넘어서 자기 아들로 진나라의 왕통을 바꿔치기 하려는 그런 불필요하고 무모한 짓을 계획할 어리석은 사람이 결코 아니었다. 현실적인 사람은 그런 무모한 짓은 절대로 하지 않는 법이다. 진시황이 여불위의 아들이라는 설은 이 점에서도 믿을 수 없다.

그럼에도 불구하고 진시황이 여불위의 아들이라

고 주장하는 쪽에서는, 진시황이 조희의 뱃속에서 12개월을 지나서 태어났음이 사실이라고 하면서 자기들 주장의 근거로, 그가 태어날 때 이미 눈에 광채가 돌고, 입 속에는 이가 몇 개 나 있고, 목에서부터 등줄기로 용 비늘이 달려 있었다는 이야기 (열국지 제5권 제99회 제4절 産下一兒; 초한지 제1권 93p.)를 제시한다. 그러나 이런 얘기는 모두 믿을 수 없는 허구의 조작일 터이다. 위대한 인물의 탄생설화에 흔히 등장하는 신비로운 이야기의 하나일 듯싶다.

제2장 간신 조고가 투량환주(偸梁換柱)로 진제국(秦帝國)을 망하게 하다.

指鹿爲馬(앞의 제4편 제5장; 초한지 제1권 192p.)로 유명
지록위마
한 조고가 투량환주한 짓을 살펴본다.

① 진시황의 가장 측근인 환관 조고는 진시황 사망 당시 그 현장에 있었다. 진시황은 죽으면서

長子(장자) 부소에게 황위를 물려준다는 유언을 하고 승상 이사에게 그 뜻의 조서를 쓰게 했다. 이 때 부소는 북방의 상군에 주둔하면서 장군 몽념과 함께 만리장성의 축조를 지휘하고 있었다.

② 이 조서를 본 조고가 이사를 꾀었다. 원래 태자 부소는 승상 이사와 사이가 좋지 않았다. 대신 장군 몽념을 특히 신임하였다.

조고가 이 점을 지적하면서 이사에게 말하기를, 태자 부소가 황제가 되면 이사를 승상직에서 해임하고 대신 몽념을 승상에 임명할 것이니 차라리 진시황이 둘째 아들 호해를 후계자로 지명한 것처럼 조서를 위조하자고 하였다.

승상의 지위를 잃을까 염려한 이사가 이를 수락하고 조서를 위조하였다.

③ 두 사람은 호해를 설득하여 그 동의를 받았다.

④ 두 사람은 부소에게 자결을 命(명)하는 진시황 이름의 허위조서를 보냈고 평소 효성이 지극하던 부

소는 진시황의 사망 사실을 모르고 그 명에 따라 자결하였다.

장군 몽념은 진상을 짐작했으나 자기도 결국은 죽음을 면치 못할 것을 알고 부소를 따라 역시 자결하였다.

⑤ 그제서야 두 사람은 진시황의 죽음을 세상에 공표하고 거짓 조서를 내세워 호해를 이세황제로 登極(등극)시켰다(초한지 제1권 41p. 이하 참조).

중국 역사에서 가끔 일어났던 후계자 바꿔치기 사건의 한 사례이다. 문자 그대로 대들보를 바꾸고 기둥을 바꿔치기한 사건이다.

후에 조고는 승상 이사를 모함하여 그와 그 일족을 몰살하고 스스로 승상이 되어 전권을 독점하였다. 얼마 안가서 스스로 황제가 되려고 이세황제마저 살해하였으나(BC207) 황제 되기에는 실패하고 목숨을 잃었다. 그는 진시황의 손자 자영에게 붙잡혀 죽임을 당하였다.

곧 이어 그렇게 강성하던 秦나라는 망하고 말았다(BC207). 중국을 통일한지 겨우 15년 만의 일이다.

조고의 속임수는 당시 세계 최초의, 또 세계 최대의, 帝國을 간단히 멸망시키고 그에 이은 큰 전쟁(초한전쟁)으로 죄 없는 수많은 생령의 목숨을 앗아가고 훨씬 더 많은 사람들의 생활을 고통 속에 밀어넣고 말았으니 가히 악마적이라고 이를 수 있지 않겠는가?

한 가지 의문이 남는다. 이사로 말하면 진시황의 중국통일을 보좌한 책략가로서 일등공신이고 통일 후 제국의 기초를 확립한 탁월한 행정가로서 당대 제일의 지혜로운 인물이었다. 그런 그가 어찌 일개 환관인 조고의 속임수에 넘어가 황제의 후계자를 바꿔치기 하였을까?

이사 자신과는 사이가 좋지 않은 태자 부소가 황

제가 되면, 부소가 신임하는 장군 몽념이 자기 대신 승상이 되리라는 조고의 말에 넘어갔기 때문이다. 권력의 계속 유지! 인간의 이런 탐욕을 노리고 조고는 정확히 덫을 놓았고 여기에 이사가 보기 좋게 걸려들었다. 조고는 악마인가?

제3장 간신 괵석보가 거짓 봉화(僞烽火)로 포사를 웃기고 (褒姒大笑) 서주(西周)를 망하게 하다.

　褒姒(포사)는 중국 역사에 등장하는 최고 미인의 하나이다. 그녀는 周幽王(주 유왕)(재위 BC782~BC771)의 후궁에서 왕비로 승격했고 그 소생은 태자가 되었다(앞의 제3편 제4장 참조).

포사는 유왕의 총애를 독차지 했건만 한 번도 웃지를 않았다. 주유왕은 포사를 웃게 하려고 별의별짓을 다 하였다.

하루는 포사가 비단 찢는 소리가 상쾌하더라는 지난날의 얘기를 하자 주유왕은 날마다 궁녀들을 시켜 비단 백 필씩을 찢게 하기도 했다. 포비는 비록 비단 찢는 소리가 싫지는 않으나 의연히 웃지를 않았다. 주유왕은 마침내 누구든 포사를 웃게 하면 천금의 상을 내린다고 공표하였다.

간신 괵석보가 아래와 같은 꾀를 내었다.

<西戎(서융)이 매우 강성하여 혹시 그들이 쳐들어오지 않을까 염려한 周宣王(주선왕)은, 여산 아래 20여 곳에 장작을 쌓아놓고 또 큰 북 수십 개를 걸어 놓았다. 만일 오랑캐가 쳐들어오면 불을 놓아 연기가 하늘 높이 치솟게 하고 그것을 신호로 가까운 제후들이 병사를 거느리고 구원을 오게 법을 정하였다. 또 큰 북을 울리면 더욱 급히 달려오게 하였다.

지난 수년 동안 천하가 태평하여 봉화를 올린 일이 없다. 그러니 왕께서 왕후와 함께 여산으로 행

차해서 밤에 봉화를 올리고 큰 북을 급히 치면 제후들이 놀라서 병사를 이끌고 급급히 몰려올 것이다. 와서는 적병이 없어 영문을 모르고 당황해 할 터인데 그 모습을 보면 왕후가 반드시 웃을 것이다.>

주유왕은 드디어 이 제안대로 사건을 벌였다.
수도 호경의 봉수대 20여 곳에 갑자기 큰 봉화불을 올렸다. 동시에 큰 북 수십 개도 울리게 했다.
이에 크게 놀란 근기(近畿; 수도 주변)의 여러 제후들이 왕을 구하려고 여산의 궁궐로 부랴부랴 군사를 이끌고 달려왔다. 와보니 주유왕은 여산의 누각에서 포사와 더불어 질탕하게 연회를 즐기고 있었다. 잠시 후 왕의 명령이 내려왔다.
"오랑캐의 침입은 없으니 모두 돌아가거라."
제후들은 "온 세상에 이런 일도 있소?" 라고 탄

식하며 병사를 거느리고 돌아갔다.

이때 누각 위 난간에 기대어 이 모습을 물끄러미 바라보던 포사가 부지중에 손바닥을 쓰다듬으며 크게 웃었다. "호오 호오 호오 ."

주유왕이 기뻐서 말한다.

"그대가 한 번 웃으니 백 가지 아름다움이 일시에 생기는도다."

그리고 주유왕은 괵석보에게 상금 천금을 내렸다 (열국지 제1권 제2회 포후대소 제4절 대거봉화).

포사의 웃는 얼굴에 재미를 붙인 주유왕은 그 뒤 여러 차례 봉화를 올렸다. 처음에는 제후들이 군사를 거느리고 급히 달려왔지만 역시 속임수임을 알고난 뒤로는 아무리 봉화가 올라도 제후들은 오지 않았다.

그러나 주유왕 11년, 이번에는 실제로 융족이 침입하여 유왕이 봉화를 올렸으나 이때에는 제후들이 아무도 구원하러 오지 않았다.

이에 유왕은 붙잡혀 살해되고 포사는 융족에게 전리품으로 잡혀갔다. 이것으로 西周(서주) 시대는 끝나고 (BC770) 東周(동주) 시대가 되었다.

속임수라고 해도 너무 어처구니가 없어 믿기 어려운 이야기이다. 그러나 사기(본기 제1권 95p.)에도 실려 있으니 믿지 않을 수 없다.

사랑하는 여인을 기쁘게 하여 꼭 웃기고 말리라는 주유왕의 다짐은 이루어졌으나 그 대가는 너무도 컸다.

권력자의 어리석음은 때로 이렇듯 황당한 사건을 일으킨다.

이솝 우화에도 늑대와 양치기 소년의 이야기가 있으니 이런 어리석음은 東西古今(동서고금)을 막론하고 모든 인간에게 공통되는 그런 속성의 하나인 모양이다.

만일 누가 있어 敵의 사소한 환심을 사겠다고 동맹의 중대한 신뢰를 저버리는 짓을 한다면 이를 보는 사람들은 웃기만 하고 말겠는가?

이 속임수의 포인트는 의외성에 있다. 그 의외성은 중대한 신뢰의 기습적 파괴에 있다.
왕과 제후 사이에 정해진 국가안보의 중대한 약속과 신뢰를 갑자기 깨버리는 의외성, 이런 의외성에 속지 않을 사람은 없고 갑자기 그런 속임을 당한 사람의 당황하고 허둥대는 모습은 그저 웃을 수 있는 일이 아니다. 사실은 큰 비극이 곧 닥치기 때문이다. 웃음은 순간일 뿐인데 對價는 국가의 멸망이었다. 너무나 치명적인 대가를 치른 셈이다. 악마의 속임수이다. 괵석보는 정녕 악마인가?

제4장 간신 백비가 오자서를 죽이고 오나라를 망하게 하다.

백비는 오자서와 같은 초나라 사람이었다. 그 아

버지가 초평왕의 간신 비무극의 모함으로 억울하게 처형되자 오나라로 망명하여, 오나라에 먼저 망명한 오자서에게 의탁하였다.

오자서 역시 아버지와 형이 초평왕에게 억울하게 죽었기에 오나라로 망명하고 오왕 합려에게 충성을 바치며 아버지와 형의 원수를 갚으려고 절치부심하는 터였다.

오자서는 백비를 보호하며 그를 오왕에게 추천하여 벼슬을 주고 자기의 동료로 삼았다.

백비는 원래 감언이설과 아첨에 능하였으므로 그 재주를 발휘하여 오왕 부차의 신임과 총애를 받아 태재라는 최고 지위에까지 올랐다. 그러나 태재 백비는 상국 오자서의 능력과 권위와 지위를 시샘하여 그를 모함하기 시작했다. 완전한 배신이었다.

그는 월왕 구천의 심복인 범려 및 문종을 통하여 막대한 뇌물을 받고 월왕 구천에 대한 오자서의 견제정책을 반대하면서 드디어 그들과 내통하여 오자서의 제거작전을 벌였다.

월왕 구천을 죽여 후환을 완전히 제거하려는 오자서에게 반대하여 그는 오왕 부차로 하여금 구천을 살려주게 하고, 몇 년 뒤에는 노예생활을 하던 구천을 귀국시켜 왕위에 복귀시켰다.

다시 구천이 미인계로 바치는 미인 서시를 부차가 받아들이게 부추기고 그로 하여금 끝없는 향락에 빠지게 하고, 호화로운 고소대를 짓게 하는 등 대규모 토목사업을 일으켜 국고를 탕진케 하였다.

월나라에 막대한 양의 식량을 빌려주게 하고, 구천이 비밀리에 군사를 양성, 훈련하는 것을 막지 않았으며, 쓸데 없이 제나라를 정벌토록 이끌어 국력을 허비하게 하였다. 그리고 이를 반대하는 오자서가 그 아들을 제나라에 보내어 내통하며 역심을 품고 있다고 모함하여, 그렇지 않아도 오자서를 귀찮게 여기던 오왕 부차로부터 그를 이간하고 마침내 부차로 하여금 오자서를 죽이도록 만들었다 (BC484).

결국 오나라는 BC473년 월왕 구천의 침공을 받아 멸망하고 부차 또한 자살하였다.

백비는 감언이설과 아첨으로 자기가 충신인 것처럼 오왕 부차를 속였다. 적국의 뇌물을 받고 충신 오자서를 반역자로 모함하여 역시 오왕 부차를 속였다. 월왕 구천의 복수전 준비를 은폐하고 반대로 그의 부차에 대한 거짓 충심을 과장하여 부차를 속였다.

부차가 속은 것은 그가 어리석었기 때문이 아니었다. 그가 속은 것은 한때의 성공에 도취하여 생긴 오만심과 향락심 때문이었다.

여기에 침을 박고 꿀을 빨면서 바람을 불어 넣은 백비의 속임수는 백발백중으로 성공하였다. 결과는 일대의 강국 오나라의 패망이었다.

아이로니컬한 일은 백비 또한 월왕 구천에 의하

여 죽임을 당했다는 사실이다.

백비를 살려두면 후세의 다른 사람들이 그를 본받을까 두렵다면서 구천은 자기의 승리에 엄청 기여한 공로자를 승리 직후에 사형해 버렸다.

구천은 이렇게 말했다.

"나는 충신 오자서의 원수를 갚아주려고 백비를 죽였다."(열국지 제4권 제83회 월왕칭패 제3절 대과육야)

한 가지 의문이 남는다. 오자서는 당대 최고의 영웅으로 남다른 지략을 가진 지혜로운 사람이었다. 그런 그가 어찌 백비의 사람됨을 모르고 그를 보호하고 그를 영달까지 시키다가 끝내는 자신도 망치게 하고 오나라도 망치게 두었던가?

그 사람됨을 모르지는 않았을 터인데 오랜 세월 어찌 그대로 방치했을까? 동향인에 대한 의리 때문이었나? 同病相憐의 인정 때문이었나? 알 수 없다. 사람을 알기는 불가능한 모양이다. 聖人이 아니고는 알 수없다고 하여야 할까?

월나라 쪽에서 백비와 주로 교섭한 사람은 대부 문종이었다.

추측컨대 아마도 대부 문종은 엄청난 뇌물을 백비에게 주면서, 오자서를 제거하지 않으면 조만간 오자서가 백비 당신을 제거하여 당신은 모든 부귀영화를 틀림없이 잃을 것이라 말했을 터이다. 또한 월왕 구천과 손을 잡으면 무슨 일이 있든 백비 당신의 부귀 영화를 끝까지 보장한다고 단단히 약속하지 않았을까?

백비는 문종이 제공하는 눈앞의 뇌물과 장래의 약속에 속았을 터이다. 이런 약속을 믿었든 백비는, 오나라 고소대의 왕좌에 앉아 승전 축하 인사를 받는 구천의 앞에, 월나라의 중신들과 함께, 당당히 들어와 시립하였다. 그는 구천으로부터 감사의 인사와 함께 큰 포상을 기대하였을 것이다.

그러나 그를 기다린 것은 앞에서 이미 본 것처럼 구천의 호된 꾸지람과 처형이었다.

오자서는 자기가 백비에게 베푼 은혜를 그가 그렇듯 무자비할 정도로 배신하리라고는 미처 생각하지 못했단 말인가? 백비도 또한 또 하나의 악마가 아닌가?

제5장 이원 남매가 초나라를 훔치다(男妹盜國).

이원(李園)은 초나라 상국 춘신군 황헐의 舍人(한 집안의 잡무를 맡은 사람)이었다.

그는 젊고 아름다운 자기 여동생 이언(李嫣)을 춘신군의 애첩으로 헌상하여 춘신군의 총애와 신임을 얻었다. 이원은 자기 여동생이 회임하자 그녀를 초나라 고열왕에게 바치라고 춘신군을 꼬셨다. 고열왕은 아들이 없으니 그가 죽는 날 왕위가 그의 동생들 중 하나에게 넘어갈 것이고 그렇게 되면 춘신군은 모든 권력을 잃을 터인데, 자기 여동생을 왕에게 바쳐 만일 그녀가 아들을 낳는다면 춘신군 당신의 아들이 왕이 되는 셈이라 당신은 계속하여 권력을 쥘 수 있다고 유혹하였다.

춘신군과 이원의 여동생 모두가 동의하여 그대로 따라 했고 이원의 여동생이 고열왕의 총애를 받고 이윽고 아들 한(悍)을 낳자 이언은 왕후가 되고 아들 한(悍)은 태자가 되었다.

그 덕에 이원도 출세하여 권세 있는 자리에 올랐다. 고열왕이 죽자 춘신군의 아들인 한(悍)이 여섯 살의 나이로 왕이 되었다(BC238). 그가 楚幽王(초유왕)이다.

이원은 초유왕의 신분의 비밀이 탄로날까 두렵기도 하고 춘신군의 세력을 질투하기도 하여 언제고 춘신군을 죽여 비밀을 지키려 결사대를 양성하고 있었다.

춘신군은 원래 문하에 삼천명의 식객을 거느려 맹상군, 평원군, 신릉군과 더불어 전국 4공자의 하나로 유명하였다.

그의 문객 중 주영이라는 사람이 이원의 속셈을

알아차리고 이원을 없애라고 춘신군에게 충고하였다.

그러나 춘신군은 이원이 연약하고 무능할 뿐더러 자기와 매우 친한 사이이니 그럴 일이 없다고 하며 이를 따르지 않았다.

마침내 고열왕이 세상을 떠나자 이원은 궁궐을 점령하고, 문상하려 들어오는 춘신군을 결사대를 시켜 암살하고, 그 일가를 몰살하고, 여섯 살의 어린 초유왕을 등극시키고, 스스로 재상이 되어 모든 권력을 장악하였다(사기 열전 상권 264p.; 열국지 제5권 제103회 제2절 男妹盜國).

춘신군은 왜 주영의 충고를 듣지 않고 이원에게 속았는가?

춘신군은 고열왕 밑에서 25년간 재상을 지내며 권력의 정상에 있었다. 권력을 누리며 그는 나태해졌고 나이도 늙었다. 판단력은 줄었지만 권력에 대한 애착은 줄지 않았다. 게다가 자기의 舍人(사인) 출신인 이원을 가볍게 보아 무시하는 마음은 여전하였다. 어찌 속지 않을 수 있겠는가? 輕敵無視必敗(경적무시필패)이었다.

십여 년 뒤 초나라는 멸망하였다(BC223). 악마는 도처에 있는 모양이다.

제6장 역아, 수초, 개방이 제환공의 시신을 썩게 방치하다.

제환공을 도와 그를 春秋五霸(춘추오패)의 제1인자로 만든 관중이 중병이 들자 제환공이 그를 문병하고 누구를 그의 후임자로 삼아야 할지를 물었다(BC645).

관중이 포숙아는 군자이기 때문에 정치를 못합니다 라고 말하고 이어 역아와 수초, 개방을 가까이 하지 말라고 말하자 환공이 말한다.

"요리사 역아는 자기의 가장 아끼는 아들을 삶아서 나에게 맛보게 한 사람이다. 이처럼 자기 자식보다도 나를 더 사랑한 사람인데도 의심해야 하겠소?"

관중이 대답한다.

"자식에 대한 사랑보다도 더 큰 사랑은 없습니다. 그런데 그는 제 자식을 죽였습니다. 그런 사람이 임금에겐들 무슨 짓이건 못하겠습니까?"

환공이 다시 "수초는 스스로 거세를 하고 환관이 되어 나를 모셔온 사람인데 이런 사람도 의심해야 하나요?" 라고 하자 관중이 말한다.

"사람은 자기 몸보다 귀중한 게 없습니다. 그런데 그는 자기 몸을 불구로 만들었습니다. 그런 사람이 임금에겐들 무슨 짓이건 못하겠습니까?"

환공이 개방에 대하여도 묻는다.

"그는 위나라 임금의 태자로서 그 부모가 죽었는데도 나를 모시려고 본국에 돌아가질 않았소. 그가 친부모보다도 나를 더 사랑하는 줄은 누구나 다 아는 사실이오."

관중이 말한다.

"그는 천승의 나라의 임금이 될 수 있는 기회를 버리고 주공 밑에 와 있습니다. 그는 천승보다도 더 큰 것을 노리고 있기 때문입니다. 그를 가까이 하면 반드시 이 나라가 어지러울 것입니다."

관중이 죽은 뒤 환공은 습붕을 재상으로 삼았고 습붕이 죽자 포숙아에게 나라 일을 맡겼다. 포숙아 역시 역아, 수초, 개방 세 사람을 내쫓으라고 말하므로 환공은 이들을 모두 궁에서 내보냈다.

그러나 얼마 지나지 않아 세상 사는 재미를 잃은 환공은 포숙아의 반대를 무릅쓰고 역아 등 세 사람을 다시 불러들여 좌우에 두었다. 포숙아는 울화병으로 죽었다.

이때부터 제나라 정사는 어지러워졌고 급기야 제환공이 병들자 역아, 수초, 개방 세 사람은 환공을 별채로 옮기고 그 사방에 높은 벽을 쌓아 아무도 접근하지 못하게 막았다.

그러고는 그들 세 사람은 각기 자기들이 내세우는 공자를 후계자로 만들려고 싸웠다.

이 때문에 제환공은 아무도 돌보지 않는 밀실에서 홀로 굶어 죽었고 그의 시신은 두 달 동안이나 아무도 돌보지 아니하여 구더기가 들끓고 썩는 냄새가 사방에 진동하였다(열국지 제2권 제30회 제2절 哀哉管仲).

환공과 같은 일세의 영웅이 그 최후가 너무도 비참하였다.

환공이 죽은 뒤 그 후계자의 자리를 두고 역아와 수초가 모시는 왕자, 개방이 모시는 또 다른 왕자, 그리고 각기 자기가 후계자라고 내세우는 또 다른 왕자들 사이에 궁중에서 서로 대치하여 다투는 난장판이 벌어졌다.

이런 난장판은 이웃한 송나라 양공의 군사개입으로 비로소 환공의 원래 태자가 제효공으로 즉위하면서 겨우 가라앉았다.

제환공이 역아, 수초, 개방 등 세 사람의 아첨에 속아넘어간 원인은 어디에 있는가?

尊王攘夷하고　一匡天下함으로써 누구도 따를 수
존왕양이　　　일광　천하
없는 위대한 공업을 이루어 천하의 霸者가 된 데
　　　　　　　　　　　　　　패자
서 온 오만함, 그 결과 아무도 감히 자기를 속이거나 배신할 수 없다고 믿은 자신감, 그리고 아무런 제약 없이 향락에 도취하여도 되는 절대 권력, 이런 데 그 원인 있었다 하겠다. 절대 권력은 절대 부패한다는 또 다른 실례이다. 그 부패의 내용이 조금 달랐을 뿐이다. 자신의 신체를 썩게 만드는 그런 부패가 되고 말았다.

역아와 수초 그리고 개방 이 세 사람의 아첨이, 사람이 상상할 수 없는 그런 극단적인 봉사였다는 점, 즉 자기 아들을 죽여 요리를 만들어 임금을 대접하였다거나, 자기 스스로 거세하고 내시가 되어 임금을 모셨다거나, 또는 자기 나라의 왕위를 포기하고 친부모의 喪(상)조차 불참하며 다른 임금을 모셨다거나, 하는 등등의 극단적인 아첨이었다는 점도 물론 환공으로 하여금 그들에게 홀딱 넘어가게 만든 보조적 원인은 되었을 터이다.

이들 세 사람은 비유하자면 새끼 악마 삼형제라고 하겠다.

제7장 위안 스카이(=원세개)가 청나라에 종지부를 찍다.

위안 스카이(=원세개; 1859~1916)는 청나라 왕조를 공식적으로 끝낸 난세의 雜者(잡자)이었다. 그는 갓 나서부터 이마가 반듯하고 콧날이 오똑해서 관상쟁이들이 일찍부터 그를 보고 극도로 부귀할 相(상)이라고 했다. 사람의 心相(심상)은 볼 줄 모르는 관상가들의 허튼 수작일 뿐이었는데 그는 평생 이를 굳게 믿었다.

그는 배신의 달인이었다. 중국 역사상 최고의 배신자라고 불리기도 한다.

청나라 황제 광서제가 캉 유웨이(=강유위), 량 치차오(=양계초), 담사동 등 儒學者(유학자)들과 함께 추진한 變法(변법)개혁 운동에 위안 스카이는 뜻을 같이 하는 것처럼 호쾌한 달변을 토하여 이들의 신임을 얻었다.

변법으로 청나라를 개혁하자는 維新變法(유신 변법) 운동에의 참가를 맹세하고 끝내는, 자기 휘하의 군사로 이화원을 포위해 자희태후(속칭 서태후)를 죽이고 광서제의 친정을 실시하려는 개혁파의 궁정 쿠데타 음모에서 그 군사작전(戊戌密謀)을 총지휘할 책임을 맡았다.

그러나 위안 스카이는 이들을 배신하고 그 모의를 서태후에게 고발하여 변법운동을 박살내고 광서제를 유폐케 하고 변법당을 모조리 처형받게 하였다.

캉 유웨이는 구사일생으로 홍콩으로, 량 치차오는 일본으로 각각 망명하였다(소위 戊戌政變).

이후 위안 스카이는 당시 가장 강력한 北洋軍閥(북양군벌)의 지휘권을 이홍장으로부터 물려받아 정계 최고의 실력자가 되었다.

1911년 쑨원(=손문)의 신해혁명이 일어나자 그는 내각총리대신이 되어 혁명 진압의 책임자가 되었으나 이번에는 淸朝(청조)를 배신하고 쑨원(=손문)과 협상하여 청나라 마지막 황제 선통제를 퇴위시키고 새로 탄생한 중화민국의 초대 대총통이 되었다(1912년).

그는 이후 쑨원(=손문)을 배신하고 정적들을 암살하고 국민당을 해산시키고 국회도 해산시키고 드디어 황제가 되었다(1915년).

그러나 황제가 된지 81일 만에 대세에 쫓겨 어쩔

수 없이 황제의 자리에서 물러나고 그 뒤 얼마 되지 않아 죽었다(1916년). (중국상하 오천년사 제2권 402p. 참조)

위안 스카이 그가 청나라를 망쳤다고는 할 수 없다. 다만, 이미 망한 나라에 종지부를 찍는 일을 한 셈이다.

지방의 명문가에서 첩의 소생으로 태어나 점쟁이의 말만 믿고 공부는 하지 않고 놀기만 하다가, 거듭된 배신을 통하여 황제까지 되고 그 동안 나라와 국민을 나락으로까지 몰고간 건달이고 雜者이었다.

우리나라와도 인연이 있었다. 젊은 시절 그는 우리나라에 淸軍(청군)을 이끌고 들어와 임오군란을 진압했고 흥선대원군을 청나라로 잡아가 천진에 유폐하기도 하였다.

캉 유웨이와 담사동 같은 유학자들은 왜 위안

스카이에 속았는가? 현실의 정치에서 직접 경험을 쌓지 못한 儒學者들의 한계였는가? 조조나 사마의 같은 사람들이라면 그렇게 속지는 않았을 터이다. 우리나라에는 위안 스카이 같은 사람들이 없어야 할 것이다. 미국에도 요즘에는 그런 사람이 혹 있지 않나 걱정된다.

위안 스카이는 極東에 등장한 近世史의 악마이었다. 그러나 큰 전쟁을 자기 손으로 일으켜 많은 사람을 직접 죽게 한 냉혈한은 아니었고 그저 공짜로 부귀를 탐한 자였으니 어쩐지 새끼 악마 같은, 건달형 악마라고 부를 만하다.

제14편 그나마 세상의 안정에 공을 세운 속임수: 속임수 興國論

제1장 진평의 공과(功過)는 과연 어떨까?

진평(~BC178)은 중국 역사상 가장 지모가 뛰어난 사람 가운데 하나이다. 한고조 유방을 도와 기이한 지모로 큰 공로를 많이 세웠다.
젊어서 항우의 밑에 있었으나 항우가 그를 믿지 않고 오히려 의심까지 하여 위험에 처하자 항우를 버리고 유방에게 망명했다.

(1) 망명 도중 황하를 건너는데 사공들이 그의 재물을 탐내어 그를 죽이려 하자, 그는 옷을 홀딱 벗어 옷과 보따리를 모두 강물 속에 던져 버리고 사공들의 노젓는 일을 도왔다. 사공들은 그를 죽여 봤자 얻을 게 없게 되었으므로 그를 살려 강을 건네주었다.

(2) 유방의 휘하에서 장군들을 감독하는 호군의 벼슬을 처음 얻고는 그는 장군들로부터 수없이 뇌물을 받았다. 유방이 이를 듣고 나무라자 진평이 말했다.

<항우는 다른 사람을 믿지 못하고 오직 항씨 일가와 그 처남들만을 총애하고 신임한다. 설령 뛰어난 策士(책사)가 있다 하더라도 重用(중용)되지 않으므로 그를 떠난다.

대왕은 사람을 잘 가려 쓴다기에 대왕께 귀순하였다. 그러나 나는 맨몸으로 온 탓에 여러 장군들이 보내준 황금을 받지 않고는 쓸 돈이 없었다. 앞으로 나의 계책이 쓸 만한 것이 있으면 나를 채용하고 쓸 만한 것이 없다면 황금을 돌려보낼 터이니 나를 면직시키기 바란다.>

유방은 사과하고 그의 벼슬을 오히려 더 높여 주었다.

(3) 유방이 형양성에서 항우에게 포위되어 어려움

에 빠졌을 때, 군사(軍師) 범증은 항우에게 형양성을 계속 공격하여 끝장을 보아야 한다고 독려하였다. 이때 항우와 범증을 이간하여 항우가 그를 내치도록 반간계를 쓴 사람이 진평이었다(앞에 나온 제1편 제4장 참조).

　유방은 이 반간계에 쓰도록 황금 4만근을 진평에게 내주고 그 출납에 대하여는 일체 묻지 않았다. 진평이 많은 황금을 써서 항우의 군대에 대량으로 첩자를 보내어 유언비어를 퍼뜨렸다.

　<범증이 공을 많이 세웠는데도 항우가 끝내 땅을 떼어 왕후로 봉하지 않았기 때문에 그가 유방과 동맹하여 항우를 멸망시키고 그 땅을 나누어 왕이 되고자 한다.>

이 반간계가 성공하여 범증은 쫓겨났다. 항우는 최고의 軍師(군사)를 잃었고 이것은 항우 패망의 근본원인이 되었다.

(4) 범증이 쫓겨난 뒤 바로 죽어버리자 이를 크게

후회한 항우가 형양성의 유방을 더욱 세차게 공격하여 성이 곧 함락될 위기에 빠졌다.

이때 장군 기신을 한왕으로 변장시켜 동문으로 내보내 항우에게 항복하는 연극을 벌이고 한편 그 혼란한 틈을 이용하여 유방을 서문으로 탈출시켜 후일 捲土重來(권토중래)하게 한 계략도 진평의 지모에서 나왔다(앞에 나온 제10편 제6장 제1절 참조).

(5) 초한전의 공으로 楚王(초왕)이 된 한신이 반역을 꾀한다는 의심을 한 유방이 군사를 들어 그를 치려 하였다. 진평이 말리면서 유방에게 속임수를 가르친다.

＜한신의 군사는 유방의 군사보다 더 정예하다. 유방의 밑에는 한신을 능가하는 장군이 없다. 그러니 싸우면 안 된다. 그보다는 유방이 자신을 의심하고 공격하려는 것을 한신이 아직 모르는 이때,

巡狩(천자가 민정을 살피는 지방 나들이의 예식)의 명목으로 남방의 운몽이라는 곳으로 행차한다. 그러면 그곳에 인접한 제후국 楚나라의 왕인 한신이 예법상 영접을 나오게 된다. 그때 그를 체포하여 압송하면 된다.>

이 계책을 유방이 실행해 한신을 체포하는 데 성공하였다.

(6) 韓王 희신이 흉노의 모돈과 짜고 반란을 일으켜 한고조 유방이 親征에 나섰다가 평성에서 흉노의 대군에 포위되어 위기에 처하였다.

진평은, 흉노 추장 모돈에게 중국의 미인을 바치고 화평하기로 하고, 그 사실을 모돈의 연지(=妻) 알씨에게 흘리면서 많은 뇌물을 그녀에게 바쳤다.

이를 들은 알씨가, 중국의 미인에게 모돈의 사랑이 옮겨갈까 염려하여, 유방과 흉노 사이에 화평을 맺고 평성의 포위를 풀어주도록, 모돈을 설득하였다.

모돈이 자기 妻(처)의 말을 따랐다. 진평의 꾀가 통하여 유방이 살아났다(제7편 제5장 참조).

(7) 한신의 부하였던 장군 진희가 스스로 代(대)의 왕이 되어 모반을 일으켰다(BC197년). 승상 소하가 "진희는 한신에게 배워 모략이 비상하고 무예가 출중하니 지금 조정에 있는 여러 장군들은 아무도 그를 대적할 수 없다. 회남왕 영포와 대량왕 팽월이라야 그를 이길 수 있다." 라고 건의한다.

황제가 이를 따라 영포와 팽월에게 그 토벌을 명하였으나 두 사람이 병들었다 핑계 대고 군사를 움직이지 않았다. 진희는 오랫동안 한신 밑에서 군사작전을 배워 용병을 잘하는 장군이었다. 유방이 이를 걱정하자 진평이 계책을 내었다.

<황제가 그동안 초한전쟁에서 오래 고초를 겪었고 다시 흉노와의 전쟁에서 큰 위험에 빠졌던

터라 이제 兵馬(병마)를 싫어하여 親征(친정)하지는 않으리라 진희는 믿고 있다.

더구나 그는 한신을 제일 무섭게 생각하고 있었는데 지금 한신이 병권을 빼앗겼고 다른 장군들은 모두 자기만 못한 것을 안다.

또 그가 다스리는 趙(조)와 代(대) 지방은 주민들이 모두 무예를 숭상하여 그곳 출신 병사들은 모두 정예병이어서 황제의 군사보다 강한 사실을 안다. 그래서 그가 군사를 이끌고 반란을 일으켰다.

그러나 이런 때에 황제가 그의 예상을 깨고 직접 친정에 나서면 그쪽의 장병들이 놀라고 동요할 터이므로 쉽게 그를 진압할 수 있다.>

황제가 그 말에 따라 직접 친정에 나서자 진희의 장수들이 동요하여 그의 지휘에 따르지 않아 끝내 진희를 誅殺(주살)할 수 있었다(BC196년).

(8) 회남왕 영포가 반란을 일으켜(BC195) 황제

유방이 친정에 나서 싸우다가 流矢(유시)에 맞아 말에서 떨어졌다.

다음날 황제가 명령한다. "내가 유시에 맞아 부상한 것을 안 적군이 방심하고 있을 터이니 이 기회에 급히 역적을 무찔러라."

진평이 반대한다.

<오늘은 접전하지 말고 수일 동안만 가만히 있으면 황제가 중상을 입었다 믿고 영포가 쳐들어온다.

그 동안 一軍(일군)을 후방으로 보내어 영포의 군량미 수송로를 차단하고 일군을 배후로 보내어 영포의 가족을 체포해두고, 또 일군은 영포의 본채를 기습하고 또 일군은 회수의 여러 나루를 경비하여 그의 퇴로를 끊도록 한다. 그런 뒤에 영포를 맞아 싸우면 이길 수 있다.>

황제가 이를 따랐다. 황제가 꿈쩍도 하지 않자 영포는 황제가 중상을 입었다 믿고 나흘 만에 전진기지를 나와 황제를 공격하였다. 그러나 곧이어 그의 본진을 빼앗기고 이미 양도도 끊기고 가족도 체포되었음을 알았다. 영포는 달아나다 결국 붙잡혀 죽었다.

(9) 한고조 유방이 죽자 여후가 혜제의 섭정이 되어 권력을 잡고 여러 여씨들을 세워 왕으로 삼았다.

우승상 왕릉은 이 일을 반대하였는데 좌승상 진평은 이를 반대하지 않았다. 여후가 노하여 왕릉을 물리치고 진평을 우승상으로 승진시켰다.

진평은 거짓으로 여후의 처사에 동의하여 그녀를 속였다. 여후가 죽자 진평은 태위 주발과 함께 모의하여 여러 여씨들을 죽이고 문제를 옹립하였다. 우승상이던 주발이 죽고나자 진평만이 유일한 승상이 되었다.

(10) 사마천이 평하였다.

<그는 젊었을 때 본래 黃帝(황제)와 老子(노자)의 학설을 좋아 하였다. 그는 늘 기이한 계책을 내어 복잡한 분규를 해결하였고 국가의 환난을 해결하였다. 여후 때에 이르러서는 국사에 변고가 많았으나 진평은 끝까지 禍(화)를 면하였고 나라의 종묘사직을 안정시켜 영광스러운 명성을 죽을 때까지 유지하였고 어진 재상이라고 칭송되었으니 이 어찌 시작과 끝이 다 좋았다고 하지 않겠는가! 만약 지혜와 책략이 없었다면 누가 이와 같을 수 있겠는가?>

진평이 죽기 전에 스스로 말하였다.

<나는 은밀한 계책을 많이 세웠는데 이는 道家(도가)에서 꺼려하는 바이다. 만약 내 후손이 후작의 지위를 한번 잃으면 그것으로 끝이어서 끝내 다시는 일어서지 못할 것이다. 그것은 곧 내가 은밀한 계책을 많이 쓴 화근 탓이다.>(사기 세가 하권 권56. 陳丞

相世家 참조)

그는 한고조 유방을 모시면서 평생 여섯 번에 걸쳐 기이한 계책을 써서 유방을 구해냈는데 그 일부는 워낙 기이한 일이라 비밀에 부쳐져 그 내용이 세상에 전해지지 않는다고 한다.

제2장 가후의 공과(功過)는 과연 어떨까?

(1) 가후는 젊어서 효렴에 천거되어 郎(랑)이 되었으나 후에 질병으로 관직을 떠나 무위군 고향으로 돌아가는 도중, 반란을 일으킨 氏族(저족)에게 동행하던 수십 명이 모두 붙잡혔다.

가후가 말했다.

"나는 단공의 외손자이니 너희들은 나를 따로 매장하라. 우리 집은 반드시 후한 예로 내 시신을 살 것이다."

여기서 그가 말한 단공은 그 당시의 태위 단영을 말하는데 그 단공은 이전에 오랫동안 변방의 장수를 지냈으며 그 위세는 서쪽 땅을 진동시켰기 때문에 가후는 이런 거짓말로 저족을 두렵게 하였다. 저족은 과연 감히 그를 해치지 못하고 그와 맹약을 맺고 보내주었으며 나머지 사람들은 모두 죽였다. 가후는 사실 단영의 외손자가 아니었다.

가후가 상황에 따라 대처하여 일을 이루는 방법이 모두 이와 비슷했다.

(2) 동탁이 낙양에 입성하여 권력을 쥐었을 때 가후는 동탁의 속관이었다. 동탁이 패하여 죽고나자 서량 땅에 주둔 중이던 그의 수하 장수 이각, 곽사, 장제, 번주 등은 조정에 사면을 청하였으나 거절당하였다. 그들은 곧 군사를 해산시키고 각자 도주하기로 하였다.

　　이때 가후가 말했다.

　　<그대들이 군사를 버리고 홀로 달아난다면 단지 일개 亭長(정장)이라도 그대들을 하나씩 체포할 수 있다. 그 대신 군대를 이끌고 장안을 공격하면 동

탁의 복수를 할 수 있다. 성공하면 천하를 다시 호령할 수 있고 실패하면 그때 다시 도망쳐도 늦지 않다.>

이각 등이 그 말을 따라 군사를 몰아 장안으로 쳐들어가 점령하고 조정을 장악했다.

(3) 가후는 이각 등을 떠나 같은 고향 출신의 장군 단외에게 갔다가 다시 남양의 張繡(장수)라는 장군에게 가서 의탁했다. 누가 그 이유를 묻자 이렇게 설명했다.

<단외는 성품이 의심이 많아 그의 군대를 나에게 빼앗길까봐 나를 시기하니 시간이 오래가면 나를 제거하려 할 터이다. 그러니 내가 떠나면 그는 기뻐할 터이고 또 밖에서 내가 그의 동맹이 되어 유사시 그를 구원해주리라 믿어 나의 처자식을 안전하게 보호해 주리라. 장수 장군은 계책을 내어 도와 줄 사람이 없어 나를 필요로 하니 나는 안전하리라.>

과연 단외는 가후의 가족을 잘 돌봐주었고 장수도 그를 스승에 대한 예로 모셨다.

(4) 조조가 장수와 싸우던 중 원소가 허도를 노린다는 급보를 받고 갑자기 퇴각하게 되었다. 장수가 급히 추격하려 하자 가후가 말렸다. <지금 추격하면 반드시 패한다.>

장수는 듣지 않고 추격하였다가 대패하여 돌아왔다.

그러자 가후는 <이번에 다시 급히 추격하면 이긴다> 면서 추격을 권했다.

장수가 그 말대로 하여 크게 승리하였다.

가후가 처음에는 지고 다음에는 이긴 이유를 설명한다.

<조조는 용병에 능한 사람이니 후퇴하면서 반드시 복병을 두었다가 추격군을 급습할 것이다. 그러니 패한 것이다.

조조가 제대로 싸우지도 않고 후퇴한 이유는 허도

에 급한 일이 생긴 탓이다. 이제 막 추격군을 물리치고 났으니 더 이상 추격은 없다고 단정하고 급한 마음에 아무런 대비 없이 그저 급히 후퇴하는 데만 정신을 쏟을테다.

그러니 다시 추격하면 반드시 이긴다.>(정음사 삼국지 상권 제14장 가후요적 제3절 요사여신)

(5) 조조와 원소가 관도에서 대치하면서 각기 사람을 장수에게 보내어 자기에게 투항하라고 권유하였다. 장수는 원소에게 가려 하였다가 가후의 말을 듣고 조조에게 귀순하였다.

가후는 이렇게 말하였다.

<첫째, 조조는 천자를 받들어 모시면서 천하를 호령하고 있으니 그를 따르는 것이 정당하다.

둘째, 원소의 군세는 강성하므로 우리의 적은 병력을 대단치 않게 여기겠지만 조조의 군세는 약하므로 우리를 얻으면 반드시 기뻐한다.

셋째, 조조는 霸王(패왕)의 뜻을 가지고 사사로운 원한에 구애됨이 없이 온 천하에 그 덕망을 베풀려 한다. 그런데 원소는 자기 동생 원술 하나도 용납하지 못하는 좁은 도량이니 그를 따를 수 없다.>

가후의 판단이 옳았음은 그 뒤의 역사가 증명한다.

(6) AD209년 조조가 형주를 정복한 뒤 내친 김에 강을 따라 내려가 강동의 손권을 공격하려 하였다. 가후가 말리며 말했다.

<이제 크게 승리하였으니 우선 군사를 쉬게 하고 형주의 풍부한 물산을 이용하여 선비들을 포상하고 백성들을 위로해주고 편안한 땅에서 즐겁게 농사를 짓도록 해주는 일이 우선이다. 이렇게 하여 형주를 안정시킨다면 앞으로 군대를 수고롭게 하지 않아도 강동의 손권은 머리를 조아리며 승복하리라.>

조조는 이말을 듣지 않고 손권을 공격하다가 적벽대전의 큰 패배를 당하였다.

(7) 조조는 마초·한수와 위남에서 싸웠다. 쉽게 승부가 나지 않자 가후에게 계책을 물었다.

가후는 이간책을 건의했고 이를 따라 조조는 드디어 마초를 정벌하고 한수를 귀순시켰다(앞에 나온 제1편 제10장 참조).

(8) 조조가 누구를 후계자로 삼아야 할지를 가후에게 물었다. 가후는 대답하지 않았다. 두 번 세 번 묻자 가후가 말하였다.

"원소와 유표는 서열을 무시하고 후계자를 세워 패망하였습니다."

조조는 크게 웃고 장자 조비를 태자로 정하였다.

(9) 유비가 이릉대전에서 육손에게 대패한 뒤 문제 조비가 서촉과 동오의 사이가 벌어진 틈을 타 이들을 정벌하려 하였다.

가후가 만류했다.

< 오나라와 촉나라가 비록 작은 나라이지만 험준한 산과 물에 의지하고 있으며, 유비는 영웅다운

재주가 있고 제갈량은 나라를 잘 다스리며, 손권은 허세와 실세를 구별하고 육손은 군대의 형세를 통찰하며 험준함에 의지하여 요충지를 고수하고 강호에 배를 띄우고 있으니, 모두 단 한 번에 도모하기는 어렵다. 모든 신하 중에 아직도 유비나 손권을 대적할 만한 사람은 없다. 먼저 文德(문덕)을 기른 후에 武功(무공)을 세워야 한다. 변화를 기다려야 한다.>

문제는 가후의 말을 듣지 않고 동오를 쳐들어갔으나 실패하였다.

(10) 가후는 다른 사람들에게 시기받는 일이 두려워 항상 문을 걸어 잠그고 스스로를 지켰다. 집에 돌아와서도 사사로운 교분을 맺지 않았고 자식을 시집보내고 장가들일 때에도 권문세족과 혼인을 맺지 않았다. 77세에 세상을 떠났다(정사 삼국지 위서 제2권 가후전 참조).

한 마디로 가후는 순욱에 버금가는 훌륭한 사람이었다. 나름대로 세상을 안정시키는 데 크게 기여하였다.

특히 이각과 곽사의 난 때 그들이 황제와 조정 대신들을 접박하면서 마구 다룰 때에 가후는 이각과 곽사를 설득하여 그들을 안전하게 보호하는 데 크게 기여하였다.

그는 이각과 곽사를 한 때 도왔던 일을 늘 부끄럽게 여겨 평생을 더욱 근신하며 지냈다.

제3장 장군 범려와 대부 문종의 공과(功過)는 과연 어떨까?

월왕 구천을 도와 그의 치욕을 씻어 주는 데 공을 세운 장군 범려와 대부 문종의 행적에 관련된 이야기는 앞의 제1편 제5장과 제3편 제5장에서 미인 서시의 이간계와 미인계를 설명할 때 이미 말하였다.

한 마디로 그 두 사람은 월나라의 부흥에 결정적인 공을 세워 그 시대의, 그 곳 세상의, 안정에 크게 기여하였다.

그들은 그 과정에서 악랄한 속임수를 많이 썼다. 예컨대 서시의 미인계도 그렇다. 또한 오나라에서 일부러 꿔 온 곡식을 갚으면서는 살짝 불에 익힌 볍씨로 보내어 오나라의 농사를 망친 일 등이다.

그러나 앞에서 말한 바와 같이 비록 악랄한 짓들을 했지만 자기 越(월)나라를 위하여는 국가의 부흥과 세상의 안정에 기여한 점이 있으니 이런 점도 일단 평가의 대상은 되어야 하리라.

비록 그렇다 하여도 대부 문종은 결국 월왕 구천의 시기를 받아 비참하게 자결로 생을 마감한 사실에 당도하면 그것 역시 인과응보의 하나임을 떠올리게 된다.

월왕 구천은 오나라를 멸망시켰건만 공로 있는 신하에게 한치의 땅도 賞(상)으로 주지 않았다. 뿐만 아니라 지난 날의 신하들을 경원했다.

어떤 신하는 일부러 미친 체 하고 벼슬을 내놓았

고, 어떤 신하들은 늙은 것을 핑계삼고 벼슬에서 물러났다.

대부 문종도 눈치를 채고 병들었다 핑계대고 궁에 들어가지 않았다.

어느 날 구천이 문종의 집으로 문병을 갔다.

구천이 말하였다,

"그대는 일곱 가지 재주가 있는데 나는 그 중에서 세 가지를 써서 이미 오나라를 멸망시켰다. 그러니 그대는 나머지 네 가지 재주를 어디에 쓸 생각이오?"

문종이 모르겠다고 하자 구천이 말한다,

"바라건대 그대는 나를 위해 그 나머지 네 가지 재주를 저 세상으로 가져가, 저 세상으로 먼저 가 버린 오나라 사람에게 써 주시오."

그리고 구천은 촉루라는 유명한 칼을 자리에 놓아 두고 일어나 궁으로 갔다. 촉루라는 칼은 일찍이 오왕 부차가 이를 오자서에게 보내어 자결을 명한 그 칼이다.

문종은 범려의 충고를 듣지 않은 일을 후회하며 촉루로 자기 목을 찔러 자결하였다.

장군 범려는 <구천이 同苦(동고)는 할 수 있어도 同樂(동락)은 할 수 없는 인물>임을 일찍부터 간파하고 있었다.

그는 대부 문종에게 보낸 편지에서 말하였다.

"높이 나르는 새가 다 사라지면 좋은 활은 장속에 처넣게 되고 교활한 토끼가 죽으면 사냥개를 죽여 삶게 되는 법이다(高鳥盡而良弓藏 狡兔死而走狗烹). 구천은 長頸烏喙(장경오훼)(목이 길고 주둥이가 까마귀처럼 뾰족하다)하니 같이 고생은 할 수 있어도 함께 부귀를 누릴 수는 없다."

그는 오나라와의 전쟁이 끝나자 구천의 험악한 협박 겸 만류를 단호히 물리치고, 가족도 놓아둔 채 밤을 도와 일엽편주로 홀로 강을 건너 五湖(오호)로 들어가 종적을 감춤으로써 구천으로부터 화를 당하지 않을 수 있었다.

그는 나중에 이름을 바꾸고 제나라에 가서 장사를 하여 큰 부자가 되었고 가족도 모두 월나라에서 데리고 나왔다.

현명하기 짝이 없는 대단한 천재였던 모양이다.

범려는 은퇴하면서 대부 문종에게 서신을 보내어 자기처럼 은퇴하여 위험을 피하라고 충고하였다. 문종은 그 말을 믿지 않았다가 결국 화를 당하고 말았다(열국지 제4권 제83회 월왕칭패 제3절 대과육야 참조).

제15편 속임수의 구조

 속임수의 構造에는 원칙적으로 네 가지 형태가 있다. 하나는 虛實이고, 둘은 羊頭狗肉이고 셋은 矛盾이고 넷은 朝三暮四의 구조이다. 이 네 개의 구조가 섞이면 다른 여러 가지 변형이 나온다.

제1장 속임수는 허(虛)와 실(實)과 극(劇)으로 만든다: 허실론(虛實論)

 (1) 사람들이 거짓말이나 속임수에 속는 첫째 이유는 속는 사람 자신의 어리석음과 탐심에 있다. 둘째는 속는 사람이 오만해서 속이는 사람을 가볍게 경시 내지 무시하는 데 있다. 상대를 가벼이 보면 반드시 속는다. 즉 경적필망(輕敵必罔)이라고 표현할 수 있다.

 그러나 상대방을 너무 대단하게 생각해도, 즉 무겁게 생각해도 역시 속기 쉽다. 제풀에 속는다는 말이다. 사마의가 여러 번 제갈량에게 속은 일이 그 예이다. 예컨대 공성계에 속은 사례 등이다(앞의 제8편 허(虛)를 보이되 실(實)인 듯 꾸미는 대담한 속임수 제1장 공성계(空城計) 제1절 '제갈량이 사마의 앞에서 성문을 열어두고 거문고를 뜯다.' 참조). 그러므로 重敵亦罔(적을 무겁게 보아도 역시 속는 수가 있다)이라고 말해도 좋으리라.

(2) 그러므로 사태를 제대로 파악해야만 속는 일을 피할 수 있다.

虛는 虛대로, 實은 實대로 정확히 알아야 한다.

상대가 꾸미는 연극이라면 그것이 연극인 줄을 제 때에 알아채야 한다.

虛非虛而實, 實非實而虛, 虛則虛, 實則實 虛則劇, 實則劇이다.

(3) 속지 않기 위해서는 가장 필요한 요소가 정보이다.

정보 중에는 외부에서 수집된 객관적인 정보 이외에도 상대의 움직임과 표정의 변화에서 읽어내는 앎도 중요하다. 움직임과 표정의 변화는 속마음의 변화를 대개는 반영하기 때문이다.

동시에, 그 움직임과 표정의 변화 가운데는 거짓으로 꾸미는 움직임과 변화도 있으니 즉, 연극도 있으니 진실과 연극을 구별할 줄도 알아야 한다.

이것은 타고나지 않으면 어려운 일이다. 이런 능력은 대부분 천부적이다. 배워서 터득하기는 거의 불가능하다. 사람을 경험해보면 그렇다.

허즉실, 실즉허 허즉허, 실즉실, 그러니 결국 네 가지 경우가 있지만 결국 그 요소는 셋이다. 하나는 虛, 둘은 實, 셋은 劇이다.

(4) 虛는 비어있다 라는 뜻이다. 준비하고 노리는 숨은 병력이 있지 않다는 얘기이다.

實은 실제로 차있다 라는 뜻이다. 준비하고 노리는 병력이 있다는 얘기이다.

劇은 실제와 다른 모습으로 꾸미는 것이다.

    虛則實이라고 할 때는 겉보기에는 비어있는 듯

한데 실제로는 차 있으니 비었다고 속아 쳐들어가면 낭패를 본다 라는 뜻이다.

實則虛라 함은 겉보기에는 차 있는 듯 한데 실제로는 비어 있으니 가득 차 있는 줄로 속아 물러나거나 피하지 말고 쳐들어가도 된다는 말이다.

虛則虛라 함은 겉보기에는 비어 있는 듯한데 실제로도 비어있으니 물러서거나 지체하지 말고 곧바로 전진해도 된다는 뜻이다.

實則實이라 함은 겉보기에 차 있고 실제로도 차 있으니 함부로 덤벼들지 말라는 뜻이다.

(5) 결론적으로 말하면 실제와는 반대되게 연극을 할 수도 있고, 다른 한편으로는 실제와 똑 같게 일부러 내보일 수도 있다는 말이다.

삼국지연의에서 보면 적벽대전에서 싸움에 대패한 조조가 후퇴하던 중 전방 멀리 연기가 피어오르는 모습이 보이는 갈림길에 이르러, 연기가 보이는 화용도라는 소로 쪽 길을 굳이 택하여 달아난다. 화용도 쪽에서 피어오르는 연기는 복병이 없는데도 있는 것처럼 꾸며, 복병을 실제로 숨겨둔 다른 길로 가도록 조조를 유도하는 제갈량의 작전인가, 아니면 실제로 복병을 두고서도 일부러 그것을 드러내 복병을 아니 둔 것처럼 연극을 하는 것인가, 어느 쪽인지 헷갈리는 경우이었다.

조조는 전자라고 판단하였다. 실즉허로 본 것이다. 그러나 사실은 실즉실이었다. 그리하여 화용도 쪽 길로 갔다가 낭패를 보았다.

그런가 하면 地勢(지세)로 보아서는 당연히 복병을 묻어둘만한 장소이었는데 복병이 있음을 알게 하는 아무런 징표가 보이지 않는 경우도 있었다. 이것이 정말로 복병을 두지 않았기 때문인지, 아니면 적병을 두고도 철저히 감춘 탓인지, 꾀많은 조조로서도 헷갈리지 않을 수 없다. 조조는 이때에 전자라고 판단하여 낭패를 보기도 하였다. 허즉허로 본 것이다. 그러나 사실은 허즉실이었다.

이처럼 허실에 관하여 조조가 판단을 잘못하여 번번히 낭패를 겪는 이야기가 소설에는 재미있게 나온다(정음사 삼국지 중권 제36장 적벽대전 제4절 화용도 참조).

(6) 결국 속임수의 구조는 虛와 實과 劇으로 이루어져 있다는 결론에 이른다.

제2장 속임수는 표리부동(表裏不同)이다: 양두구육론(羊頭狗肉論)

양두구육은 羊의 머리를 걸어놓고는 개(狗)고기를 판다는 말이다. 값싼 개고기를 비싼 양고기로 속여 판다는 뜻이다(청나라 시절에 편찬된 이야기 책 恒言錄에 나온다고 한다. 이야기 고사성어 530p. 참조).

이 말은 고기를 파는 商人의 속임수를 지적한다.

양두구육은 한 마디로 表裏不同이다. 겉과 속이 다르다.

그러나 이런 속임수로 피해를 입히는 사람은 고기 파는 상인만이 아니다. 피해의 규모나 심각성으로 말하면 권력자, 정치가, 학자, 또는 종교인의 속임수로 인한 피해가 상인으로 인한 것보다 훨씬 더 큰 경우도 많다.

양두구육이 속임수임을 알아내는 방법은 무엇일까?

유감스럽게도 경험을 통해 알아내는 수밖에 없다. 경험을 통해 알아내는 일은 너무도 비용이 많이 든다. 뿐만 아니라 자칫하면 그것이 속임수임을 깨달았을 때는 이미 너무 때가 늦어 손해를 막지 못하거나 원상회복이 불가능할 위험도 있다.

상품의 경우라면 약간의 소량 구매를 통하여 시험을 해보는 방법이 있지만 이념이나 체재의 경우라면 그런 시험이 아마도 불가능하거나 매우 위험할 수 있다.

先知者(선지자) 또는 先覺者(선각자)의 경험이나 깨달음을 믿는 것이 가장 좋은 방법이겠으나 반대진영의 방해와 모략 때문에 현실적으로는 그런 접근이 용이하지 않다.

경험을 통해서 알아내는 방법으로는 이런 것이 있을 수 있다.

巧言令色을 경계하는 방법이다.
　　교언영색

巧言令色 鮮矣仁이라는 공자의 말씀이 있는데(논어
교언영색　선 의 인
학이 1-3) 이 말은 바로 공자의 경험에서 나온 가르침이다. 巧言令色(예쁘게 꾸민 말과 부드럽게 꾸민 얼굴)은
　　　교언영색
대개는 表裏不同하여 그것이 속임수임을 우리도
　　　표리부동
경험으로 알고 있지 아니한가?

앞에 나온 방연(제6편 제4장)과 백비(제1편 제5장)의 속임수도 대개는 교언영색을 수단으로 삼았을 터이다.

나는 聽江 近思錄이라는 졸저에서 다음과 같이
　　청 강　근사록
쓴 바 있다. 정치하는 사람들의 화려한 말이 속임수일 때가 많다는 한비자의 말을 인용한 내용이었다.

【韓非子(한비자)는 말한다. 요컨대 순(舜)이 효자이고 충성스럽다는 세간의 화려한 칭송을, 요(堯)임금은 그대로 믿고 그를 신하로 등용하여 높은 지위를 주고 방임하였다가 마침내 순에게 쫓겨나 임금 자리와 두 딸을 뺏기고 순의 신하가 되었으며 그의 처는 순의 시녀가 되었다. 탕왕(湯王)과 무왕(武王)이 신하임에도 불구하고 군주를 능가하는 막강한 세력을 키우면서 그들이 백성을 크게 사랑하는 매우 인의(仁義)로운 군주라는 명성을 쌓아가는 것을, 걸왕(桀王)과 주왕(紂王)은 (알고도) 방치하다가 결국 신하인 그들에게 정벌되어 죽고 말았다.

걸왕(桀王)은 일찍이 은족(殷族)의 수령인 탕(湯)을 소환하여 하대(夏臺)에 감금하였다가 얼마 안 되어 석방한 일이 있었다. 그는 뒤에 죽기에 이르러 사람들에게 "나는 탕(湯)을 하대에 감금하고 있을 때 그를 죽이지 않아 이 지경에 이른 것을 후회한다."라고 말하였다.

순(舜)의 조작(造作)된 황홀한 덕망과 세간의 화려한 칭송에 요(堯)임금은 속았으니 군주의 자리를 지킬 재능이 없었고 걸(桀)과 주(紂)는, 군주를 위협하는 실력자들을 이미 발견하고도 미리 이를 제재하는 결단력이 없었으니 역시 군주의 자격이 없다. 고대 중국에서는 충성(忠誠)과 효제(孝弟) 및 인의(仁義)라는 덕목이 세상의 여론을 주도하는 황홀하고 화려한 명분이었다.

그러나 한비자는, 염담(恬淡)하고 고고(孤高)한 것을 내세우는 학문은 세상의 실정에 전혀 맞지 않아 실제로 쓰일 수 없는 가르침이고 화려하고 황홀한 언설(言說)은 법(法)을 무시하고 군주(君主=국민)를 속이는 짓이라고 비판한다.

사람이 살면서는 반드시 군주를 섬기고 부모를 봉양하고 자식을 길러야 한다. 군주를 섬기고 부모를 봉양하고 자식을 기르는 일은 염담(恬淡)과 무욕(無慾)의 경지에서 할 수 있는 것이 아니다. 사람을 다스리려면 반드시 참된 언설과 성실과 법술(法術)로써 해야 한다. 진실한 언설과 성실과 법술은 결코 황홀할 수가 없다. 황홀한 언설과 염담의 학문이란 천하를 헷갈리게 하는 요술(妖術)이다. 이것이 한비자의 생각이다.】(청강 근사록 97P.)

오늘날 정부에서 말하는 "기회는 평등할 것입니다. 과정은 공정할 것입니다. 결과는 정의로울 것입니다."라고 하는 주장은 얼마나 화려한 웅변인가. 또한 "한 번도 경험하지 못한 나라를 만들겠다."라는 선언은 얼마나 황홀한가.

원래 사회주의 이념은 인간의 깊숙한 마음 속에서는 心琴(심금)을 울리는 황홀한 속삭임이고, 밖에서는 웅장한 師子吼(사자후)로 울린다.

정부가 말하는 이러한 황홀하고 화려한 말들이 한비자가 말하는 실제로 쓰일 수 없는 가르침이고 법을 무시하고 국민을 속이는 화려한 언설은 혹시 아닌지 걱정된다.

소득이 주도하는 성장이라고 화려하게 외칠 때 그 소득은 과연 어디에서 누가 만들어서 누가 저축해 놓은 것인가? 「나는 이런 생각이 든다, 세계를 휩쓰는 코로나19 팬데믹(pandemic)으로부터 국민의 생명을 헌신적으로 지켜주고 있는 우수한 의료진은 삼년 동안의 황홀한 言說(언설)로 양성된 자원이 아니다. 방역과 경기회복을 위해 국고에서 풀어쓰는 엄청난 예산은 삼년간의 황홀한 언설로 저축된 돈이 아니다. 세계가 감탄하는 의료시스템과 의료보험은 지난 삼년 동안에 만들어진 제도가 아니다.

광복 후 일관되게 이어진 우수한 학생들의 의료계 진출, 의료산업에의 투자, 우수한 행정관료의 육성, 고도의 산업화 정책, 고도의 재정 건전화 정책 등이 누적된 성과이다.
사회주의 지도로선의 업적이 아니다. 육성과 발전의 과정에서 부작용이 물론 없을 수 없었다. 그러나 속담에 이르듯, "빈대 잡으려고 초가삼간 태울 수는 없지 않는가."」

문제는 최대 다수의 최대 행복을 민주주의 정부가 어떻게 달성해야 하는가의 實用主義的(실용주의적) 방법론을 정치하는 사람들이 찾아 실천하는 일이다.

최근에는 코로나 방역의 실패가 새삼 지적되고 있다. 원인은 무엇일까?

정책결정에서 드러나는 理念(이념)의 過剩(과잉)과 추종하는 사람들의 傲慢(오만)의 過剩(과잉) 때문이 아닐까? 實用(실용)을 압도하는 이념의 과잉과 常識(상식)을 모욕하는 오만의 과잉! 그 과잉의 源泉(원천)은 어디에 있을까? 저 넓은 大地(대지)에 있을까? 원천이 비록 大地(대지)에 있다 해도 저 높은 하늘에는 天道(천도)가 있고 천도의 法網(법망)은 昭昭(소소)하여 놓치는 법이 없다 하는데 어찌 두렵지 아니할까? 實用과 常識, 그것이 天道의 요청이다.

제3장 속임수가 내거는 여러 주장을 한 데 붙여보면 성립이 안된다: 모순론(矛盾論)

한비자의 책에 이런 이야기가 나온다.

초나라 사람으로 방패(순楯)와 창(모矛)을 파는 자가 있었다. 그 물건을 자랑하여 말하기를 "내 방패는 단단하여 꿰뚫을 수가 없다."라고 하였다.
또 그 창을 자랑하여 말하기를 "내 창은 날카로워 어떤 물건도 꿰뚫지 못하는 일이 없다."라고 하였다.
어떤 이가 말하기를 "너의 창으로 네 방패를 뚫으면 어찌 되는가?"라고 하였다. 그 사람은 대답할 수가 없었다.
도대체 꿰뚫을 수 없는 방패와 뚫지 못함이 없는 창은 같은 시대에 같은 곳에 존재할 수가 없다(한비자Ⅱ 難二편 715p.).

속임수는 그 주장 또는 행동을 구성하는 내부의 주제들이, 위에서 본 한비자의 얘기처럼, 서로 충돌하면 동시에 성립할 수 없는 경우일 때가 많다. 이 모순이란 말은 매우 유명한 단어이다. 모택동이 자기의 한 논문 제목을 '모순론'이라고 붙였을 정도였으니 말이다. 그러나 이 말은 원래가 장사꾼이 사용한 하나의 거짓말, 또는 속임수의 예시에 불과할 뿐이다.

오른 손에 꽉 쥔 창(=공산주의)과 왼 손에 가볍게 든 방패(=민주주의). 이 두 가지를 함께 파는 行商(행상)의 巧言(교언)일 수 있다.

앞과 뒤의 주장 두 개 또는 행동 두 개를 서로 대비하여, 동시적으로 같은 곳에서도, 그 주장들이 논리적으로 성립 가능한지 내지 일치하는지를 살펴보면 이 속임수를 간파할 수 있다.

깨어난 명료한 의식이 필요한데 실제로는 말처럼 쉽지 않다. 현장의 분위기에 휩쓸리기 때문이다.

제4장 앞 부분은 거창한데 뒷 부분은 맹탕이다: 조삼모사론(朝三暮四論)

앞에 나온 제11편 제11장에서 朝三暮四(조삼모사)의 이야기를 한 바 있다. 많은 속임수가 朝三暮四(조삼모사)의 구조로 짜여져 있다.

앞 부분은 거창한데 뒷 부분을 보면 맹탕일 뿐이다.

많은 사람들이 우선 눈앞의 이익에만 눈이 쏠려 환호할 뿐, 事案(사안) 전체나 뒷 일까지를 아울러 살피지 못하는 습성이 있기 때문에 이런 속임수에 속는다.

속이는 사람은 인간의 이런 습성 내지 약점을 파고든다. 이런 노림에 걸려들지 말고 앞, 뒤 전체를 보고 나서 판단하여야 한다. 서둘러 판단할 일이 아니다.

이야기 속의 원숭이만 속는 것은 아니다. 개명된 현대의 인간들조차 많은 곳에서 이런 속임수에 속아 환호하다 후회의 늪에 빠지기도 한다.

히틀러의 연설에 환호하는 멀쩡한 독일 시민들의 환호하는 모습이 때때로 TV에 자료화면으로 나오는데 그 때 마다 조삼모사의 이야기를 떠올리게 된다.

列子(열자)는 말한다.

<聖人(성인)은 지혜로써 어리석은 이들을 농락하는 사람이다.

이 이야기의 狙公(저공)이 꾀를 부려 원숭이들을 농락한 것과 같다. 名分(명분)이란 것이 이처럼 사실에는 아무런 增減(증감)도 없는데 사람들을 즐겁게 하게도 하고 화나게 하게도 할 수 있다.>(열자 033)

이 시대의 일부 정치인들이 이념을 가지고 일부 대중을 籠絡(농락)함이 또한 이와 같지 않을까?

제16편 어떤 사람이 무서운 사람일까?

앞에서 무서운 여러 속임수를 보았는데 그런 속임수들은 그 자체도 무섭기는 하지만 더 무서운 것은 그런 짓을 거리낌 없이 행하는 사람들이다. 그런 짓을 하는 사람들은 대개는 사회의 정통성과 전통에 구애되지 않는 그런 사람들이었다. 그런 사람들은 못할 짓이 없었다.

제1절 일로매진(一路邁進)하는 사람: 사마의

나는 이 책 서문에서 중국의 삼국시대에 가장 무서운 사람은 사마의라고 하였다. 사마의는 어떤 사람인가?

사마의는 당대 명문세가의 출신으로 젊어서부터 뛰어난 인재라고 소문이 났었다. 최염이라고 하는 당시 조정의 인사 담당자는 그를 평하여 '總亮明允 剛斷英特'이라고 하였다.

"지혜롭고, 성실하고, 고명하고, 공정하고, 굳건하며, 결단력 있고, 탁월하며, 독특하다." 라는 뜻이라고 한다.

晉書 宣帝紀에는 "어려서부터 비범한 節氣를 보였고, 총명하여 대체를 파악했으며, 널리 배우고 많이 들어 유교에 마음을 두었다. 東漢시대에 대란이 일어나자 항상 천하를 걱정하는 마음으로 탄식하곤 했다." 라고 기록되어 있다.

승상 조조가 그의 인재됨을 알고 불렀을 때 그는 중풍이 들었다고 거짓말을 하여 불응하였다. 조조가 의심하여 자객을 보냈다. 자객이 한 밤중 침실에 침입하여 칼을 들이대고 살폈다. 사마의는 침상에 누운 채 꼼짝도 안 하고 눈을 빤히 뜨고 그를 바라보았다. 자객은 중풍 환자임이 틀림없다고 판단하고 그냥 돌아가 조조에게 보고하였다. 보통 사람으로는 할 수 없는 대응이었다.

한 번은 사마의가 낮에 중풍 환자로 방에 누워 있는데 갑자기 소나기가 쏟아졌다. 마침, 마당에 책을 널어놓고 햇볕에 말리고 있었던 참이라 책을 무척 소중히 여기던 사마의가 깜짝 놀라 뛰어나와 책을 걷어 들였다. 이 모습을 나어린 하녀 한 사람이 우연히 보았다. 사마의의 부인 장춘화가 그 하녀를 보았다. 장춘화는 그 하녀를 후원으로 데려가 직접 자기 손으로 죽여 입막음을 하였다(사마의 53p. 및 274p.). 무서운 부인이었다. 그 남편에 그 부인이었다.

"널리 배우고 많이 들어 儒敎에 마음을 두었던" 젊은이가 조조의 밑에 들어간 뒤 漢王朝에 대한 미련을 접고 이후 자신을 지키고 자신의 세계를 만드는 길로 一路邁進하는 무서운 사람의 진면목을 보였다.

제2절 독재자와 장군

무서운 사람은 우선 거칠 것이 없는 사람이다. 거칠 것이 없는 사람은 어떤 사람인가? 자기 행동에 아무런 제약을 받지 않는 사람이다. 어떤 사람이 여기에 해당하는가?

제일 쉽게 드러나는 무서운 사람은 무제한의 권력을 가진 독재자이다.

그래서 독재자와 맺은, 혹은 독재자 끼리 맺은, 조약이나 협정 등은 무서운 결과를 빚기 일수이다. 왜냐하면 그런 조약 등에는 무서운 속임수가 항용 숨어 있기 때문이다. 제1차 세계대전의 끝 무렵 독일제국과 레닌의 소비에트 정부 사이에 체결된 브레스트리토브스크 조약(1918년)이라든지 제2차 세계대전 발발 전에 히틀러와 영국의 챔벌레인 수상이 맺은 뮨헨협정(1938년)이라든지 또는 히틀러와 스탈린이 체결한 독소상호불가침조약(1939년) 같은 것들이 그렇다 하겠다.

독재자의 말은 항상 생각하고 들어야 한다. 무슨 속임수가 있는지 모른다.

공자는 이런 말을 하였다. 춘추오패의 첫 번째인 제환공과 두 번째인 진문공을 비교하며 한 말이다. <진문공은 속임수를 잘 쓰고 바르지 않았으며, 제환공은 바르고 속이지 않았다.子曰: 晉文公譎而不正 齊桓公 正而不譎(논어 헌문 14-15)>

진문공은 19년간의 망명생활 끝에 귀국하여 晉나라 군주가 되고 天子의 나라 周 왕실의 내란을 평정하는 데 기여하고 초나라와의 전투에서 승리하여 춘추시대 두 번째 패자가 되었다. 권모술수에 능했다.

제환공은 자기를 죽이려고 했던 관중을 용서하고 오히려 재상으로 등용하여 주나라 왕실을 튼튼히 받들고 이민족의 국경침입을 막아<尊王攘夷> 천하를 안정시키고 춘추시대 첫 번째 패자가 되었다.

그는 권모술수를 쓰기 보다는 대의에 입각하여 정정당당하게 행보하였다. 공자가 크게 칭송하였다.
(청강해어 논어·노자 344p.)

독재자가 제환공처럼 正而不譎(정이불휼) 하기는 거의 불가능하다. 아마도 最善(최선)이 진문공처럼 譎而不正(휼이불정) 하는 정도일 것이다. 대부분은 譎而又譎(휼이우휼)(속이고 또 속이기)이다. 미국의 트럼프 대통령에 대하여는 다음과 같은 신문 보도가 있었다.

【트럼프 미 대통령이 취임 후 3년 6개월간 2만 번 넘는 거짓말과 사실을 오도하는 주장을 했다고 워싱턴포스트(WP)가 13일 보도했다. WP 팩트체크팀은 취임 1267일째인 지난 9일까지 거짓이나 사실 오도라고 판단한 트럼프 대통령의 주장이 누계로 2만55회에 달했다고 한다. 하루 평균 16건이다.(조선일보 2020. 7. 15. A16면)】

얼마 전 그가 퇴임하기 전까지 미국의 대통령선거가 부정과 사기였다고 그는 계속 주장하였는데 이것까지 다 포함시킨다면 위 보도의 거짓말 통계는 어떻게 될까? 공자가 말한 휼(譎)에 해당할까?

장군들 중에도 이런 무서운 사람이 없지 않다. 앞에 나온 사람 중에는 예컨대 항복한 秦(진)나라 군사 20만을 참살한 항우 같은 사람(초한지 제1권 249p.)이나 또는 전국시대 장평의 전투 끝에 항복한 趙(조)나라 군사 도합 40만을, 포로로 관리하기 곤란하다는 이유로, 하루 저녁에 모두 참살해버린 秦(진)나라 대장 백기 같은 장군이 그런 사람이다(열국지 제5권 제98회 백기대 제5절 일야구진 참조).

제3절 제1인자가 꼭 되려는 사람

일반적으로 말하여 또 무서운 사람은 어떤 사람일까?

모든 功(공)을 자기 혼자 차지하고 싶어 하는 사람이 그렇다.

전국시대의 월왕 구천 같은 사람이다.

모든 功(공)을 자기 혼자 차지하고 싶어 하는 사람은 또한 무슨 일에서든 자기가 좋아하는 일이면 반드시 그곳에서 제일인자가 되려고 하는데 이런 사람도 역시 무서운 사람이다. 측천무후 같은 사람이다.

또한 반드시 부귀공명을 얻고야 말겠다고 대드는 사람도 무서운 사람이다. 秦(진)나라의 환관 조고나 吳(오)나라의 간신 백비 같은 사람이다. 천하제일의 용사라는 타이틀을 차지하고 싶어 한 요리나 형가 같은 刺客(자객)도 마찬가지이다.

위에 든 무서운 사람들은 그 목표나 직업 같은 것

은 모두 다르지만 그런 다름은 별 상관이 없다. 남녀의 구별도 문제 되지 않는다.

지혜나 지식의 많고 적음도 문제가 안 된다. 지혜로운 사람도, 어리석은 사람도, 일의 종류만 다를 뿐 무서운 짓을 하기는 마찬가지이기 때문이다.

제4절 야심가

보통 사람들의 경우에는 우선 野心(야심)을 가진 사람이 무서운 사람이 되기 쉽다. 野心(야심)을 가진 사람이 그 야심을 채우려 수단 방법을 가리지 않으면 무서운 사람이 된다. 신념이나 집념을 가진 사람도 비슷할 때가 있다. 수단 방법을 가리지 않는다 함은 목표를 이루는 방법을 선택함에 있어 아무런 제약을 받지 않는다는 뜻이다.

아무런 제약을 받지 않는다 함은 기존 사회의 정통성, 전통, 상식, 윤리 등의 제약을 받지 않음을 의미한다.

巧言令色도, 협박도, 속임수도, 矛盾도, 厚顔無恥
_{교언영색}   _{모순}   _{후안무치}
도, 아무 것도, 가리지 않는다. 자기 나라를 태어나지 말았어야 할 나라라고 부르면서 국가의 정통성을 부정하는 사람도 그래서 무서울 수 있다.

과거의 무서운 사람들은 이렇듯 아무런 거침이 없는 사람들이었다.

제17편 속임수 원죄론(原罪論)

공자는 논어에서 정직에 대하여 수 없이 가르쳤다. 이런 말도 하였다.
<사람의 타고난 본성은 정직하다. (그러니 정직하게 살아야 한다.) 그런데도 속이면서 살아가면 요행이 없는 한 禍를 면할 수 없다. 子曰: 人之生也直 罔之生也幸而免(논어 옹야 6-19)>
이 말을 포함하여 정직에 대한 언급은 대충 세어 봐도 18개 장 정도이다.
왜 그랬을까?

그 당시는 고대 중국의 周나라가 망해가던 때이고 역사적으로 보면 춘추전국시대라는 중국의 대혼란이 시작된 시기이다. 극심한 정치적, 사회적 혼란의 세월이었다. 공자는 그 혼란의 원인과 치유책을 깊이 생각하였다.
그가 내린 결론을 추측컨대, 아마도 혼란의 원인은

사람들의 속임수 내지 속임질에 있고, 치유책은 정직의 회복에 있다고 생각했던 것 같다. 그래서 논어에는 정직에 대한 가르침이 그렇게 많았을 터이다.

내가 생각하기에 공자는 인간의 속임질을, 기독교식 표현을 빌리면, 인간의 原罪(원죄)라고 생각했다. 그는 속임질이 인간의 원죄이긴 하지만 인간의 본성에는 본래부터 정직함이란 본성도 갖추어져 있다고 보았다. 그렇다면 이 정직은 原罪에 대응되는 原德(원덕)에 해당한다.

결국 혼란의 원인은 原罪(원죄) 즉 속임수에 있고 그 치유책은 原德(원덕) 즉 정직함의 회복에 있다고 공자는 보았다. 나는 그렇게 이해한다.

나는 이 책 제1편 모두에서 사람들이 속임수를 잘 쓰는 이유를 잠시 살펴보았다. 그곳에서 나는 이렇게 적었다.

【그 이유는 간단하다. 정직(正直)으로는 통하지 않는 일이 속이면 의외로 잘 통하기 때문이다.

정직하게 해서는 통하지 않는 것을 굳이 통하게 하려면, 상대를 거듭하여 설득하고 이해시켜야 하는데 그것은 시간이 많이 걸리고 쉽지 않고 고통이 따르며 그렇게 해도 역시 통하지 않을 수 있다.

그러나 속이면 그런 고통이 없이 간단하게 통할 수 있으니 얼마나 편리한가.

속임수는 대개 감언이설(甘言利說)을 수단으로 사용한다. 그래야 편하게 속일 수 있다. 사람은 원래가 고통을 피하고 싶어 하고 간단하고 쉽게 일을 처리하기를 좋아한다. 감언이설(甘言利說)을 믿고 싶어 하고 그래서 잘 받아들인다. 그러니 정직보다 속임수를 선택하기 십상이다.

속임수를 썼을 경우에 나중에 그 속임수가 발각되어 겪게 될 후환을 걱정하지 않을 수 없지만 그것은 나중 일이니 그 때 가서 적당히 무마하면 될 일이라고 우선 생각한다.

더구나 한번 승부가 나면 뒤집을 수 없는 경우, 예컨대 전투나 전쟁이라면 속임수에 대한 질책이나 속은 것에 대한 후회는 이미 소용이 없게 된다.
그러니 속임수가 유행할 수밖에 없다.】

 그러나 속임수는 위에서 말했듯이, 편리하기 때문에 유행하고 모방되고 더욱 교묘해지는 속성을 갖는다.
"너만 속이느냐? 나도 속이겠다."는 식이다. 악순환이 거듭된다. 그 결과는 대혼란과 무질서와 파국이다.
그러니 천하의 평화와 안정과 질서를 바라는 공자 같은 사람이 정직의 회복을 어찌 강조하지 않을 수 있었을까?
 공자 이후의 세계 역사를 보면 공자의 가르침은 효과가 별로 없었던 듯하다. 오히려 속임수가 끝 모르게 발전하고 교묘해지지 않았나 하는 생각이 든다. 작게는 개인들 사이의 도박에서부터 크게는 국제적 차원의 전략에 이르기까지 다양한 차원에서 그 수법이 날로 발전했다.

속임수가 발휘되는 범위도 한 마을, 한 지방, 한 국가를 넘어 범세계적으로 확장되었다고 말할 만하다. 속임수는 중국에서 고대 이래로 계속 兵法(병법)이라는 학문으로 발전하여 왔다.

여러 해 전에 나온 어떤 병법 해설서에서는 속임수를 유일한 규칙이라고 까지 부른다(이 책 모두의 '참조한 책 목록'에 나오는 '전쟁은 속임수다' 및 '唯一的 規則' 각 참조). 또 어떤 이들은 속임수의 연구를 후흑학(厚黑學)이라고 부르기도 한다('참조한 책 목록'에 나오는 厚黑 및 厚黑學 각 참조).

신문기사(2020. 12. 5. 조선일보 A14면)에 의하면 미국의 국가정보국(DNI) 국장 존 래클리프는 <중국의 '경제스파이 전략'을, '강탈하고 rob, 복제하고 replicate, 대체하기 replace'> 라고 불렀다는데 이것은 아마도 지나친 과장이지 싶다.

중국 史家들은 역대 帝王의 통치술을 외유내법(外儒內法; 겉으로는 공자의 仁을 표방하지만 실제로는 兵家의 속임수를 쓰는 것) 이라고 표현하기도 한다.

치유책과 대책은 무엇일까? 첫째는 우선 모든 사람이 정직하게 사는 것이다. 둘째는 선량한 사람들이 상대의 속임수에 속지 않는 밝음과 힘과 동맹을 갖추는 것이다. <밝음과 힘과 동맹>, 이 세 가지를 갖추어 속지 않아야 하겠다.

지금은 세계 곳곳에서 사람들이 거리낌 없이 甘言利說하며 覇權追求를 지향하고 있으니 더욱
감언이설   패권 추구
속지 말아야 할 때이다.

공자는 말하였다. "속이면서도 살아 있는 것은 요행으로 재앙을 면한 것일 뿐이다."

색인

(ㄱ)

가군　339
가후　17, 69, 390
강유위　376
개방　374
걸왕　114, 115, 411
경기　94, 95, 96, 97, 98, 99, 101
고공단보　140, 142
고야자　300
공손찬　306
공손첩　300
공융　160, 313
공자　60, 214, 215, 299, 329, 410, 424, 425, 426, 430, 431, 433, 435
공자원　254
곽사　53, 72
관우　39, 41, 43, 45, 132, 201, 308
관중　370, 424
괴량　297
괵석보　357, 359, 361

구천　55, 124, 193, 364
귀곡자　204, 207, 210, 270
근상　137
금활　208
기겁　86
기신　288, 289, 291, 383
기자　120, 212, 214

(ㄴ)

나폴레옹　328

(ㄷ)

달기　118, 119
당태종　105, 158, 159
도겸　62, 234
도화부인　184, 343
동탁　49, 61, 127, 267
두백　173

(ㄹ)

루크레티아　181, 182, 344

(ㅁ)
마가레트 대쳐　156
마등　72
마타 하리　145
마초　69
마타하리　157
만슈타인　326
말희　114, 115, 155
멜켈　156
모돈　230, 233, 384, 385
모택동　417
목희　336, 338, 339
몽념　356
묵자　205, 208
문빙　253, 259, 260
문종　19, 56, 57, 58, 59, 123, 125, 195, 362, 366, 398, 399, 400, 401, 402
미자　214

(ㅂ)
방연　207, 273, 292, 295, 331
백기　81, 426
백비　55, 56, 361, 365

번어기　111, 348
범려　19, 56, 57, 124, 125, 127, 195, 362, 398, 401, 402
범저　80
범증　54
부차　55, 57, 123, 193
브루투스　183
비간　214

(ㅅ)
사마의　17, 36, 41, 68, 223, 248, 274, 420, 422
사마천　300
서성　263
서시　57, 123
선진　76, 78
설인귀　158
소라이　214
소하　188, 189, 385
손견　291
손권　36, 38, 45, 201, 259, 297
손무　205
손문　377

손빈　　204, 205, 209,
　　　　270, 292, 294,
　　　　295, 331
손자　　205, 278
손책　　160, 201, 253
수초　　374
숙첨　　178, 244, 254,
　　　　256
순　　　411
순식　　46
순욱　　62
스키피오 344
스키피오 아프리카누스 143
시논　　28
식규　　179, 254
식후　　179
신릉군　132, 133, 134,
　　　　368
십상시　267
쑨원(손문) 377

(ㅇ)
악양　　88
악의　　83, 84, 86
안자　　300, 302
안평중　299
애공　　60
양계초　376
양표　　72
에리히 폰 만슈타인　326
엘리자베스 156
여몽　　17, 18, 199, 201,
　　　　202, 203, 204,
　　　　308, 309, 310,
　　　　311
여불위　112, 346, 347,
　　　　351
여포　　48, 49, 61, 235,
　　　　315
여희　　132, 133, 134
역아　　374
연소왕　83, 85
열자　　333, 334, 335,
　　　　419
염파　　80, 81
영포　　387
예형　　313
오기　　86, 87
오디세우스 27
오자서　19, 55, 96, 361
왕윤　　48, 53, 72, 127,
　　　　315
왕전　　185, 186, 187
요　　　411
요리　　101, 427
우자기　284, 286

438

우후　　276, 277
원세개　375
원소　　305, 393
원술　　65, 395
위문후　88, 89
위안 스카이　　345, 376,
　　　　377, 378, 379
위표　　216, 218
위혜왕　204, 205, 208,
　　　　209, 270
유기　　321
유방　　54, 169, 188,
　　　　216, 230, 286,
　　　　288, 299, 380
유비　　35, 37, 38, 62,
　　　　65, 162, 190,
　　　　257, 303, 308
유선　　274, 327
유장　　303, 304, 305,
　　　　307, 308
유표　　297, 323, 396
유현덕　129
육손　　17, 201, 308, 396
이각　　53, 72
이언　　140, 367
이오　　337
이원　　367
이유　　50

이중환　126

(ㅈ)
자영　　354
장량　　286, 283, 299
장로　　303, 304
장비　　264
장수　　392, 393, 394
장양왕　346
장윤　　278
장의　　136, 138, 139,
　　　　210, 341, 342,
　　　　343, 344, 345
장춘화　422
장한　　175, 325, 326
저공　　333, 334, 419
전개강　300
전기　　209, 271, 293,
　　　　295, 331, 332
전단　　83, 85
정단　　124
정수　　134
정원　　315
제갈량　43, 66, 127, 220,
　　　　243, 252, 267,
　　　　272, 274, 321,
　　　　397
제경공　300, 301, 302

제민왕　84, 342
제위왕　208, 209
제환공　370, 424
조고　　175, 352
조괄　　81
조무　　290, 291
조방　　196
조사　　81
조예　　68
조자룡　132, 257
조조　　17, 30, 35, 36,
　　　　38, 41, 45, 62,
　　　　69, 108, 162,
　　　　272, 333
조희　　347, 352
주문왕　117
주선왕　357
주소왕　320, 321
주아부　219
주왕　　117, 118, 119,
　　　　212, 213, 214,
　　　　411
주유　　107, 127, 278
주유왕　122, 123, 358,
　　　　359
진궁　　234, 237
진목공　336, 337, 338,
　　　　339

진문공　76, 424
진시황　40, 111, 169,
　　　　175, 177, 178,
　　　　185, 186, 187,
　　　　286, 312, 346,
　　　　347, 348, 349,
　　　　351, 352, 353,
　　　　354
진평　　54, 232, 282,
　　　　299, 380
진헌공　336, 339
진혜공　337
진희　　385

(ㅊ)
채모　　278
채후　　179
초문왕　178, 179, 180,
　　　　343, 345
초선　　48, 76, 127
측천무후　　　105

(ㅋ)
캐서린　156
키신저　92
(ㅌ)
태사자　160
태자 단　111, 112, 113

트럼프   425

(ㅍ)
팽월   299, 385
포사   121, 359
포향   121, 122

(ㅎ)
하진   229
한복   307
한비자   410, 411, 412,
       416, 417
한수   72
한신   170, 188, 216,
       238, 241, 325,
       385
합려   95
항량   170
항백   286
항우   54, 175, 281,
       288, 380
헬레네   155
형가   111, 427
호해   175
황개   107, 280
황조   314, 323
히틀러   326

저자약력

　저자 권성(權誠, 1941년~)은 변호사로서, 충청남도 세종시 전동면 청송리 출신이다. 경기고등학교, 서울대학교 법대 졸업, 사시 8회. 2000년부터 2006년까지 헌법재판소 재판관을 지냈다. 언론중재위원회 위원장, 2008년 제1대 인하대학교 법학전문대학원 원장, 2010년 제7대 인간성회복운동추진협의회 이사장을 지냈으며 현재는 인추협 청강학당 훈장이다.

저서

사례해설 가처분의 연구(공저, 박영사, 1994)
물권법 강의보충서(인하대학교 출판부, 2010)
가등기·대물변제(박영사, 2012)
결단의 순간을 위한 권성 전 헌법재판관의 판결읽기(공저, 청람, 2012)
변호사 권성의 余滴, 聽江水雲(계문사, 2014, 비매품)
흥망유수-역사에 묻힌 국가흥망의 비밀-(청람, 2016)
청강혜어 논어·노자(박영사, 2018)
청강혜어 논어·노자 전자책(피치플럼, 2019)
청강 근사록(코벤트, 2020)

속임수의 역사
중국 고전 속의 속임수
聽江 權誠 지음

초판인쇄일 2021년 1월 31일
초판발행일 2021년 1월 31일
지은이 권성
발행인 강명옥
발행처 코벤트
주소 강원도 원주시 귀래면 운계다둔길 102-6
이메일 phs529@nate.com
출판등록 제419-2020-000004호 (2020년 1월 21일)
전화번호 033-762-6265
ISBN 979-11-970028-2-3 03150

ⓒ2021권성
잘못된 책은 바꿔드립니다.
책값은 뒤표지에 있습니다.

저자와의 협의에 따라 인지는 생략합니다.